U0375804

How to
Improve the Quality of
MBA Education

如何提升MBA教育质量

仝允桓 ◎ 主编

图书在版编目(CIP)数据

如何提升 MBA 教育质量/仝允桓主编. —北京:北京大学出版社,2018.3
ISBN 978-7-301-29374-4

Ⅰ.①如… Ⅱ.①仝… Ⅲ.①工商行政管理—研究生教育—教育质量—研究 Ⅳ.①F203.9

中国版本图书馆 CIP 数据核字(2018)第 037301 号

书　　　名	如何提升 MBA 教育质量 RUHE TISHENG MBA JIAOYU ZHILIANG
著作责任者	仝允桓　主编
责 任 编 辑	王　晶
标 准 书 号	ISBN 978-7-301-29374-4
出 版 发 行	北京大学出版社
地　　　址	北京市海淀区成府路 205 号　100871
网　　　址	http://www.pup.cn
电 子 信 箱	em@pup.cn　QQ:552063295
新 浪 微 博	@北京大学出版社　@北京大学出版社经管图书
电　　　话	邮购部 62752015　发行部 62750672　编辑部 62752926
印 　刷 　者	北京中科印刷有限公司
经 销 者	新华书店
	720 毫米×1020 毫米　16 开本　25.5 印张　379 千字 2018 年 3 月第 1 版　2018 年 3 月第 1 次印刷
定　　　价	78.00 元

未经许可,不得以任何方式复制或抄袭本书之部分或全部内容。
版权所有,侵权必究
举报电话:010-62752024　电子信箱:fd@pup.pku.edu.cn
图书如有印装质量问题,请与出版部联系,电话:010-62756370

继承创新与时俱进

祝贺中国MBA教育二十周年题 袁宝华

二〇二一年九月

前　言

中国 MBA 教育从 1991 年开始试办以来,已经快 30 年了。近 30 年来,各个 MBA 培养院校和国家教育主管部门的教育管理者们始终围绕一个核心在工作,这个核心就是:如何提升 MBA 教育质量。

提升 MBA 教育质量要围绕 MBA 教育的目标。首先要弄清楚,MBA 教育要培养什么样的人,换句话说,社会需要什么样的 MBA。实践表明,提升 MBA 教育质量至少要从四个方面入手:一是建章立制,就是确立 MBA 教育的最低合格标准;二是基础能力建设,在中国,突出的问题是师资队伍建设、课程建设和本土案例建设;三是教育过程实施,涉及课程安排、教学方法等;四是评估认证,具体来说,是教育主管部门或第三方机构对教育过程的检查监督,通过评估、认证,发现与修正问题,进一步提升 MBA 教育质量。

本书的编者分"教育质量保证与提升""课程改革与创新""案例开发与教学"及"学生素质与能力培养"四个部分探讨了 MBA 教育的目标、MBA 教育质量保证及持续改进体系的框架、师资队伍建设、本土案例建设和案例教学方法、MBA 教育质量的评估和认证等一系列话题。作者们各抒己见,提出了不少与"如何提升 MBA 教育质量"有关的真知灼见。

本书的作者大多是中国 MBA 教育发展的先行者和亲历者。他们的观点凝结了他们在 MBA 教育岗位上多年的实践和智慧。历史将记住他们的贡献。

本书是一本论文集,并不追求所有作者的观点保持一致。本书出版的目的是把各种与"如何提升 MBA 教育质量"有关的意见和建议展示给读者,以期引起关注和讨论。

目　录

第一部分　教育质量保证与提升

如何提升中国 MBA 教育质量　　　　　　　　　　　　马　凯　3
办 MBA 教育要处理好四个关系　　　　　　　　　　　李　军　9
建立 MBA 教育质量保证体系　　　　　　　　　　　　黄宝印　14
提升 MBA 教育质量的关键在于满足人才市场需求　　　赵纯均　18
MBA 教育质量保证与持续改进体系建设　　　　　　　仝允桓　21
MBA 实践教学指标体系的构建　　　　　　　刘福成　华　斌　30
北航 MBA 培养质量保证体系构建实践
　　　　　　　　　　黄海军　杨梅英　周　宁　张新华　39
北京邮电大学 MBA 项目市场定位　　　　　　　　　　贾怀京　49
华南理工大学 MBA 教育质量保证与持续改进体系
　　　　　　　　　　　　　余建军　沙振权　李映照　53
基于卓越绩效的 MBA 教育质量管理体系　　　　　　　怀劲梅　58
基于能力培养的 MBA 教育质量控制体系　　　徐纽雄　淦未宇　65
以认证为契机,优化可持续质量提升体系　　陈　收　谢　赤　朱国玮　72
MBA 教育质量控制　　　　　　　　　　　　陈志祥　王远怀　80
基于胜任能力的 MBA 教师队伍建设　　　　　彭莉莉　吴　菁　89
通过学位论文写作提高 MBA 学员的综合业务素质　胡运权　钱国明　98

MBA 学位论文的形式　　　　　　　　　　　　吴照云　105
案例类型 MBA 学位论文评价体系　　　　　　闫淑敏　112
西北大学 MBA 品牌的构建与提升
　　　　　　白永秀　张红芳　郭俊华　吴振磊　边卫军　117
昆明理工大学 MBA 项目品牌建设　　　　　　段万春　127
MBA 教育国际交流合作模式探究　　　　易牧农　王　熹　136
MBA 能否按时毕业的影响因素研究　　　　古继宝　杨昕光　143
MBA 教学效果评估模式　　　　　　　　　赵铁柏　韩　菲　155

第二部分　课程改革与创新

国外 MBA 课程改革动向初探　　　　谢　伟　高　建　仝允桓　163
美国 MBA 课程整合对我们的启示　　　　　姚　飞　魏亚平　171
影响学生社会价值观的 MBA 课程设置　　　　　　戚啸艳　178
MBA 商业道德课程的教学目的及妨碍其普及的因素
　　　　　　　　　　　　　　　　　　　周祖城　欧　平　186
企业战略管理课程实践教学模式探究　　崔世娟　谢景云　孙　利　190
经营模拟课程的教学设计与效果分析　　　　董沛武　李　军　196
微信协作学习在 MBA 教学中的应用　　　　　　　　李振福　204
模拟教学中的体验式策略研究　　　　陈福军　孔　文　李秋影　211
复旦大学国际 MBA 项目的体验式学习　　　　　　　付克勋　217
MBA 管理实践能力培养
　　　　吴世农　翁君奕　李常青　郭　霖　程文文　王志强　222
MBA 企业实践教学的设计、实施与改进　　　　　　张富春　227
MBA 商务英语教学创新　　　　　　　　　　　　　王漫天　233
职业发展规划课程的定位与设计　　　　　　　　　马绍壮　241
基于可持续发展战略的 MBA 教学内容创新　　应　飚　魏　江　248

第三部分 案例开发与教学

MBA 课程案例教学法探讨	贺广明	257
MBA 财务管理课程案例教学法探讨	谭利	262
东南大学 MBA 课程案例教学情况调查	邱斌 姚建平	271
促进中国企业管理案例开发的对策建议	王淑娟 胡芬 傅永刚	276
中国本土化 MBA 案例的开发与教学应用研究	赵曙明	281
哈佛案例教学模式移植困境与组合案例教学模式探索	马新建	286
毅伟商学院 MBA 教育中案例教学法的应用	桂冰 孙一平	298
中国管理案例共享中心建设实践	苏敬勤 王晓天 王淑娟	309

第四部分 学生素质与能力培养

用完全开放的理念提高 MBA 学生的综合素质和能力	倪明	317
MBA 教育中的企业社会责任意识教育	谈飞 张美萍 国程程	323
加强和完善 MBA 企业社会责任教育	尹继东 曾智飞	329
西部民族地区企业家的社会责任	丁秀清 陈文烈	334
儒家文化与 MBA 社会责任的培养	李海平	340
MBA 创新意识和创新能力的培养	杨红娟	349
MBA 教育中创业精神和能力的培养	李金林 裴蓉	354
上海交通大学的 MBA 创业教育	王方华 董正英 欧平	361
聚焦于职业胜任力的 MBA 培养体系	李东 张晓玲	367
MBA 学生科学思维与研究能力培养	梁樑 古继宝 朱宁	374
中央财经大学 MBA 能力素质模型的开发与应用	王瑞华 贾晓菁	382

参考文献　391

第一部分 教育质量保证与提升

如何提升中国 MBA 教育质量

马　凯

（摘录自作者在第四届全国 MBA 教育指导委员会第一次会议上的讲话和在中国 MBA 教育二十周年纪念大会上的讲话）

　　MBA 作为我国第一个专业学位，开创了我国专业学位教育的先河，完善了学位制度，丰富了人才培养类型。MBA 教育已成为我国培养现代化高层次经营管理人才的重要平台，为提升我国企业管理水平和竞争力、促进经济又好又快发展，做出了积极贡献。

　　自 MBA 教育开办以来，我国成立了全国 MBA 教育指导委员会，对 MBA 教育进行指导和协调管理，制定了一系列培养文件，明确了办学基本要求，规范了教育管理，实施了以综合质量考核为重点的 MBA 入学考试和招生改革，建立了 MBA 教学合格评估体系和制度，出台了系统的评估指标体系和办法，使我国的 MBA 教育初步形成了规范的质量保证制度，保证了 MBA 教育有序健康发展，同时也为建立我国专业学位研究生招生、培养制度进行了有益探索。

　　随着我国经济实力的发展壮大，MBA 教学条件明显改善，MBA 教育的基础能力进一步加强。全国 MBA 教育指导委员会先后举办一百多次 MBA 课程教学研讨和师资培训活动，参与教师超过一万人次，特别是实施了西部地区 MBA 师资开发及办学能力建设计划，教师队伍的整体素质和水平明显提高。全国 MBA 教育指导委员会也建立了中国企业管理案例共享中心，探索开展适合我国国情的教学案例开发和利用模式,已有两千多个案例实现共享。我国的 MBA 培养院校开始与世界一流商学院在同一平台上进行对话和合作,扩大了我国 MBA 教育的影响力。

同时我们也要清醒地看到,与世界大势和国家发展对 MBA 教育提出的新要求相比,我国 MBA 教育仍面临诸多的问题与挑战。这些问题都制约着我国 MBA 教育质量的提高,突出的问题至少有以下几点:

一是师资问题。我国有一批具有较高理论水平、熟悉 MBA 教学特点、富有实践管理经验的教师,也深受学员们的欢迎,但是也有些老师的讲课照本宣科,连基本的互动也没有,总体上来说还比较缺乏,特别是既懂理论又懂实践、既懂国内又懂国际的高水平师资还是我们一个突出的薄弱环节。

二是教学方法和教学案例。教材建设和案例教学虽然取得了不少成绩,但是还有待于进一步改进和加强。特别是反映中国企业管理实践的教学案例,从数量上和水平上也亟待提高,现在 MBA 课堂上使用现成案例的比较多。改革开放 30 多年以来,中国企业有丰富的实践,有大量成功的、失败的案例,但是我们总结的还是太少。希望各 MBA 培养院校进一步做好案例建设,把好的案例发掘出来。

三是对 MBA 教育的认识还不够清楚。工商管理硕士是经营管理人才,MBA 教育要提高他们的实际管理能力,而不是培养考试的能手,写论文的高手,当然更不是培养会在计算机上这里抄一段,那里抄一段拼凑论文的人。MBA 教育的质量体现在培养学生经营管理能力方面。看 MBA 教育质量就是要看培养出来的人能不能解决企业经营管理的实际问题,能不能在重大决策中考虑各方面因素做出正确选择。

四是质量保证与持续改进体系问题。欧美国家 MBA 教育长期发展的经验证明,一套科学合理的质量保证机制,是 MBA 教育持续健康发展的有效保证。因此,建立符合 MBA 教育规律、具有国际可比性的中国 MBA 教育质量保证与持续改进体系,是增强我国 MBA 教育国际竞争力和话语权的迫切需要。要完善评价标准,健全评估机制,形成以评估、认证为主导手段的质量保障与持续改进体系,为我国培养更多更好的 MBA 做出积极贡献。

提升我国 MBA 教育的质量和水平,要做好以下三个方面的工作。

一、突出办学特色,切实提升 MBA 教育水平

全球都在对 MBA 教育深刻反思,反思究竟商学院的责任是什么,应该培养什么样的毕业生,用什么样的方式培养。有一个趋势就是全球主要的商学院都在强调加强 MBA 学生全面素质的培养。我国 MBA 教育要顺应国际 MBA 教育发展的大趋势,进一步明确 MBA 教育的培养目标,全面提升人才培养水平。

重视贴近企业实际。管理学科是致用之学,MBA 学的是经营之道,MBA 教育的特色在哪里?就是紧紧贴近企业的实际。贴近企业实际才能了解企业实践,满足社会需求,也才能扎扎实实提高学生的经营管理水平。不同于普通的高等教育,不同于理论教育,MBA 教育就是要密切结合企业实际。贴近企业实际是提高 MBA 教育质量的关键因素之一,只有真正贴近企业实际,才能帮助 MBA 学生增长真才实学,才能形成自己的特色和优势,提升 MBA 教育水平。

重视培养解决实际问题的能力。注重培养领导能力和企业家精神,强调理论联系实际,鼓励创新精神,学生不仅要掌握理论知识,而且要运用理论解决重大现实问题。要聚焦经济社会中的重大管理问题,在服务国家战略目标的同时,实现企业自身发展。MBA 教育要高度重视引导企业家为实现经济发展方式转变发挥重要作用。怎样才是一名好的 MBA 教师?老师讲课讲不明白,不是合格的老师;把课讲明白,仅仅是一个合格的老师。真正好的老师是为不教而教,引导学员自己去想明白,真正提高学员的分析问题、解决问题的能力,那才是好老师。这样培养出来的学生才是我们真正需要的人才。

MBA 教育是一种国际通行的管理教育模式。我们要密切关注世界 MBA 教育的发展动向,学习国际上先进的 MBA 教育理念、内容和方法。同时也要认识到,管理和管理教育是与一国或一个地区的制度、文化密切相关,我们要在汲取世界管理教育先进思想的基础上,植根中国,深入研究中国的文化传统与制度环境,研究中国的经济现实与管理实践。新中国成立

以来特别是改革开放以来,我国创造了一个世界经济奇迹,走出了一条有中国特色的社会主义道路,也为世界经济发展和人类文明进步做出了重大贡献。MBA 教育必须立足国情、形成特色。我相信,如果我们的 MBA 教育坚持立足国情,紧密联系我国改革开放的伟大实践,就一定能走出一条有中国特色的 MBA 教育发展道路,也为世界管理教育做出我们应有的贡献。

重视 MBA 教育的文化特色。 要注重商业伦理的教育,加强 MBA 学生的社会责任感教育,树立良好的道德价值取向,使社会主义核心价值观贯穿于企业文化中。市场经济确实是竞争经济,但是市场经济首先还是契约经济,还是诚信经济。有些企业家光想着挣钱,不择手段,没有信誉,这是很可悲的。目前社会上反映强烈的食品安全问题、生产安全事故问题、假冒侵权问题等,都与企业家的经营理念和经营方式有关系,都与缺乏诚信有关系。所以我们要教育学生把企业利益放在公众利益和社会利益大局中去实现。希望将来查出来的非法案件里面,没有咱们 MBA 的学生。

重视培养学生的国际视野和跨文化管理的能力。 经济全球化是世界经济发展不可逆转的大趋势。MBA 教育必须加强国际视野和战略思维培养。使我们的企业在实施"走出去"的战略中既能发挥优势,又能适应当地的环境,提高国际竞争力。当前,全球经济增长明显减速,国际经济环境中不确定、不稳定因素明显增多,我们要坚定信心,冷静观察,多管齐下,有效应对,最重要的是把我们自己的事情办好。对于企业而言,只有积极参与经济全球化,主动应对激烈的国际经济竞争,趋利避害,才能在竞争中发展、在合作中壮大、在开放中前进。进一步提升我国企业乃至国家的竞争力,需要做大做强一批拥有自主知识产权和著名品牌的跨国企业与企业集团,需要涌现一批具有国际视野和战略眼光的企业家。因此,我们的 MBA 教育必须着力培养大批具有先进管理理念、掌握世界技术发展最新动态、通晓国际经济运行规则的经营管理人才。

加强学生创新意识和创业精神教育。 MBA 教育必须加强创新意识和创业精神教育。创新是一个民族进步的灵魂,是一个国家兴旺发达的不竭动力,创业是经济和社会系统活力的源泉。国家中长期科技发展规划纲要提出,我国到 2020 年要进入创新型国家行列。提高自主创新能力,建设创新型国家,是国家发展战略的核心,是提高综合国力的关键。企业是技术创新的主体。加快转变经济发展方式,推进经济结构的战略性调整,提高自主创新能力和经济整体素质,都对我国企业的科技创新、制度创新与管理创新提出了更高要求。因此,要在MBA教育中加强创新意识与创业精神的培养,为建设创新型国家培养善于创新、勇于开拓、敢于拼搏的创新型管理人才。

二、切实加强 MBA 教育基础能力的建设

这里面包括以下三件事:

第一,加强师资队伍建设。MBA 教师队伍的素质和水平直接决定着MBA 教育的质量,有多高水平的教师就有多高水平的毕业生。当前要通过采取综合措施,包括制定 MBA 师资标准、加强师资培训、鼓励教师参与企业的研究和咨询活动、加强国际交流与合作等,加强教师队伍建设,创造条件提高 MBA 师资队伍的整体水平。要引进一些熟知企业实际运作、有一定理论造诣的企业高级管理人员参与 MBA 教育,要多聘请一些有实践经验的企业家来讲课或者是做专职的教授,与专业教师形成优势互补。要建立科学合理的教师评价机制,引导、激励和支持 MBA 教师全身心投入 MBA 教学,形成一支规模适度、结构合理、素质优良、品德高尚的 MBA 师资队伍。需要强调的是,科学合理的教师教学水平评价机制,是引导和激励教师重视 MBA 教学质量的关键。要努力形成有利于充分调动教师教学积极性、有利于进一步形成教师发展良好环境的教师教学评价机制。

第二,推动中国企业管理案例共享中心建设。大力促进案例教学法在 MBA 教学中的应用,从中国实际问题出发,借鉴国外优秀案例,注重中外案例的比较,探索形成规律性的认识,提高案例的分析水平和指导性。教学案例要从实践出发,深入研究、探索在不同条件下的不同经营策略,使学生在大量的案例学习中融会贯通。

第三,加大对中西部地区 MBA 教育支持力度。要继续推进中西部 MBA 师资开发与办学能力建设计划,帮助中西部地区院校培训课程师资和项目管理人才,鼓励和引导国际国内各方面资源加大对中西部地区 MBA 教

育的支持力度,改善办学条件,提高办学水平。希望用好中西部 MBA 师资开发与办学能力建设资金,真正办出效果,发挥效益。

三、遵循教育规律,切实完善 MBA 质量保证体系

探索建立 MBA 教育质量保障与持续改进体系是促进 MBA 教育发展、提升 MBA 教育水平的根本之策,全国 MBA 教育指导委员会已经正式启动了中国高质量 MBA 教育项目认证工作。要进一步完善认证体系建设,需处理好以下几个关系:

第一,教学合格评估和质量认证的关系。教学合格评估是基本教学条件的评估,是认证的基础,也是规范 MBA 教学的前提。质量认证是教学合格评估基础上的深化与提升,是办学理念、办学模式、办学效果的总体评价,合格评估是基础,质量认证是保障。

第二,认证过程与提高质量的关系。认证过程是 MBA 培养院校明确办学思路、理顺管理机制、完善管理制度、创新培养方式、提高培养水平的过程。要通过实施认证,促进 MBA 培养院校自我激励、自我监督、自我提高,达到提高 MBA 教育质量的目的,认证是手段,提高质量是目的。

第三,实施与完善的关系。在实施中要不断总结经验,进一步完善认证体系,同时将国际认证的好经验、好做法与我国实际紧密结合,既不可全面照搬,也要充分吸收借鉴。

办 MBA 教育要处理好四个关系

李 军

(摘录自作者在历次全国 MBA 教育指导委员会全体会议上的讲话)

设立 MBA 学位和试办 MBA 教育在我国学位与研究生教育发展史上具有划时代的意义,它是我国学位与研究生教育主动适应改革开放和社会主义现代化建设需要,为社会培养高层次应用型人才的重要举措之一。在 MBA 教育发展过程中,国家教育主管部门投入了极大的精力研究和解决发展中遇到的问题,对 MBA 教育事业加以精心培育。实践证明,我们开展 MBA 教育的方向是对的,指导思想是明确的,取得的成绩是巨大的。可以说,MBA 教育是我国专业学位教育的领头羊。今后,MBA 教育仍将是专业学位教育发展的重点之一。各 MBA 培养单位和社会各界都为此做出了巨大的贡献。

21 世纪的国际竞争本质上是人才的竞争,是教育的竞争。要提高我国在 21 世纪的国际竞争力,必须大力发展教育。随着我国经济和社会的发展,预计研究生教育的规模还会有所扩大。学术研究型的硕士教育和博士教育要发展,实务型和应用型的专业学位硕士教育更要加快发展,专业学位硕士生占硕士生总数的比例要大幅提高。面对这一发展形势,我们要从适应国家发展和满足社会需求的角度出发,贯彻"科教兴国"的战略方针,加快教育的改革和发展,研究和建立与市场经济运行机制相适应的教育体制尤其是研究生教育发展机制,解决专业学位研究生教育的质量提升问题。

也要看到,我国的 MBA 教育在某些环节还存在一些问题。主要表现在:布局和发展水平不平衡;支撑条件还相对落后;质量意识、自律意识、社会监管和行业自律机制还须加强;培养模式还不完全适应社会对拥有全面素质人才的要求。

MBA 教育的发展应从规模、结构、质量和效益等诸方面加以系统考虑,关键是要适应和满足社会需求。只有满足社会需求,才能实现 MBA 教育规模、质量和效益的统一。今后 MBA 教育要进一步强化行业自律和学校自律,加强社会各界对 MBA 教育的监督,同时要进一步发挥市场竞争机制的作用。面对国际国内的竞争压力,各 MBA 培养院校要采取相应的措施,加强自身建设,扎扎实实地提高教学质量,提高竞争实力,同时突出自己的特点,为 MBA 教育的进一步发展做好准备。

MBA 教育质量体现在三个层次:一是整个国家的 MBA 教育质量,这反映中国的 MBA 教育水平;二是各个培养单位的 MBA 教育质量,这反映各个院校的 MBA 教育水平,我国也应创出自己的 MBA 教育名校;三是 MBA 毕业生的素质,也就是 MBA 教育的最终产品的质量。这三个层次是相辅相成的,关键的环节是培养单位,培养单位是制造产品的车间,各个培养单位的 MBA 教育质量就是整个国家 MBA 教育质量的基础。如果各培养单位把工作做好了,严把质量关,毕业生的质量和整个国家的 MBA 教育的质量自然就有了保证。质量有了保证,社会声誉就会提高,需求就会增加,规模自然就上去了。

办 MBA 教育要处理好四个方面的关系:

第一,要处理好 MBA 教育的规模与质量的关系。我国的经济发展需要更多复合型应用型人才,因此专业学位教育势必要承担更大的责任。从总体上讲,MBA 培养单位还要有所增加。但在规模扩大的同时,要特别重视教育质量问题。市场经济要讲竞争,竞争要靠质量。

现在学校的招生自主权越来越大,在面对经济效益诱惑时,要讲自我约束,要量力而行。当然,招生工作也存在进一步规范和加强社会监督的问题。

保证人才培养质量,教师是一个关键因素,因此一定要坚持抓教师队伍建设,为此学校要舍得花精力,舍得投入,为教师们提供更多的业务培训、更多的支持,同时也要对他们提出必要的要求。

各个培养单位不要有这样一个想法,即取得了招生资格,或者是通过了教学合格评估,就可以不顾质量敞开招生。MBA教育评估以后还要搞,起到以评促建的作用。

第二,要处理好MBA教育的基本要求和各校项目特色的关系。研究生教育要讲特色,没有个性,没有特色,不能叫研究生教育。但是,既然是研究生教育,就不同于本科教育或其他教育,要有一个基本要求。全国MBA教育指导委员会有一个关于MBA培养过程若干基本要求的文件,它体现了MBA教育中共性的东西。希望各个院校还要按照这个要求去做。这也是今后评估的一个最基本的参考依据。在达到基本要求的前提下,鼓励各校的MBA项目办出特色。

第三,要处理好规范化与创新的关系。高等教育的管理要规范化。国家对高等教育的管理、学校自身的管理都要强调规范化。强调规范化,不是要把学校管死,而是要建立相应的基本秩序。有些学校不讲办学规范,还给自己挂上创新的招牌,借着这个名义推卸责任。创新是为了发展,为了提高质量,对教育质量有损害的举措不能说是创新。在管理教育领域,MBA学位的设立给学校提供了一个整合资源的机会,学校要很好地利用这个机会整合管理教育资源,规范管理。

第四,要处理好MBA教育国际化和本土化的关系。MBA教育是一个具有国际可比性的教育项目,但中国有自己的国情,要把两方面结合好。国外院校毕业的MBA有长处也有短处,有一些回国后水土不服。我们自己培养的MBA同样是有长处也有短处,在对国际通行规则的了解、英语沟通能力等方面有需要进一步提高的地方。全国MBA教育指导委员会和各个管理学院都要花更多的精力,处理好MBA教育国际化和本土化的关系,保证和提升MBA教育质量,提升我们的竞争力。

我国的MBA教育应着力解决好两个方面的问题:

第一,进一步提升MBA教育质量。纵观世界高等教育的发展,量的增长与质的提高是一对永恒的矛盾,两者往往交替成为矛盾的主要方面,一般来讲,在数量大发展之后,就需要有一段注重提高质量的时期,而质量的提高,又为数量的进一步增长打下一个牢固的基础。MBA教育的社会意义在于满足社会的需要,在质量和规模上都要适应。没有质量的数量是没有意义的,同时,没有一定规模的质量,意义也是不大的。什么是高质量的研究生教育?高质量就是要能够满足社会对人才的要求。我们要研究社会对MBA培养的要求,并根据这些要求制定我们的质量标准。

评估是世界各国监控高等教育质量普遍采取的一种措施,是政府教育主管部门加强宏观调控的有力工具,因此,评估是我们今后监控和促进MBA培养质量要采取的重要手段之一。评估可以起到三个方面的作用:一是客观反映各培养单位的培养情况,有利于学校的自身建设;二是向社会公布,使社会了解各个院校,通过社会舆论进行监督;三是为政府决策提供参考。MBA教学合格评估起到了以评促建的作用,全国MBA教育指导委员会组织设计了评价指标体系。今后评估工作还要继续进行,我们希望通过不断的评估,给管理学院形成一个压力,把MBA教育的质量和水平进一步提高。

开展和参与认证是全球提高高等教育质量的一个通行做法。参与认证是被认证学校自我评价和自我激励的过程,也是让同行认可的过程。在这个过程当中,学校建立了良性的交流网络,给社会(包括学生和用人单位)展现出值得信赖的正面形象,同时也增加了国际交流的能力和竞争力。

认证工作涉及认证对象、认证标准、认证方法、认证程序和认证的时间进度等五个方面;认证对象目前主要针对MBA项目;认证标准和认证方法要强调本土特点和国际标准相结合;认证程序和时间进度上要按照"繁简得当"的原则,让做得比较好的项目,特别是已经通过国际认证的项目能够成为其他院校的标杆。

全国MBA教育指导委员会在MBA质量认证方面做了大量的研究和准备工作。教育部学位与研究生教育发展中心非常支持这项工作,也愿意积极参与到这项工作中,也在筹备建立有关的教育认证部门。开展教育认证工作,我们准备从专业学位教育开始探索,并逐步扩展到其他项目,将来建立与国际上相关认证机构并驾齐驱的我们国家自己的教育认证中心。

第二,加强 MBA 教育基础能力建设。提升 MBA 教育质量是我们追求的目标,评估是我们保证和提高质量的手段,建设是实现高质量的途径。我国 MBA 教育的发展起步晚、历史短,水平还不很高,还处于要站稳脚跟的阶段。因此,加强基础性建设是各个院校当前面临的中心任务,也是要长期、持续地付出艰苦努力的工作。加强 MBA 教育基础能力建设,首先要找出问题和差距,其次是分析产生问题的原因,最后是找出解决问题的办法。要端正指导思想,从加强学科建设、加强师资队伍建设、加强教材和案例建设、改进教学法和管理等方面扎扎实实地做好基础工作。

建立 MBA 教育质量保证体系

黄宝印

（摘录自作者在历次全国 MBA 教育指导委员会全体会议上的讲话）

国务院学位委员会和教育部明确提出，硕士研究生教育要逐步从以学术型为主向以应用型为主转变，从整个研究生教育发展的角度看，这标志着中国专业学位教育的春天已经来临。专业学位是研究生教育的主体，政府会积极扶持专业学位的发展。专业学位教育是研究生教育的重要组成部分，也是教育面向国民经济主战场的前沿阵地。MBA 教育作为中国最早开办的专业学位教育，一直在学习、改革与创新中发展，做了很多开创性的工作。MBA 教育的成功意义重大，不仅创造出了具有中国特色的 MBA 教育模式，也探索出了一条中国专业学位制度的发展道路。MBA 教育立足于国内培养高层次人才，关系到国家的发展和民族的复兴。目前，中国的 MBA 教育已由政府直接督办阶段发展到在国家教育主管部门指导下的行业自律阶段；以后，政府直接管理的成分会越来越少，主要是要依靠各 MBA 培养院校的自律意识和积极性。

我们下一步要建立专业学位质量保证体系，要通过提高质量和调整结构，为专业学位的发展创造更广阔的发展空间。质量也是 MBA 教育最核心的问题，必须建立一定的制度化规则来确保质量。首先要继续促进各校加强 MBA 教育的基础性建设，深入探索办学规律，由共性到个性，由数量到质量，由国内到国外，真正把 MBA 教育办成专业学位教育中的精品，希望有几所商学院成为世界一流的商学院。

MBA教育的发展方向和管理模式都处于一个转折点。美国发生的金融危机是不是提示我们，美国的MBA教育模式不见得是唯一的、最好的培养方式？这个问题值得大家深入思考，这将有利于我们把很多的改革想法和发展思路讨论清楚，帮助政府部门制定相应的政策。要认真研究如何建立MBA教育的质量保证体系。我们希望有条件的学校参与国际认证，但是中国的质量保证体系一定要建立。

建立MBA教育的质量保证体系至少包括加强MBA教育基础能力和建立MBA教育质量评价体系这两个方面的工作。

设置合适的课程和制定合适的教学大纲是加强MBA教育基础能力的重要组成部分。全国MBA教育指导委员会集中了各试点院校的意见，已经制定了《关于工商管理硕士（MBA）研究生培养过程的若干基本要求》，提出了MBA项目的课程设置、MBA论文、师资配备、教学管理的最低要求。各校应在MBA教育中辩证地把握教学内容的共性与个性的关系。深入研究MBA课程设置与教学内容，以适应中国经济改革与发展的要求和体现本校的特色。

案例教学是MBA教育的重要特点，中国MBA教育急需自己的案例，这就需要研究如何开发中国的企业管理案例，如何建立有效的案例共享平台，所以必须加强中国管理案例共享中心的建设。全国MBA教育指导委员会要采取一些强制性措施，从而不断提高案例质量，形成案例征集与共享的制度。

如何培养MBA课程师资，尤其是如何帮助一些新增MBA培养院校培养师资，是MBA教育基础能力建设的另一个重要问题。没有高素质的教师，就没有高质量的MBA教育。当前要通过采取综合措施加强教师队伍建设。包括制定MBA师资标准、加强师资培训、鼓励教师参与企业的研究和咨询活动、加强国际交流与合作等，需要强调的是，科学合理的教师教学水平评价机制，是引导和激励教师重视MBA教学质量的关键。

要切实加强MBA教育质量评价指标体系建设工作，其中认证可能更符合MBA教育的特点。现在，许多外国的名校到中国争夺教育市场，甚至降

如何提升MBA教育质量

低标准招中国的学生。我们要搞自己的认证体系,我们的体系要借鉴人家的好东西,但更主要的是符合我国现阶段的情况,要有前瞻性、独创性。这个事情做好了,对中国MBA教育的发展是一个里程碑。而且首先要在亚洲地区产生影响,若干年后可以跟欧美国家的MBA教育平等交流。要尽快完成MBA教育项目认证标准的制定。要不断加强制度和机制的建设,进一步树立和维护MBA教育品牌形象,不断扩大MBA教育的社会影响力。必要时可以强制要求MBA培养院校进行项目认证。

全国MBA教育指导委员会要通过MBA教育认证为已经通过教学合格评估的院校提供一种质量保证与持续改进服务,进而建立一套MBA教学合格评估和质量认证相结合的长效机制。建立中国MBA教育质量保证与持续改进体系、开发和推广中国企业管理教学案例、提升中西部MBA培养院校办学能力等,都是非常重大的、非常关键的问题。如果说在过去我国MBA教育的进步主要靠借鉴、学习和摸索,未来我们要更多地通过创新、融合、提炼,形成适合中国国情的模式和特色。

MBA教育开办之初,首任全国MBA教育指导委员会主任委员袁宝华同志提出,要"以我为主,博采众长,融合提炼,自成一家",走出一条具有中国特色的MBA教育之路。我国的MBA教育在改革创新中发展,随着国家经济、社会的发展不断壮大,逐渐形成了中国MBA教育的精神。这种精神可以总结为:"积极探索、大胆开拓;博采众长、善于借鉴;放眼世界、立足本土;服务社会、敢于担当;不断超越、与时俱进;精诚合作、共创辉煌。"

我们要认识到:一方面,与我们国家经济快速发展的要求相比,与我们国家众多企业对管理人才特别是对能适应国际竞争环境的管理人才的需求相比,我国培养的MBA还不够多,培养院校的数量也不够多,中国MBA教育今后还有更大的发展空间;另一方面,一些学校的MBA教育确实还存在一定的问题,办学质量问题值得我们特别加以关注。学位教育长期以来以学术研究为导向,在相当一部分高校存在着重学术学位轻专业学位、专业学位教育被边缘化的倾向。一些学校按学术型研究生的培养模式培养专业学位学生,没有充分体现专业学位教育的规律和特点。另外,这几年专业学位教育迅速发展,而相关政策还没有到位,很多举措没有跟上,内外部环境、微宏观管理还不能适应结构调整的步伐,从而影响了专业学位教育的质量和社会声誉。

一个学校 MBA 教育水平的高低与管理学院院长的工作密切相关,在国际、校际竞争日趋激烈的情况下,管理学院院长的能力、水平和是否尽职尽责是一个学校 MBA 教育能否健康发展的关键所在,各位管理学院院长要充分认识 MBA 教育对国家发展和学校发展的重要意义,要有紧迫感和使命感,扎扎实实把工作搞好。我们迫切需要一批有抱负、有激情、有作为、有梦想的管理学院院长,发扬中国 MBA 教育的优良传统,进一步推动和实践 MBA 教育的改革与创新,使中国的 MBA 教育更自信地走向世界。

提升 MBA 教育质量的关键在于满足人才市场需求

赵纯均

（清华大学）

（摘录自作者在历次全国 MBA 教育指导委员会全体会议上的讲话）

在教育部高校学生司和国务院学位办的直接领导下，全国 MBA 教育指导委员会在规范 MBA 教育要求、开展教学评估、组织师资培训、组织教学案例编写等加强 MBA 教育的基础能力建设、保证 MBA 教育质量方面开展了一系列的工作。总体来看，我国的 MBA 师资力量越来越强，项目的运作越来越规范，有一批学校的 MBA 教育已经达到相当高的水平，我们自己对我国的 MBA 教育还是有信心的。但是，我们要有危机意识。我国 MBA 教育目前还存在以下一些问题：

第一，就全国而言，具有较高的理论水平，同时又有一定实践经验的高水平 MBA 教师仍然缺乏。

第二，教材建设和案例教学仍然薄弱，尤其是反映中国企业管理实践的教学案例在数量和水平上都还不能满足教学需要。一些学校的教学设施现状与高水平 MBA 教育的要求相比还有较大差距。

第三，MBA 教育管理在微观层面和宏观层面都还有待进一步规范。在微观层面，还有一些试点院校在管理体制上没有完全理顺，难以在 MBA 教育中发挥整个学校或学科群的优势。在宏观层面，存在着一些未经授权的学校或单位滥用MBA名义办各种以营利为目的的培训班、国外或境外办学单位未经批准擅自招收MBA学生等问题。

这些问题的存在一定程度上扰乱了MBA的教育秩序，影响了我国MBA教育的声誉。

我国MBA教育的中心工作应该是不断提升MBA教育的质量，而提升MBA教育质量的关键在于满足人才市场需求。

经济的全球化和我国经济的持续健康发展既为MBA教育创造了一个很好的需求环境，同时也提出了更高的要求。国际化商业环境要求我们培养的MBA必须具有从事全球化管理的能力，比如，我们培养的MBA学生去跨国公司或者国内企业的外向型部门工作，可能英文水平不够，满足不了要求，这就要求我国的MBA教育要更加强调国际化。

要适应经济全球化的大势，满足国际化商业环境对MBA的要求，在坚持四项基本原则的前提下，我国的MBA课程教学要进一步与国际接轨，加快国际化步伐。主要措施包括：促进教学内容的国际化，大量引进国外的教材和参考书；加大使用英语教学的力度；扩大国际学生的比例；积极推进国际合作办学。同时，要注意结合中国国情，体现中国的体制与文化特点。

科学技术尤其是信息技术的迅猛发展正在使经济结构、社会结构发生深刻的变化，也将改变企业的生产经营方式和组织结构，这都对管理教育提出了新的要求。我们的教学内容、教学方法还不完全适应企业对经营管理人才的需要。我国的MBA教育只有不断创新，跟上经济、技术和社会的发展，更好地满足社会需求，才能得到社会的认可，实现可持续发展。

经济发展方式的转变使企业经营要更加注重可持续发展和社会公平。我们要加强MBA学生的环境意识和社会责任感教育，要教育学生把企业利益放在公众利益和社会利益大局中去实现。

为满足社会需要和人才市场需求，各个MBA培养院校必须有一个准确的定位，有的院校主要为本地区、本省的经济发展服务，有的院校既为本地区、本省服务又为全国服务，有的院校要在管理人才培养上代表国家水平，参与国际竞争，这种定位在客观上也会形成。要让各个学校适应它自身定位的要求，适应它培养目标的要求，从而有更大的空间设计它的项目。让不

如何提升MBA教育质量

同地区、不同特点的学校通过教学改革办出自己的专业特色和地方特色,满足不同的市场需求,创造出各种各样的新鲜的经验,形成一个百花齐放的局面。

为满足社会需要和人才市场需求,各个MBA培养院校必须密切关注科技、经济和社会的发展动向,加强新课程、新方向的开发,使我们的MBA教育在不断变化的社会和经济环境中立于不败之地。

MBA是实务型的专业学位,要强调MBA教育和企业的管理实践相结合。最近在韩国举办了一个管理教育论坛,会议交流中提到的一个在韩国出现的现象非常值得我们注意。简单地说,由于学生的经历和经验有限,MBA毕业生没有系统化地被大企业所聘用。我们必须重视对市场的研究,使MBA教育更加贴近企业实际,更加贴近市场需求,满足人才市场的需求才是提升MBA教育质量关键所在。

MBA 教育质量保证与持续改进体系建设

仝允桓

（清华大学）

一、中国 MBA 教育质量保证与持续改进体系结构

自中国兴办 MBA 教育以来，各 MBA 培养院校共同努力探索 MBA 教育规律和适合中国国情的 MBA 教育模式，加强 MBA 教育基础能力建设，构建中国 MBA 教育质量保证与持续改进体系。

1. MBA 培养目标及 MBA 教育的特点

创立中国 MBA 教育质量保证与持续改进体系，首先要弄清什么是高质量的 MBA 教育。MBA 教育的质量主要体现在学生能力和素质的培养方面。中国 MBA 教育质量保证与持续改进体系要围绕 MBA 培养目标及 MBA 教育的特点来构建。要在认识 MBA 教育的性质和特点、明确 MBA 教育的目标和定位的基础上，澄清对 MBA 教育办学规模和教育质量的关系、统一标准与特色创新的关系、入学考试与生源质量的关系、课程教学与全人教育的关系、学生满意与教学质量的关系等几个方面的认识。

MBA 教育的目标是培养综合性管理人才。MBA 学生在入学前应有一定的实践经验，毕业生主要从事企业管理工作。管理具有科学性、艺术性和社会性。MBA 教育既要培养学生的知识与能力，也要培养学生的精神与

品格。

学生的知识与能力要素主要体现在以下几个方面:国际视野、战略思维、创新意识、管理技能、领导能力、执行能力、社会责任、职业道德。

学生的精神与品格要素主要体现在以下几个方面:以人为本的人文精神;实事求是的科学精神;自强不息的奋斗精神;和衷共济的团队精神;追求卓越的人生品格;厚德载物的高尚品德;经世济民的博大情怀。

MBA教育注重理论与实践的结合,强调能力与素质的培养。MBA培养院校要通过与企业建立密切联系或与企业联合培养,保证教学内容紧密联系企业实际。MBA教育要通过各种课程和案例教学、企业实践项目等环节培养学生从事企业经营和管理工作所需要的战略眼光、创新意识、创业精神、团队合作能力、处理复杂问题的决策和应变能力以及社会责任感。

MBA核心课程包括经济与管理理论和方法课程以及与企业管理职能相联系的专业课程。MBA教育具有团队学习的特点,强调案例教学与互动教学,学生通过MBA教育不仅可以学到系统的管理理论与专业知识,还可以与同学分享管理的实践经验,增长才干。

MBA教育是面向市场的专业(职业)学位教育,它有四个主要特点:一是市场导向,它是市场经济的产物,培养规格要适应市场经济的要求,培养的人才要面向人才市场,接受市场检验;二是职业发展导向,这不同于学术型学位教育,MBA教育的课程设计、课堂教学方式、能力培养模式以及职业发展教育与就业服务都要围绕学生的职业发展来展开;三是有严格的学术标准,MBA教育是学位教育,不同于管理培训;四是强调能力培养(领导、沟通、团队合作能力)、注重集体学习和经验分享(通过案例教学、师生互动)、重视校友网络建设。

2. 全球MBA教育发展趋势

MBA教育是具有国际可比性的学位教育,构建中国MBA教育质量保证与持续改进体系需要了解全球的MBA教育发展趋势。

近年来,MBA教育在全球的发展趋势主要体现在以下五个方面:

第一,重视学生全面素质的提升,注重培养MBA学生的领导力和企业家精神,强调沟通能力和团队合作能力训练,强调商业伦理和企业社会责任的教育。

MBA教育越来越重视对学生进行有关领导才能的"软技能"训练,并将相关要素纳入课程内容和教学环节。领导力和企业家精神的培养是在专业知识和管理技能训练的基础上,要求学生综合利用所学知识,对个人的管理风格、强项及弱点以及未来目标进行自省,提升学生团队意识、创新精神、判断力、决策能力、学习能力、抱负、勇气、进取心等综合素质。

重视沟通技巧和团队合作精神的训练已成为MBA课程的一个主流思想。MBA应该具有出色的沟通能力,也就是在组织中处理人际关系、组织团队作业、激励同事士气的能力。

金融危机将公众视线引向企业社会责任、商业伦理以及管理者的职业道德,全球商学院都开始关注MBA的商业伦理和企业社会责任教育。

第二,强调培养MBA学生的全球视野、跨文化沟通与跨文化管理能力。

经济全球化使企业国际业务由商品贸易发展到海外投资、跨国经营等层面。国际资本和技术转移的速度加快,企业经营向集团化、多元化、国际化方向发展,跨国公司的生产和销售需要面向全球市场并在全球范围内配置资源。

经济全球化还要求企业的生产经营跨越民族心理和文化的界限,在不同的文明区域内展开运作,具有不同价值观念和信仰的人群将在全球范围内展开竞争与合作。

面对经济全球化,MBA教育从观念、教学内容到教学方法都需要做出相应的改变,以适应全球化管理的需要。MBA教育除了需要在课程内容及案例中加入国际化的内容之外,世界上许多MBA项目都在开展海外学习、实习、服务或交换等活动。

第三,强调MBA教育贴近企业实践,通过与时俱进和改革创新,适应不断变化的形势。

全球的商学院都认识到,MBA教育要紧紧贴近企业的实际,贴近企业实际才能了解企业实践,满足社会需求,也才能提高学生的经营管理能力。在教学内容上,强调贴近企业实践,强调与时俱进和创新,强调学习型组织,引导学生收集新信息,研究新情况,解决新问题,适应不断变化的形势。在教学方式上,强调联系企业实际,通过问题导向的学习、合作学习、团队学习等各种方式来增强学生的实际工作能力。在教学方法上,案例教学作为MBA课堂教学的有效方法得到进一步完善和广泛使用,强调利用最新的案例,并将企业当前关注的话题引入课堂;同时,模拟教学、项目教学、研讨式教学、企业实习与公司访问、企业家演讲或座谈、游学、创业计划等方法越来越多地被采用。

第四,开设整合性课程,为MBA学生提供整合多学科知识、解决综合性问题的训练。

管理者遇到的问题大多数都是综合性的,需要管理者协调利用各方面的资源、信息和知识。MBA教育改革的一个重要方向是为MBA学生提供整合多学科知识、综合解决问题的训练,也就是整合性课程。整合性课程改变了按职能分科讲授各种管理知识的传统做法,改为围绕某个专题项目,按综合性原则把不同的课程内容结合起来,使学生把握知识之间的复杂联系,培养多向思维能力和综合运用多学科知识解决问题的能力。在整合教学中,不同学术专长的教师同时出现在课堂上,从不同学科角度、不同立场阐述各自的观点并进行讨论,针对专题项目的问题找出综合解决方案。

第五,强调MBA教育的特色、个性和差异化,以适应多元性的市场环境。

MBA教育是人才市场需求的产物,在复杂的市场环境中,管理教育正在面对不确定性及多元性所带来的挑战。管理教育面对的市场不是一个同质的市场,各个商学院的使命存在巨大的差异,这一多元性同时也表明,管理教育可以有多种合适的途径和方法。特色是MBA项目的立足之本。差异化的市场定位、差异化的产品、差异化的服务都体现为特色。项目的产业定位特色、国际化特色、培养过程特色、课程特色、管理特色等也都是特色。

进行个性化培养的前提是以学生为中心。把学生看作学习的主人,看作能动的知识工作者,学习过程不仅是学生系统学习现有知识、继承前人经验的过程,也是学生参与发现知识、创造知识的过程。以学生为中心的教育方式强调发挥学生的积极性和主动性,强调师生之间的相互启发与交流、强调培养学生综合运用知识、创造性地解决问题的能力。

根据学生的教育和工作背景以及个人目标,定制个性化的学习内容,进度和深度,强调灵活和针对性。高度个性化、学生深度参与的学习,既是MBA学生自我发展的需要,也是多样化人才市场的要求。

3. 中国MBA教育存在的问题

中国MBA教育目前存在的问题有以下几方面:

一是师资问题。具有较高理论水平、熟悉MBA教学特点、具有富有实践管理经验、深受学员的欢迎的教师总体上来说还比较缺乏。特别是既懂理论又懂实践,既懂国内又懂国际的高水平师资缺乏是一个突出的薄弱环节。

二是教学方法和教学案例。反映中国企业管理实践的教学案例,从数量上和水平上也亟待提高。改革开放30多年以来,中国企业有丰富的实践、经验和教训值得总结,MBA培养院校要把好的案例发掘出来。

三是有些学校对MBA教育特点和MBA教育办学规律的认识缺乏深度,定位不够清晰,缺乏自身的特点。MBA教育项目缺乏整体设计,培养目标、课程和培养方案设计、教学环节设置与项目定位之间存在着脱节现象。

四是一些学校在MBA项目管理和质量控制方面还存在漏洞和不足,存在着教学评估、成绩管理、学生考勤、MBA学位论文指导等制度不落实的现象。

五是一些MBA学生国际视野不够开阔,实践能力不够强,难以满足企业走出去的现实需要。

中国MBA教育质量保证与持续改进体系的构建应该有助于解决这些问题。

4. 中国MBA教育质量保证与持续改进体系结构

根据中国MBA教育的培养目标,考虑MBA教育在全球的发展趋势,针对MBA教育的特点和中国教育的问题,中国MBA教育质量保证与持续改进体系应该包括三个部分:MBA教育质量标准和管理制度、MBA教育基础能力建设机制和MBA教育改革与创新机制。MBA教育质量保证与持续改进应该在学校和全国两个层面上推动,应该由建设和管理两个方面入手。

在全国层面,MBA教育质量保证与持续改进体系应该由准入条件、学

如何提升 MBA 教育质量

位标准、信息报告制度、师资培训系统、教学合格评估以及高质量教育认证等一系列管理环节和保障机制构成。

在学校层面,要创造和改善办好 MBA 项目的基本条件:适合 MBA 教育特点的合理招生规模、能支持高质量 MBA 教育的师资队伍、鼓励保证教育质量和提高教育水平的机制、完善 MBA 教育的制度和机构等。

各学校需要在分析自身的条件和所处的环境(学科基础、师资条件、行业背景、区位环境、竞争环境)的基础上,按照使命导向、明确定位、突出特色的原则,对 MBA 教育项目进行系统设计。

要把项目定位和培养目标具体化,要明确回答:培养什么人、为谁培养、招什么学生、毕业生到哪里去、怎么培养、教给学生什么这些问题。项目设计应该反映目标和定位,要回答:课程是否支持目标、管理体制和制度是否能保证目标达成、师资和教学方法能否支持目标达成等问题。项目设计应该吸收利益相关者参与,重视学生反馈、企业反馈、校友反馈和师生互动等。

二、中国 MBA 教育质量保证与持续改进体系建设实践

按照以上思路,全国 MBA 教育指导委员会与各个 MBA 培养院校一道在建设中国 MBA 教育质量保证与持续改进体系方面做了以下工作。

1. MBA 教育制度建设——建立 MBA 教育标准与制度体系

以保证和提高我国 MBA 教育的质量为目标,全国 MBA 教育指导委员会致力于构建包括准入条件、学位标准、培养要求、合格评估、质量认证在内的 MBA 教育质量保证与持续改进体系和形成项目持续改进机制。

全国 MBA 教育指导委员会通过制定规则、倡导自律、培训指导、检查督促等措施,引导各 MBA 教育培养学校认真思考本校 MBA 教育的目标、环境与发展思路,健全管理制度与管理体制,加强基础管理,改善教学条件,改进培养方案及课程设计,在招生和培养的各个环节保证 MBA 教育质量,维护 MBA 教育的声誉。

从 2000 年 11 月起,受国务院学位办委托,全国 MBA 教育指导委员会组织专家组对 MBA 培养院校进行教学合格评估。通过现场考察,从项目设

计、制度建设、过程管理、教学支持、师资力量、教学条件、办学效果和特色与创新等七个方面对被评估单位评价，并对被评估单位的MBA培养工作提出了有针对性的指导意见。

MBA教学合格评估评估的目的是引导各MBA培养学校认真思考本校MBA或EMBA教育的目标、环境与发展思路，健全管理制度与管理体制；促使被评估学校明确教学目标，加强基础管理，改善教学条件，改进培养方案及课程设计，以体现MBA或EMBA教育的特点和教学要求，逐步建立和完善MBA和EMBA教育教育质量保证体系和项目持续改进机制。

我国MBA教育需要建立一套长效的、科学的机制促使MBA培养院校主动地、持续地提高MBA教育质量，这套机制就是高质量MBA教育项目认证。

开展高质量MBA教育项目认证的目的是，帮助MBA培养院校明确使命；敦促MBA培养院校在使命的指引下结合所在地区商业经济发展状况，明确其市场定位和发展目标；帮助MBA培养院校制定相应的发展战略，激发创新思维；帮助MBA培养院校建立持续改进机制，不断提高教育质量；激励MBA培养院校成为具有中国特色的、能够促进中国经济发展和商业文明进步的高水平工商管理教育机构；通过认证发展具有中国特色的管理教育体系，发扬符合中国社会发展的价值观和人文理念，引领中国的管理教育朝世界先进水平迈进。

在借鉴国际经验和广泛征集各培养单位意见的基础上，指导委员会推出了"中国高质量MBA教育认证"体系，并于2011年10月正式启动中国高质量MBA教育项目认证试点工作。

2. MBA教育基础能力建设——促进中国企业管理案例开发与共享

全国MBA教育指导委员会组织成立了中国企业管理案例共享中心，创造了具有中国特色的MBA培养院校间案例资源共享、师资共享、学术成果共享和国际合作的新模式。截至目前，中国企业管理案例共享中心案例库已收录两千多个中国企业管理案例。

自2010年起，为了推动中国企业管理案例的开发，中国企业管理案例共享中心每年举办"全国百篇优秀管理案例"评选活动。案例共享中心每年都举办案例教学与案例编写师资培训与学术研讨活动,数千人次MBA教师接受培训或参加研讨。

3. MBA教育基础能力建设——组织师资培训与教学研讨

部分MBA教育指导委员会委员和资深MBA教育专家分别牵头15门MBA核心课程与重点课程建设与师资培训。先后举办百余次教学研讨和师资培训活动,参加研讨和培训的各校MBA教师超过一万人次。这项工作对于我国管理教育的发展和MBA教育水平的提高有重大意义。

4. MBA教育基础能力建设——帮助中西部院校和新增院校提高办学能力

全国MBA教育指导委员会多方引入社会资源支持MBA教育。新加坡淡马锡基金会资助1000万元,支持"中国MBA师资开发及办学能力建设项目"第一期。新加坡淡马锡基金会和中国西部人才开发基金会资助约1500万元,支持"中国MBA师资开发及办学能力建设项目"第二期。福建新华都慈善基金会资助450万元,支持"中国MBA师资开发及办学能力建设项目"第三期和西部地区MBA教师研究方法培训项目。教育部学位与研究生教育发展中心资助300万元,支持中国工商管理教学案例的开发。河仁慈善基金会资助150万元,支持"全国百篇优秀管理案例"评选。

为帮助新增MBA培养院校提高MBA教育水平,全国MBA教育指导委员会先后组织9次新增MBA培养院校工作交流研讨会和培训会,全国MBA教育指导委员会委员先后到26所新增MBA培养院校进行了考察与指导,还专门针对新增MBA培养院校举办了教学大纲培训研讨会。

5. MBA培养模式的创新

为推动MBA教育改革与创新,各个培养院校针对MBA教育的目标、性质、特点、我国MBA教育面临的挑战、国际上MBA教育的发展趋势进行了深入的研究。这些研讨对于MBA教育界开阔思路、认清形势、达成共识、推动改革、促进创新发挥了重要作用。

全国MBA教育指导委员会组织修订了15门MBA核心课程和重要课程的教学大纲。新的教学大纲突出了学生综合素质教育和实践能力培养方面的要求,体现了MBA教育改革与创新的全球共识与发展趋势。

各MBA培养院校通过创新MBA培养模式和教学方法,在MBA教育中突出人文精神和商业文明、加强商业道德与社会责任教育、加强"软课程"建设、进一步加强实践教学、开设整合课程或推出整合实践项目。在MBA教育基础能力建设方面,各校加强师资队伍建设、加强案例开发与案例教学、提升国际化水平、开发与整合教育资源、完善学生职业发展教育与服务体系,取得了显著的成效。

6. 开展MBA教育的国际合作

全国MBA教育指导委员会分别与国际知名教育机构国际精英商学院协会(AACSB)与欧洲管理发展基金会(EFMD)签订了战略合作协议。还与管理专业研究生入学考试委员会(GMAC)以及英国教育组织(QS)合作,分享其管理教育研究成果,也通过他们的平台让全世界了解中国MBA教育。

中国管理案例共享中心与加拿大西安大略大学毅伟商学院案例中心签署合作备忘录,将部分"百篇优秀管理案例"推荐至毅伟案例库,并通过毅伟案例中心平台向全球推广。

有条件的MBA培养院校开设了国际MBA项目,许多中国MBA项目都在开展海外学习、实习或交换等活动。

7. 推动商业伦理和企业社会责任教育

全国MBA教育指导委员会做出规定,MBA和EMBA项目的课程设置、教育环节或课程内容中应包含有企业社会责任和商业道德教育方面的具体内容和明确要求,并且将"商业道德与企业社会责任"列为重点建设课程并开展师资培训,将商业道德与企业社会责任教育纳入教学合格评估指标。

在2013年"百篇优秀管理教学案例评选标准"中明确要求:百优案例中要包括20至25篇关于企业社会责任及慈善、企业可持续创新、环境保护与低碳经济、包容性发展等方面的案例。

中国MBA教育质量保证与持续改进体系建设的目标是构建中国特色的MBA教育制度,为中国21世纪的发展培养大批既有理论知识、又有实践能力,既有国际视野、又深谙中国国情,既有开拓创新能力、又有社会责任意识的高素质经营管理人才。中国各MBA培养院校为此付出了不懈的努力,并将继续为实现这一目标而奋斗。

MBA 实践教学指标体系的构建

刘福成　华　斌

（安徽财经大学）

一、实践教学对我国 MBA 教育的意义

我国的 MBA 教育实践，借鉴和吸收国外先进经验和办学长处，重视教学改革，加大投入力度，取得长足的发展，逐步形成中国特色的 MBA 教育体系。但与经历百年历史的西方 MBA 教育相比，我国的 MBA 教育无疑还有众多有待完善之处。我国目前 MBA 教育存在三类问题：一是认知有误，将 MBA 学位这一职业学位当作研究生教育，偏离实践；二是课程上有偏颇，偏重知识传授，忽视能力和品格等与实践相联系的软技能开发；三是内容上有缺陷，学生缺乏对国情的深刻理解，也缺乏全球化经历。上述三点归纳起来，问题的根源在于培养院校的实践教学滞后，不能满足 MBA 教育的目标需求和特点。虽然其他教育类别也存在实践教学的要求，但是 MBA 作为一种专业学位教育，实践教学是第一位的，MBA 研究生从事的是管理活动，而非科学研究，检验 MBA 培养质量要用市场性指标，即毕业生的动手和上手能力以及由此得到用人单位的认可和身价，这也是培养院校塑造品牌价值的关键以及 MBA 教育的重要内涵所在。

二、建立 MBA 实践教学指标体系的必要性

实践教学是通过实验、实习等，辅导学生整合所学知识，动手进行实际操作的一项综合性教学手段。通过构建 MBA 实践教学指标体系，可以有的放矢，使 MBA 实践教学更有针对性和可操作性。

（一）建立 MBA 实践教学指标体系是突出专业性质的需要

MBA 专业是一门实践性极强的专业，着重培养学生的分析和解决管理过程中有关问题的能力，通过实践教学可以摆脱学生闭门造车和纸上谈兵，使其身临其境参与企业资料收集和各项实践工作，培养其动手能力以及综合分析问题和解决实际问题的能力。

MBA 教育中无论教与学都必须建立在对经济活动过程的全面了解和对经济业务性质的准确判断上，就 MBA 专业教育而言，突出"应用"是其核心，也是 MBA 教育的科学定位和办学立足点。因此，实践教学指标的设置是满足 MBA 专业人才培养目标、加强教学内容可应用性的必要手段，通过把应用性环节渗透到教学的全过程，不断检验、反馈、再学习，保证学员紧跟时代发展步伐，理论与实际有机结合，真正达到学以致用。

（二）建立 MBA 实践教学指标体系是满足用人单位的需要

MBA 研究生实践能力培养模式受到社会需求和自身条件的双重制约。近年来，企业界在招收录用 MBA 毕业生后，普遍反馈本土培养的 MBA 存在管理应用能力差、执行力弱、对年薪期望过高等不足。MBA 在企业和社会需求对接上产生供求错位，是一个值得深思的问题。

MBA 实践教学指标体系要结合企业实际，避免孤立看待问题，充分考虑其前提条件和各种影响因素，提出切实可行的、具有操作性的应用步骤、方法和指标。MBA 实践教学指标体系关注系统，又注重实践对象的具体情况，培养学员的综合运用能力，启发学员在专业学习中总结经验，发现理论与实际的距离，在变化的环境中深入思考，积累解决企业管理个案的能力，

明确自己今后的发展方向，为 MBA 毕业生成为全才和通才奠定坚实的基础。

(三) 建立 MBA 实践教学指标体系是提高教学质量的需要

目前我国 MBA 教育的培养过程中存在"重理论、轻实践""重书本、轻案例""重传授、轻交流""重课内、轻课外"的现象，许多高校 MBA 教学局限于经院式专家理论教学方法，着重理论分析、知识传授、课堂灌输，理论气氛过浓而实践运用不足，直接造成 MBA 学员毕业后存在不足，满足不了市场和用人单位的需求。

为了改变 MBA 产品对市场需求的不适应，就要突出培养过程中实践教学环节，通过实验、实习、课程设计、毕业设计（论文）、社会调查、生产劳动等实践教学指标的设计和实施，激发 MBA 学员科技创新兴趣，拓展个人潜力，突破某些定论和模式的羁绊，形成科学和全面的评价体系，培养 MBA 学生的管理知识的运用能力和管理实践的执行能力，以促进 MBA 教学质量提高和 MBA 研究生自身能力增强。

三、MBA 实践教学指标体系的构建

(一) 构建实践教学指标体系遵循的原则

构建 MBA 实践教学指标体系要以过程评价为核心，由注重成绩向注重实践锻炼过程转变，对学生参加的各实践教学环节的效果提出严格要求，制订综合实践能力考评方案，确定考评内容与方法，提出权重，形成一个多层面、连贯性、由浅入深的完整体系，使之涵盖企业调研、社会实践、课程设计、教学实习、现场模拟、调查报告、科研训练、毕业实习和毕业论文（设计）等各个实践教学形式。因此，MBA 实践教学指标体系设计应该遵循目标性、可操作性、监控性、稳定性、推广性等原则。

(二) MBA 实践教学指标体系内容

实践教学在 MBA 教育中的重要性已经毋庸置疑，得到业内外的普遍共

识,正是认识到实践教学的重要性,每个院校都把案例教学法提升到相当高度,一段时间内不少培养院校甚至把 MBA 教育等同于案例教学,但在现实实施中,这些措施没有取得期待中的惊人效果,这固然存在案例采编不当、任课教师企业背景较少等原因,但是案例教学不代表 MBA 教学的全部,改革 MBA 教学还应该站在全面和系统的角度通盘考虑。鉴于许多学者都对 MBA 案例教学有所研究,也建树颇多,本文将案例教学划入课堂教学,不纳入实践教学指标体系,并且忽略次要因素,着重关注 MBA 实践教学的几种主要形式:实验、实习、毕业设计等内容和特点,构建 MBA 实践教学指标体系。

1. 实验教学评价指标体系

从本质上讲,实验是一种创新活动,它不同于理论教学,也不同于一般的科学研究,主要鼓励学生用设计新颖的方法解决实际问题,培养学生的创新意识和应用能力。实验教学是培养 MBA 学员实验技能、创新能力、科技素质的一个重要环节。实验操作通过从易到难、循序渐进的设计,在增强学生实验技术能力的同时巩固理论知识对实际问题的指导,激发学员对实验操作和理论学习的热情。MBA 实验教学还通过对具有公司化特征的学习环境的应用和对具有现代化特征的实验设施(模拟沙盘、虚拟证券市场投资系统等)的操作,把课堂和市场联系在一起,有效地监督和保障实践教学,使之按预定程序和操作规范执行。因此,实验教学是 MBA 实践教学的一个重要组成部分。

本文实验教学二级指标由三项组成,分别为教学条件、教学内容、教学管理,三级指标共 10 项,具体见表 1。在构建实验教学指标体系时一定要保持与实际教学一致,使教师和教学管理人员便于采用,并能在教学环节中有效运用、检查和督促实验教学的设置和执行,不断完善专业教学环节,提高教学质量。实验教师可以提出问题让学生去思考,启发他们的思维能力,发挥学习的主动性。

2. 实习教学指标评价体系

实习教学分为专业实习和毕业实习。专业实习是 MBA 研究生实践教学的重要环节,学生通过到具体的社会组织、企事业单位进行考察和锻炼,提高他们应用专业知识解决社会经济现象的能力。毕业实习是学生到实习基地进行实战训练,这样为MBA研究生上岗再就业提供实战演练的机会,也为他们将要进行的毕业论文撰写提供实践素材。MBA学生通过选择典型企业和行业,进行现场实习和诊断现实管理问题,可以加速上手能力和动手能力,也促进其对理论知识的理解和吸收,达到举一反三,融会贯通。实习还通过实习基地、教师和相关设备等人、财、物的有力整合,使学生感受真实性、挑战性和可学性的企业氛围,增强对学生管理现实问题和决策能力的培养。实习教学鼓励学生自己思考和解决出现的管理问题,提高他们的综合素质和应变能力,是完善MBA培养目标、培育学校定位和特色的有效手段。

本文实习教学二级指标由实习工作条件、实习工作过程、实习总结及结果三项组成,三级指标共13项,具体见表2。当然,实习教学是一项长期系统工程,要切实做好各项工作,查找不足,完善工作,避免实习教学流于形式。

3. 毕业设计的评价指标体系

毕业设计是MBA研究生重要的实践教学环节,是老师指导研究生创造性地运用所学知识和技能,进行社会实践的有益尝试,也是指导MBA研究生走向社会、独立开展工作的桥梁和纽带。毕业设计和论文写作可以检验MBA学生学习期间的收获的真实水平,以及其对现实管理问题的处理方法和理论水平。毕业设计要求学生把管理的原则、程序和基本方法与现场实际相结合,培养其调查、检索、收集、加工各种信息资料的能力;综合运用所学知识,论证、计算、绘图、撰写报告的能力;正确运用国家标准和技术语言阐述理论和技术问题的能力,能有效培养MBA毕业生步入工作和适应实际的综合素质。本文毕业设计二级指标由毕业论文质量、教学过程实施等二项组成,三级指标共七项,具体见表3。

实践教学指标体系是一个完整的、多层面、有序的大系统,需要方方面面密切配合,有效、清晰的实践教学体系将对MBA研究生教学水平产生极大的促进作用。

四、MBA 实践教学体系指标值的计算

(一) 权重的确定

在评价指标体系中,各个指标所起的作用不同,为了表示不同指标对实践教学的不同贡献程度,应根据指标的重要程度,对所选指标赋权,权重大小表示指标在评价中对实践教学贡献的大小。在本指标体系中,由于大部分为非定量化分析指标,所以采用主观赋权法——德尔菲法。首先由专家分别对一、二、三级指标赋权,各级指标的权重之和都等于1(权重的具体赋值见表1、表2、表3)。然后根据各级指标的权重计算出各单项指标值的综合权重。即 $W_j = W_{xj} \times W_{uj} \times W_{vj}$,其中 W_j 为单项指标的综合权重,W_{xj} 为三级指标权重;W_{uj} 为二级指标权重,W_{vj} 为一级指标权重。

(二) 评价指标分值的确定

具体评分过程中,首先确定评分参考标准,然后对照参考标准,根据各指标的不同贡献进行打分,一般根据各单项的优劣分为五个等级,分别记为5、4、3、2、1分。各单项指标的权重和分值确定后,便可计算各单项指标的综合分值,各单项指标的综合分值之和,即为该指标体系的综合评价值。计算公式为:

$$Z_j = W_j \times X_j / X_o \times 100$$

$$\sum Z_j = \sum W_j \times X_j / X_o \times 100$$

其中,W_j 为单项指标 j 的综合权重,X_j 为单项指标 j 的分值,X_o 为单项指标的标准值(最优值),Z_j 为单项指标 j 的综合分值,$\sum Z_j$ 为指标体系的综合评价值。在计算时,将 $X_j / X_o \times 100$ 作为单项指标的评价值,将最终得分以百分制表示,有利于克服各指标因量纲、单位不同而带来的问题,X_o 在本指标值计算过程中,取值为5。计算结果见表1、表2和表3。

表 1 实验教学的评价指标

一级指标 (W_{vj})	二级指标 (W_{uj})	三级指标 (W_{xj})	综合权重 (W_j)	指标分值 (X_j)	最终得分 (Z_j)
实验教学评价指标 (0.3)	教学条件 (0.3)	培养计划:实验教学设定的目标和步骤(0.2)	0.018	1,…,5	
		教学方法:具体实施时采用方式和手段(0.4)	0.036	1,…,5	
		课程建设:实验课程模拟现实问题的程度(0.4)	0.036	1,…,5	
	教学内容 (0.4)	教学效果:学生、教师对内容的满意程度(0.2)	0.024	1,…,5	
		课程改革:内容贴近现实,紧跟时代发展的情况(0.4)	0.048	1,…,5	
		设施配备:满足学生的实验过程需要的程度(0.2)	0.024	1,…,5	
		资源利用:资源被利用的效率和效果(0.2)	0.024	1,…,5	
	教学管理 (0.3)	制度建设:制度是否完整,能否保证教学顺利进行(0.3)	0.027	1,…,5	
		学生反馈:收获和建议,并有可靠的反馈渠道(0.3)	0.027	1,…,5	
		经费来源:经费是否充足,能否满足实验要求(0.4)	0.036	1,…,5	

表 2 实习教学的指标

一级指标 (W_{vj})	二级指标 (W_{uj})	三级指标 (W_{xj})	综合权重 (W_j)	指标分值 (X_j)	最终得分 (Z_j)
实习教学评价指标 (0.4)	实习工作条件 (0.4)	实习基地建设:数量和企业特点能否满足要求(0.2)	0.032	1,…,5	
		实习基地质量:企业是否具有典型分析的意义(0.2)	0.032	1,…,5	
		实习教师:职称、资质和资格等条件具备情况(0.3)	0.048	1,…,5	
		师生比例:实习指导教师配置是否合理(0.3)	0.048	1,…,5	

（续表）

一级指标 (W_{vj})	二级指标 (W_{uj})	三级指标 (W_{xj})	综合权重 (W_j)	指标分值 (X_j)	最终得分 (Z_j)
实习教学评价指标(0.4)	实习工作过程(0.4)	文件管理：计划、过程记录和总结材料完备程度(0.2)	0.016	1,…,5	
		任务布置：计划最终落实情况(0.1)	0.032	1,…,5	
		动员及工作准备：动员效果和前期筹划情况(0.2)	0.032	1,…,5	
		教师指导水平：责任心和理论与实际结合水平(0.2)	0.032	1,…,5	
		纪律和效果：执行是否有力(0.3)	0.048	1,…,5	
	实习总结(0.2)	成绩评定：成绩是否真实有效(0.2)	0.016	1,…,5	
		个人总结：个人体会和收获(0.3)	0.024	1,…,5	
		学生反馈：收获的分享和意见的反馈(0.2)	0.016	1,…,5	
		任务完成情况：是否达到已经设定的目标(0.3)	0.024	1,…,5	

表3 毕业设计的评价指标体系

一级指标 (W_{vj})	二级指标 (W_{uj})	三级指标 (W_{xj})	综合权重 (W_j)	指标分值 (X_j)	最终得分 (Z_j)
毕业设计评价指标(0.3)	论文质量评价(0.6)	选题思想：选题的现实意义和实践应用价值(0.4)	0.072	1,…,5	
		运用知识水平：调研、问卷、访谈综合分析能力(0.3)	0.054	1,…,5	
		运用文献能力：理论知识对实践指导的紧密程度(0.3)	0.054	1,…,5	
	教学过程实施(0.4)	论文规范水平：论文格式规范和行文流畅程度(0.3)	0.036	1,…,5	
		指导教师态度：责任心和效用的发挥水平(0.2)	0.024	1,…,5	
		答辩组织情况：答辩程序科学、高效(0.2)	0.024	1,…,5	
		学生成绩评定：论文最终达到的效果(0.3)	0.036	1,…,5	

最终总得分为 $\sum Z_j$，如果总分≥90，则为优秀；总分在80—89，则为良好；在70—79，为中等；在60—69，为一般；总分<60，则为不及格。MBA研究生实践教学的目的是培养其合作能力、业务能力、应用能力和创新能力，以适应经济社会发展的需要，为其再次步入社会、参与管理打下坚实基础。各培养院校可以根据上面的公式以及具体赋值计算在学生实践教学环节的得分，并对照评分等级衡量实践教学的情况，有针对性地进行改进。

北航 MBA 培养质量保证体系构建实践

黄海军　杨梅英　周　宁　张新华
（北京航空航天大学）

北航 MBA 教育致力于以 AACSB、EQUIS 为指导对 MBA 培养质量保证体系进行构建和完善，取得了一定的成效。

一、国际商学院质量认证标准

AACSB 各类标准主要包括：(1) 战略管理标准：包括学院使命说明的形成及其定期修订、学院使命说明对商学院的适合性、学院使命说明对目标学生群体的详细界定、持续质量改进的目标等指标；(2) 参与者标准：包括学生录取、教师资格、师资管理与支持、全体教师与支持人员的教育职责、单个教师承担的教育职责和学生承担的教育职责等指标；(3) 学习保障标准：一般管理硕士学位项目教育主要发展以下能力，即在组织情境下的领导能力、深入理解并应用相关学科知识到新的不熟悉的环境的能力、适应并创造性解决问题以及处理不可预见事件和驾驭不可预见环境的能力。

EQUIS 标准主要包括三个方面：(1) 一般质量标准：包括国内地位、使命、学院治理、业务范围、战略、资源、师资、学生、学生服务、个人发展、项目、研究；(2) 国际化维度：学生群体的国际化、教师的国际化、项目的国际化；

（3）与企业界的联系：商学院应该通过实习、实地考察、公司代表到校园访问等方式为项目参与者提供直接获得企业界经验的机会。

上述两大认证机构的标准各有侧重，AACSB 认证强调使命驱动和持续发展，还非常关注办学过程和办学环节，力图使商学院通过认证获得的过程，更好地构建自身持续发展的长效机制，它不只关注最后的结果。而 EQUIS 认证强调国际化和企业联系，即在 EQUIS 模型所界定的所有领域具有高国际性标准的质量，具有 EQUIS 模型所界定的显著的国际化水平；强调学生导向，企业界的需要被很好地整合到项目、活动和流程中。

由此可见，MBA 培养质量的提升需要一个持续改进的过程，在此过程中除了需要从宏观角度制定相关政策以外，建立起科学的管理机制也十分必要，这将有效促进 MBA 教育自身积极主动地持续改进培养质量。

二、北航 MBA 培养质量保证体系的基本框架

结合我国 MBA 教育发展的实际，我们以国务院学位办、全国 MBA 教育指导委员会的政策和规定为基础，以国际两大权威认证体系 AACSB 和 EQUIS 的标准为导向，逐步建立起了北航 MBA 培养质量保证体系，如图 1

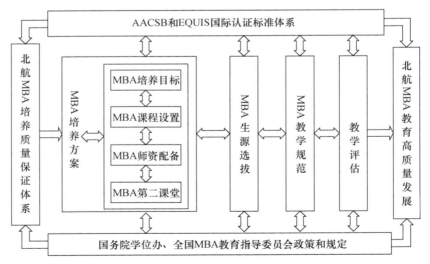

图 1　北航 MBA 质量保证体系的基本框架

所示。在体系的构建过程中,我们把握的基本原则是:国际标准优先、国内标准符合。一方面,兼顾国际国内 MBA 项目的内在发展规律,从宏观层面上保证遵循优质 MBA 教育的发展要求;另一方面,将国际管理教育高质量标准导入北航 MBA 培养质量保证体系当中,从微观层面上通过对 MBA 培养方案的优化、MBA 生源选拔标准的建立、MBA 教学规范的设定和 MBA 教学评估的实施,达到具体管理指标与 AACSB 和 EQUIS 标准的实质趋同,从管理机制上保证北航 MBA 朝着国际化、高质量的方向发展。

三、北航 MBA 培养方案

由于 MBA 教育是专业学位教育,具有鲜明的职业教育特征,因此制订符合 MBA 教育特点的培养方案是首要问题,而与国际接轨的培养方案的核心内容是培养目标与课程设置。在 AACSB 第三类学习保障标准中对 MBA 教育专门规定了一项具体指标,就是"详细的一般管理硕士学位(MBA)培养目标:在学院使命说明导引和特定的文化环境下,商学院细化了管理硕士学位项目的培养目标,并能证明每个一般管理硕士项目的毕业生达到了特定领域的管理知识与技能。硕士生应该已经具备本科毕业生程度的一般管理知识与技能,因而硕士阶段的学习主要采用一种比本科教育更整合、更跨学科的方式进行。一般管理硕士学位项目教育主要发展以下能力:在组织情境下的领导能力、深入理解并应用相关学科知识到新的不熟悉的环境的能力、适应并创造性解决问题以及处理不可预见事件和驾驭不可预见环境的能力"。

(一) MBA 培养目标

我们参照 AACSB 的标准和全国 MBA 教育指导委员会制定的《关于工商管理硕士(MBA)研究生培养过程的若干基本要求》,进一步从应获取的知识和应达到的能力两方面细化了北航 MBA 的培养目标:"MBA 是培养务实型、复合型中高层次管理人才的专业学位,北航 MBA 的培养目标是培养出懂经济管理、懂专业、知识广博、勇于开拓、善于合作、敢于创新,并能适应国内外市场经济发展需要的复合型管理人才。通过科学系统地培养,获得MBA学位的学员能够胜任工商企业和经济管理部门的高层次管理工作"。

(二) MBA课程设置

借鉴 AACSB 和 EQUIS 的标准,北航在课程设置方面除了强调跨学科和能力培养并重外,还强调以下三个方面:一是学生群体国际化,包括从其他国家招收学生;有能够提供双向学生交流的交换生项目;关注课堂内的跨文化交流;提供跨越国界的实习和项目工作机会;毕业生的就业国际化;毕业生的外语能力。二是教师国际化,包括非本国师资的招聘;教师的国际经验;教师英语教学的能力;教师的外语技能;访问教授的参与程度;教师去国外做访问学者、访问教授的机会;教师在国际网络中的参与程度;参加国际会议情况;具有国际性的研究和论文发表。三是项目国际化,包括聚焦于欧洲和全球商业环境的教学;英语授课;在所有职能领域内的国际视野;与国外合作机构共同设计和授课的课程;实习和海外学习作为项目一个完整的组成部分;国际化的学习材料。

我们参照 AACSB 和 EQUIS 认证标准,在课程分类、学时调整、课程设置和课程国际化等方面对课程计划进行了再设计,创新和改进的方面有以下几点:

第一,将课程按照国家标准分为三类,即学位课、必修课和选修课,同时将学位课课程的设置调整为符合全国 MBA 指导委员会的要求。

第二,提高选修课最低学时,从原方案中的18学时提高到24或32学时,使课程教学时间得到充分保证。同时进一步整合选修课程,在 MBA 培养方向上重点突出创新项目民航管理方向 MBA(简称 AMBA),并结合我院项目管理方向工程硕士教育项目的优势,将工程硕士成熟的项目管理方向课程引入 MBA 教学中,整合形成了一个新方向 MBA,即项目管理方向 MBA,为今后形成北航特色 MBA,步入国际先进行列打下夯实基础。同时,将选修课按照方向归类,整合学院的教师资源,将原来的18门选修课扩展为27门,极大地扩充了学生可学的知识领域,符合 AACSB 跨学科课程设置的要求。

第三,参照 AACSB 的标准,在培养学生"深入理解并应用相关学科知识到新的不熟悉的环境的能力"方面,增加与培养学生企业实际运作相关的课程的学时或增加选修课程,如将原来的"会计原理与财务报表"(27 学时)和"成本会计与财务会计"(27 学时)整合为必修课"会计学"(48 学时);依据学生的要求加大了部分与企业运作密切相关的课程的学时,如"经济管理统计分析方法""财务管理""营销管理""生产及运作管理""人力资源管理""企业战略管理"等课程由原来的 36 学时增加到 48 学时,为案例学习提供较为充足的教学时间;同时通过选修课"管理会计"(24 学时)"税法与纳税筹划"(24 学时)"财务报表分析"(24 学时)等来实现学生能力的提高。

第四,创新地开发了民航管理方向 MBA 项目,并与加拿大康考迪亚大学(Concordia University)合作全盘引进其国际领先的 5 门 AMBA 专业课程,即"民航运输管理""航线规划与管理""机场运营与管理""航空安全管理"和"航空货运",通过 AMBA 项目实现了 EQUIS 要求的师资国际化、学习材料国际化。

第五,在增加的课程中主要强调培养与企业运作相关的知识和能力以及外语水平的提高,如增加了"物流与供应链管理""创业管理""商务沟通""外教口语"和"英语听力与演讲实用技巧"等课程。其中外语能力培养的加强是 EQUIS 标准强调的。

(三)师资配备基本要求设定

AACSB 标准中的"充足的师资力量"指标规定:商学院为所开设的各课程项目维持着充足的师资,以保证项目稳定性并不断提升项目质量。教师资源的配置反映了学院的使命和主要项目要求。在所有项目、专业、关键领域和所有地点的学生均有机会得到合适的、具备资格的教师的指导。在 AMBA 专业课程中除聘请 5 名教授级专家授课外,我们还在一些核心课程中聘请外籍专家授课,使设计方案的师资配备既满足国家标准,又接近了 EQUIS 的国际化标准。

(四)第二课堂教育活动创新

为使北航 MBA 的培养能够更好地与国际接轨,参照 EQUIS 的"与企业联系"指标和AACSB在"详细的一般管理硕士学位(MBA)培养目标"指标中对MBA实际操作能力的要求,我们在培养方案中专门对课堂外的教学,即第二课堂教育进行了设计,目的是使MBA学生在课堂内与课堂外的交叉学习中,达到理论学习与实践经验提高的双重效果。

(五)MBA生源选拔标准

AACSB标准规定"学生录取:商学院各学位项目学生录取政策明确并与其使命一致",EQUIS标准规定:"商学院应该在其国内或国际上招募和选拔高质量的学生,并能够证明其毕业生就业的质量。"我国MBA生源的选拔首先是要满足具有一定管理实践经验的条件。此外,必须制定明确的录取政策,选拔出符合MBA培养目标的学生,这是MBA培养质量保证的基础。

我们制定了《北京航空航天大学MBA复试办法》(以下简称《复试办法》)。《复试办法》从复试主要内容与形式、面试主要工作内容和录取三个方面制定了七项规定,其核心内容是在面试工作中将个人面试和小组面试相结合、企业评委和教师评委相结合,重点考核考生的综合素质。我们设计了符合MBA培养要求的八项指标来体现考生的综合素质,即语言表达能力、沟通能力、逻辑分析能力、判断决策能力、领导能力、组织协调能力、应变能力、自我控制能力。将部分定性评价转化成定量评价,确保生源的录取能满足MBA培养目标的要求,并在制度上保证录取工作在"公开、公正、公平"的原则下进行。

(六)MBA教学规范

在AACSB参与者标准中规定:"师资管理与支持:商学院有成文的、并与教师有效沟通的、与学院使命一致的师资管理与支持流程,包括决定合适的教学任务、科研任务和工作量;为教师顺利完成学院预定的使命相关活动提供支持人员和其他机制;提供学生辅导、引导与咨询;正式的定期检查、激励和付酬流程;维持教师资源的总体计划。"EQUIS在一般标准中也规定:"商学院应该有一套有效的、整合的组织系统管理其各项业务活动,并对其自身的发展轨迹有显著程度的控制。"

按照 AACSB 和 EQUIS 的标准，为了建立成文的、有效沟通的治理机制，规范教师的教学行为，加强授课教师各教学环节的质量控制，我们制定了《北京航空航天大学经济管理学院 MBA 教学辅助材料大纲编写规范实施细则》。该规范细则从教学大纲编写、教学日历编写主要内容、教学演示课件的制作、案例的选择和编写、讲座的安排和考试材料准备等六个方面、25 个教学环节提出了具体要求。

（七）MBA 教学效果评估体系

在 AACSB 标准中第三大类学习保障标准中规定："商学院使用成文的、系统的流程设置、监督、评估、修改学位课程的内容与教授方式，评估课程对学习的影响。"EQUIS 在一般标准中规定："商学院应该有连贯一致的项目设计、人员配备、管理与评价（包括用人单位和学生的反馈），以及监测学生进展的严格评估流程。"

参照 AACSB 和 EQUIS 标准，本着"鼓励先进、以评促改、持续改进"的原则，我们制定了《北京航空航天大学经济管理学院 MBA 教学评估工作及奖励办法实施细则》（以下简称《评估细则》）。《评估细则》从评估工作、奖励办法和整改措施 3 个方面对 10 项工作内容做了具体规定。

1. 评估指标的设计

《评估细则》的核心内容是评估指标的设计，基于 MBA 课程的教学特点，我们在评估指标设计中主要从教师的治学态度、教师的教学方法和水平以及教师教学手段与技巧三个方面进行评估，采用以下九项评估指标来控制：(1) 教师备课充分；(2) 教师讲课思路清晰，重点突出；(3) 教师耐心回答问题，答疑解惑效果好；(4) 教学内容更新快，体现新思想、新知识；(5) 案例教学素材丰富，内容联系实际，效果好；(6) 教材和参考书选用适当；(7) 课件大纲制作及多媒体教学工具应用有利于教学效果；(8) 完成教学计划时数（公假除外）；(9) 综合评价（讲课技巧、方法、师生互动效果及课堂组织）。

2. 评估指标评分等级设计

评估等级分为 5 级：(1) A 级 ≥90 分；(2) B 级 80—89 分；(3) C 级 70—79 分；(4) D 级 60—69 分；(5) E 级 <60 分。

3. 评估结果报告内容设计

（1）按照评估成绩的高低进行排序，并打印包括教师各项评分与平均分汇总的"教师综合得分统计数据图"。（2）对每位教师九项评估内容分别进行统计，并打印"评估单项统计结果数据分布图"。

4. 评估工作的开展与计算机处理

由 MBA 教育中心履行评估职能，采用"三同一"的原则，即"同一地点、同一时间、同一群体"进行某个班级所有课程的评估，增加教师间教学效果的可比性。同时，采用先进计算机读卡系统，以教学班级为单位对各门课程的评估结果进行统计，即 A 级为 95 分、B 级为 85 分、C 级为 75 分、D 级为 65 分、E 级 55 分，并将含有 10 项内容的评估结果和 1 份学生的意见反馈给每位授课教师。

四、北航 MBA 教育质量保证体系的实践及其成果

（一）MBA 培养方案实践及成果

从学生就业的职位、就业的行业和就业单位的性质分布来看，北航 MBA 教育培养目标得到实现。民航管理方向 MBA 在设定的"国内一流、国际水准"的目标驱动下，采取国际合作方式、国际互换学生奖励机制。毕业的学生目前正在国航、南航、东航等公司的部分关键岗位发挥着重要作用。在项目运作过程中，民航管理方向 MBA 学生对该项目整体开发的国际水准和外籍资深教授专业课授课的理论和实践的先进性满意度极高。

MBA 新生拓展训练已发展成 MBA 新生的必修实践科目。通过拓展训练，班级的团队建设得到加强，MBA 学生自我挑战、团结协作的能力得到促进。北航 MBA 年会已成为北航 MBA 的品牌活动，为学生直接感受企业家的最佳实践以及专家学者的最前沿研究提供了平台，为校企间的更紧密合作奠定了坚实的基础。学校聘请的兼职导师在 MBA 论坛的讲座、生产实习基地的共建、论文的准备以及就业的指导等方面发挥着积极的作用。

（二）MBA 教学效果评估体系实践及成果

北航 MBA 教学效果评估的实施和反馈由 MBA 教育中心统一组织。教师可以对数据进行横向或纵向的比较，找出存在问题和不足的具体教学环节，有针对性地进行改进，最终通过奖惩促进教师自觉而主动地进行课改，持续地提高教学质量；同时，评估奖励政策的实行，极大地调动了教师持续改进的积极性，取得了较好的教学效果。在实施过程中，MBA 教学质量的平均水平在评估细则实施的初期逐年提高，学生对任课老师给予了高度的评价，对课程的满意度稳步提高，这说明 MBA 整体教学水平在提高。

（三）MBA 师资队伍建设成果显著

培养质量保证体系的实施，使得北航 MBA 教育在 MBA 教师队伍的建设方面也取得了显著的成果。按照全国 MBA 教育指导委员会对授课教师的基本要求，北航从副教授或博士毕业的教师中选拔培养 MBA 师资。一方面积极选派教师参加全国 MBA 教育指导委员会的课程培训，另一方面要求教师严格按照规范细则准备课程。统计表明，我院 MBA 教师资源在各项指标上均有了大幅度的提高。

除民航方向 MBA 专业课程均由外国教授授课外，我们在"人力资源管理""营销管理""组织行为学""管理实务"和"外教口语"课程中也聘请了外籍专家授课，使外教授课的比重占到了课程总量的 20%。

此外，我们从教材的选择和课程的培训上为教师提供有效服务。每年组织举办一次由 5—6 家国内大型出版社参加的国内外最新版教材展示会，为教师保证教学内容的国际化和知识的先进性创造条件。同时，积极选派 MBA 授课教师参加全国 MBA 教育指导委员会的课程培训，尤其是国外专家来华的案例教学培训，为教师授课质量和水平的提高创造机会。师资和教材的国际化得到加强。

MBA 培养质量保证体系的实施得到了 MBA 授课教师的高度认可，自该体系实施以来，教师在执行过程中也感到受益匪浅。一是教学行为有了国际水准的规范可依，极大地增强了教师的教学信心；二是教师执行规范的过程也是改进和提高的过程,是对自己教学质量最好的督促和保证,避免了教学的盲目性和随意性;三是教师可以根据各项评分分析报告和学生具体意见与同行、与自身前后对比,找出差距,重点突破,不断提高教学质量,达到持续改进。

五、结 束 语

北航 MBA 培养质量保证体系的探索和实践,促进了我校 MBA 教育的发展,提高了我校 MBA 培养水平,并得到了学生、教师和社会的广泛认可,这为今后进一步提升 MBA 教育质量打下了良好的基础,也为学院 AACSB 或 EQUIS 认证奠定了坚实的基础。

北京邮电大学 MBA 项目市场定位

贾怀京

(北京邮电大学)

一、引　　言

本文探讨了我国 MBA 项目进行市场定位差异化的必要性和可行性,对我国各个院校 MBA 项目的市场定位类型进行了归纳,对北京邮电大学 MBA 项目的市场定位以及实现市场定位的手段进行了实证研究。本文希望通过对个案较为深入的研究为其他院校 MBA 项目的市场定位提供一些有益的参考与借鉴。

二、各院校 MBA 项目的市场定位类型

目前,我国各个培养 MBA 的院校根据市场需求和自身优势给出的 MBA 项目的市场定位可以归纳为以下几种类型。

(1)商界领袖人才:如北京大学、清华大学等。这些综合型院校希望利用学校已有的"百年老店"的品牌知名度吸引商情潜质一流的 MBA 学生,经过知识的传授和学校文化的熏陶,打造出商界领袖人才。

(2)特定地域内的商界领袖或职业经理人:如四川大学、内蒙古大学等。这些地方综合型院校的品牌知名度在其地域范围内不是其他一般院校所能

比的,且这些院校不少也属于全国一流大学;从就业的角度来说,这些院校被当地用人单位的认可程度也远高于其他一般院校,所以他们希望能吸引地方优秀的 MBA 学生,培养特定地域内的商界领袖或职业经理人。

(3) 行业内的职业经理人:如北京邮电大学、中央财经大学等。这些院校利用自身的行业特色吸引行业内的人士来就读。它们不仅在行业内的经营管理知识的传授方面不是其他一般院校所能比拟的,且这些学校在行业内被用人单位的认可程度也远高于其他一般院校。

(4) 专业型职业经理人:如营销专业的 MBA、会计专业的 MBA 等。这些相关院校对应的专业常常在全国名列前茅,因此想结合自身的专业优势来培养特定专业的 MBA。

三、北京邮电大学 MBA 项目的市场定位以及实现市场定位的手段

1. 北京邮电大学 MBA 项目的市场定位

信息技术的快速发展带来信息产业的巨大变革,产业内原本存在的明显的行业分割状况将随着信息技术的发展而相互融合(见图 1),三网(通信网、互联网、广电网)的融合趋势为我国的相关信息企业(如电信运营商、电信设备制造商以及产业链上相关的企业)带来巨大商机,信息产业市场持续需要大批的职业经理人才。

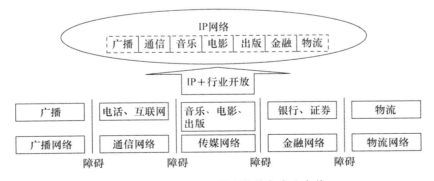

图 1　信息技术发展带来的信息产业变革

北京邮电大学 MBA 项目的市场定位是"培养中国信息产业职业经理人

的黄埔军校"。这一方面是因为该校管理专业的特长在于信息产业的经营管理,另一方面是信息产业人才市场对职业经理人的大量需求。随着信息技术的不断发展,我国通信用户和电信业务总量不断增长,而且参考工业发达国家与地区的电话及宽带等信息产品使用的普及率,我国的信息产业还有很大的增长空间。

2. 北京邮电大学实现MBA项目市场定位的手段

北京邮电大学从以下几个方面来实现MBA的市场定位(见图2)。

(1)招生:北邮MBA项目面向有志于以信息产业职业经理人为自己职业生涯目标的人招生,其中秋季MBA录取的学生来自信息产业的比例逐年提高,而春季(在职)MBA录取的学生2004年后几乎都来自信息产业,这其中又以来自基础电信运营商的生源为主。

就MBA的培养来说,学校更像个加油站,加了油的车出站后呈现的秉性相当程度上取决于学生入学前的秉性。因此,同等条件下来自信息产业的学生更容易理解课堂上老师传授的信息产业的经营管理知识,而且具有信息产业就业经验的人毕业后更易于被信息产业的用人单位认可。

(2)教师队伍:北京邮电大学经济管理学院前身是1955年建校时成立的工程经济系,已有50多年的历史,目前在通信管理理论与实践、网络经济与信息经济、电子商务、信息化与政策法规等多个学科领域取得丰硕成果,不少老师成为国内外知名的通信业专家。另外,学院还聘请了很多在信息产业有着丰富企业管理经验的大公司管理者担当学院的兼职教授。

(3)教学:强调与行业相关的案例教学。虽然各个学校的MBA核心课程基本相同(全国MBA指导委员会对此有要求),但北京邮电大学MBA各门课的案例更多地来自信息产业,这样学生在学完整个MBA课程后,对所学理论的理解与应用更能结合其实践工作。另外,很多选修课程也与信息产业的经营管理密切相关。

(4)实习基地:目前与北京邮电大学MBA中心建立MBA实习基地的单位有中国移动、中国联通、中国网通、中国电信、(韩国)SK电讯中国等多家信息产业公司,这为北京邮电大学MBA学生了解当前信息产业企业的实际经营管理提供了便利。

(5)第二课堂:第二课堂指的是除了MBA学位课程规定必须学习的课

程外其他知识的学习，特别是各种讲座。北京邮电大学每年都会请很多在信息产业知名的企业管理者、学者、政府官员来校做讲座。另外，北京邮电大学每年举办的MBA新年论坛都会请信息产业界的资深学者、管理精英和政府高官做专题报告。这些活动为MBA学生及时了解最前沿的信息产业的管理经验、技术发展、政策法规等信息提供了条件，使MBA学生对信息产业的视野更加开阔。

四、结 束 语

关于MBA项目的市场定位，各学校应该首先考虑市场需求，其次才是培养院校的自身特点。如果培养MBA的院校过于强调自身特点而忽视人才市场的需求，培养出来的人才就会面临是否被人才市场认可的问题。北京邮电大学首先根据信息产业人才市场的需求情况，再结合自身的优势将MBA的培养定位于信息产业的职业经理人，经过十年的努力，北京邮电大学的MBA项目已经取得了一定的成就。不过，十年树木，百年树人，对于MBA的培养，北京邮电大学要想打造成被社会广泛认可的"信息产业职业经理人的黄埔军校"，则还有很长的路要走，在实现目标的手段上还需要不断努力和创新。

华南理工大学 MBA 教育质量保证与持续改进体系

余建军　沙振权　李映照

（华南理工大学）

一、MBA 教育存在的问题

到现在为止，世界 MBA 教育已过百年，相比之下，中国 MBA 教育时间短，还不完善，存在许多问题。

1. 定位问题

MBA 教育旨在对学生进行专业技能的训练，是一种职业教育，然而除此以外，MBA 教育仍然需要大量的理论知识的教育，也应该是通识教育。通过这种教育，要使学生能够有更加宽广的国际观、全球观，学到当前国际上先进的企业管理知识和技能。从更高一个层面说，我们还需要加强学生的理想道德教育与社会责任教育，使学生的格局跳脱狭隘的纯粹物质利益的追求，获得更加宽广的大视野。另外，不同院校的 MBA 办学目的的定位还要考虑学校本身的特色，鲜明的特色既是成功培养职业经理人的必要条件，又是突出本校与别校的差异从而开拓市场的关键。

2. 入学制度问题

作为一种实践性、专业性强的在职研究生教育，MBA 教育的目标是培养学生成为职业经理人，而现行的 MBA 招生入学考试制度侧重入学考试成

如何提升MBA教育质量

绩,没有彻底将MBA教育与普通的研究生教育做区分,其结果是生源特质越来越远离其初衷:入学的学生更多地是一些年龄低,甚至刚刚符合MBA报名条件的学生,有的甚至没有足够的工作经历,缺乏管理实践经验,仅仅在时间上过了门槛。

3. 师资队伍问题

一流的师资力量是培养一流职业经理人的必备条件。MBA教育师资标准经常要求比一般高等教育的师资标准更高,而现实中,我国大多数具有MBA教育资格的学校还离这个基本门槛有相当的差距。

4. 教学方式问题

目前国内MBA课程与普通管理类硕士生的课程差别不大,很多MBA的教学方式仍然沿用普通硕士的内容和授课方式,任课教师仍采用"满堂灌"的教学方式传授知识,并且教学内容过全过细,过于学术化,比较侧重于研究生的定位,而忽视了对学生应用所学知识解决实际问题能力的培养。此外,教学案例照搬国外多,原创性的本土化案例少。这些都可能导致教出的学生眼高手低、会说不会做,长于理论分析而不善于实战,尤其不善于处理人际关系,总在一种理想的状态下进行商业行为。

二、华南理工大学MBA教育质量保证与持续改进体系

华南理工大学是华南地区MBA教育的先行者,在摸爬滚打中积累了丰富的独特经验,可以供国内其他高校参考借鉴。

1. 准确定位

成功教育的前提是要有一个正确的办学理念,树立正确的办学目的。华南理工大学工商管理学院早在开办MBA教育之初就对它进行了准确定位。我们认为MBA教育的目标是能够让学生拥有很强的市场经济意识和解决实际问题的能力。为此我们充分发挥地缘优势,让学生了解市场,树立市场经济观念和强烈的竞争意识,发挥学院与企业关系密切的优势,让学生通过对企业的调研,了解企业在市场经济和竞争中存在的问题,推动他们寻找符合市场经济规律的解决方案。华南理工大学MBA主要以企业及经济

管理部门的工作人员为培养对象,通过为学生提供跨部门多学科的管理知识和手段,培养德、智、体全面发展,适应华南地区和全国工商企业和经济管理部门需要的高层次务实型、综合型高级管理人才。

2. 严把入学第一关

华南理工大学 MBA 的招生考查,除了对考试成绩的考查外,由具有多年面试经验的教师组建阵容强大的面试专家组,对 MBA 考生进行正规严格的面试考核,绝不敷衍了事,并且更注重对综合能力的检验。比如,提高面试在录取成绩中的比重,并且根据工作年限和工作资历调整招生的门槛,实际上,在每年的招生录取过程,一直把握着一条原则:向工作经历和管理实践经验丰富的考生倾斜。

3. 强大师资阵容做保障

首先从学历上讲,华南理工大学 MBA 的教师一般要求具有博士学位。其次,从职称结构来说,教授职称占全体教师的比例达到很高的水平。再次,师资队伍的国际化程度也达到了比较高的水平,学院定期邀请外籍教师来讲学或讲座,有国外留学经历的老师也已经不少。此外,为了进一步提高MBA 师资国际化水平,工商管理学院制订并实施了一个致力于培养教师国际化水平的长期计划,每年资助 10 名左右年轻教师赴欧美教育强国的著名大学交流与深造,这些教师在国外跟踪本学科的国际前沿,学习先进的授课方法,同时将国际化思维引入 MBA 课堂。而且华南理工大学大部分 MBA 教师具有丰富的实践管理经验,很多老师都是在大型企业干过很多年,甚至已经做到比较高的职务。此外,由于珠江三角洲企业众多、机制灵活,很多教师还在企业担任实际管理职务,积极投身实践、参与企业研究和咨询活动,以不断提高其教学水平。最后,华南理工大学 MBA 项目也适时从大型企业邀请一些高级管理人员来学校授课。

4. 一流的教学设施

华南理工大学和工商管理学院非常支持 MBA 教育,为 MBA 学生的学习和交流提供了美好的环境。MBA 学生可以使用学校图书馆和学院资料室,此外,环境优美的西湖畔有四栋现代化的教学大楼为 MBA 学生提供了数量众多的自修课室。

5. 科学的教学方法

大部分MBA教育采取了一种"进校不离岗"的在职培养模式,工学矛盾是MBA教育中的突出问题。为适应这种情况,学校采取灵活适宜的教学方式。一是采用"集中授课、分散消化、严格考试"的教学模式。首先,在一个集中的时间内由教师集中授课,将本门课程的基本内容框架、重点难点等教授给学生;其次,要求学生充分利用工作之余的时间,并结合自己的实际工作,对学过的内容进行全面的复习、讨论、答疑等,并进行相关的实验、参阅文献等活动,以逐步达到深入理解、融会贯通;最后,对学过的课程进行严格考试,从出口上保证学生真正具备了从事实际工作所需要的知识和能力。这种考试要针对MBA学生的特点,在内容上要全面而有针对性,避免死记硬背;在形式上要根据课程特点,采取笔试、口试、报告、大作业等多种方式。二是实行学分制和选修制。MBA学生来自不同的企业和不同的领域,他们对知识和能力的实际需求也大不相同,实行学分制和选课制,不仅符合MBA教育"适应性"和"实用性"的原则,也有利于学生的个性化发展。三是采用多媒体技术、网络技术不断改进教学手段。华南理工大学MBA教育全部采用多媒体课室,每个课室都有计算机和投影仪,并且能高速上网。另外,还可采用讨论、启发、研究等多种教学方法,充分调动起学生的积极性。此外,针对教学需要,MBA教育中心还多次组织并资助授课教师开发新课程。

6. 课程设置和教学内容市场化、国际化、特色化

MBA毕业生是未来的商界领袖和管理者,所以MBA教育尤其是MBA课程和教学内容要面向市场和企业,反映时代最新发展的要求。由于MBA品牌具有国际可比性,并且国内的企业也正面临着全球经济一体化浪潮的冲击,所以在课程设置和教学内容上也要与国际接轨,与现代国际管理教育同步。MBA毕业生就是MBA项目的产品,除了要提高产品质量外,各学校MBA项目要想在竞争激烈的国内MBA教育市场得以生存和发展,还必须实现产品的差异化,即办出各具特色的MBA项目,通过差异化满足特定细分市场的需求以体现MBA品牌。华南理工大学MBA项目针对珠江三角洲地区的企业特点以及对高级管理人才的要求,开设了一些适应当前需求

的特色课程,在教学内容上也做了有针对性的安排,如有些课程采用双语教学。

7. 严抓学位论文质量。

目前,学位论文还是对MBA学生所学知识和所具备能力的一次综合检验,也是MBA教育质量的集中体现,需要重视。首先,在论文选题上,要求学生理论联系实际,选题不仅要紧密结合该学科方向的理论前沿,而且要根据学校和企业所能够提供的条件和学生自身的兴趣与能力来最终确定。其次,在论文进行过程中,MBA教育中心很重视中期检查,要求指导教师和学生多沟通,及时发现问题,加以改进,不断强化质量意识。最后,在论文评阅和答辩中,要求坚持标准,严格把关。实行盲审制度,使评审专家在不受情面影响的情况下做出客观公正的评审,以确保论文质量。

8. 完善的就业服务体系

MBA中心的就业服务机构与用人单位和企业沟通并建立联系;邀请企业和用人单位来校宣传,定期举行校园招聘会,使在校生和毕业生与企业和用人单位建立起联系;对在校生和毕业生进行就业辅导与培训;作为一个提供信息的平台,提供经常来学校招聘的公司资料、当年及往年的招聘情况供学生查询,提供学生资料信息库供用人单位查询;建立校友网络,开发利用校友资源;负责联系暑期实习,等等。就业服务机构还可通过收集实习反馈、校友反馈给教学提出改进的意见和建议。

三、结　束　语

笔者分析了我国MBA教育面临的挑战与问题,介绍了华南理工大学MBA教育,从多个方面探讨了其MBA教育质量保证与持续改进体系,有助于为新时期MBA教育的创新提供启发。

基于卓越绩效的 MBA 教育质量管理体系

怀劲梅

（华东交通大学）

一、引　　言

伴随我国 MBA 教育规模的扩张，社会对 MBA 的教育质量开始有所质疑，认为一些学生并不具备企业所需的管理能力。如何保证和提高 MBA 教育质量，适应社会发展及经济全球化对 MBA 素质的要求，已成为中国 MBA 教育健康发展亟须解决的问题。

二、我国 MBA 教育质量现状分析

评价 MBA 教育质量可从绩效、目标和顾客满意度三个方面进行。

（一）绩效

我国 MBA 教育机构数量不少，但整体绩效不佳。绩效水平可通过权威评估机构或新闻机构评出的排行榜作为参考。英国《金融时报》揭晓的 2017 全球 MBA 排名中，只有上海交通大学安泰经济与管理学院、中欧国际商学院、香港科技大学、香港中文大学和香港大学等五所中国大学跻身全球 50

强。显然,我国 MBA 教育质量整体上还缺乏竞争优势。

（二）目标

MBA 教育机构必须有明确的办学方向和发展目标,并能有效达成这一目标。MBA 学生应具有较高的专业素质,不同行业 MBA 应具有不同的行业背景和专业知识。另外,各 MBA 培养院校所依托的母校背景不同,有的以工科为基础发展而来,有的以人文科学为基础发展而来,有的则是以经贸专业为基础发展起来的,这就使得 MBA 教育机构在具体培养方向上存在差异,应结合自身优势选择学员,设置课程。然而,实际中我国很多 MBA 教育机构招收的学员专业基础参差不齐、行业结构复杂,导致培养机构难以明确确定教学目标。

（三）顾客满意度

作为教育服务业,MBA 教育机构必须高度关注顾客利益。顾客包括内部顾客和外部顾客。内部顾客主要指 MBA 学生。只有提供学生满意的教育,让他们觉得真正获得了期望得到的知识和技能,才能吸引更多优质生源,保证 MBA 教育顺利进行。外部顾客主要指学生未来的雇主。只有企业愿意聘请 MBA 学生,才能吸引更多的人选择接受 MBA 教育。我国 MBA 教育的内部顾客满意度和外部顾客满意度都不高。不少 MBA 学生觉得在课堂上学不到有价值的东西,很多授课老师本身缺乏商务管理经验,又不及时更新知识体系,上课时不是灌输一些西方的经典理论,就是随意分析一些取材于国外教材而没有实用价值的案例。这也导致企业对 MBA 教育质量不满。盖洛普公司对跨国公司人力资源主管的调查结果显示,由于教育体制的限制和学科设置的缺陷,以及缺乏合格的师资和优良的教学方法,中国国内的 MBA 相对于社会需求来说,出现了结构性矛盾。

三、卓越教育模式概述

卓越教育模式源自美国波多里奇国家质量奖（MBNQA）评审标准——

卓越绩效标准（Criteria for Performance Excellence），该标准是一套综合性系统化的旨在提高组织绩效的管理方法，应用这种方法能促进组织和个人通过学习持续提高组织整体运营效率和效益，给顾客及相关方持续创造价值。世界上许多组织都参照美国的卓越绩效标准构建自己的卓越绩效管理体系，在美国国家标准与技术研究所官方网站，近几年卓越绩效标准电子文档下载量每年都超过100万次，卓越绩效标准已成为组织超越顾客及相关方期望、创建世界级优秀组织的行动指南。

将卓越绩效标准应用于教育组织，建立持续改善教育品质和能力、追求教育机构卓越绩效的管理体系，就成为卓越教育模式。美国质量与生产力研究中心以卓越商业标准为基础，开发出卓越绩效教育标准（Education Criteria for Performance Excellence），该标准确定了教育组织创建卓越教育的核心价值观、模式框架和具体要求。对照卓越绩效教育标准进行自我评估和外部评审，能检验教育组织是否达到卓越绩效。美国波多里奇国家质量计划主任哈里·赫茨指出，波多里奇卓越绩效教育标准是培养杰出学生的标准，是有效整合优质教育资源、提高教育组织管理效率、激发教职员工工作热情、规范师生道德伦理的标准。

卓越教育模式包括11条核心价值观：领导的远见卓识、以学习为中心的教育、培育学习型组织和个人、重视教职工与合作伙伴、快速反应、关注未来、创新管理、基于事实的管理、社会责任、关注结果和创造价值、系统的观点。11条核心价值观彼此相关联，也与学生及其他利益相关方的要求及价值创造过程相关联，是教育组织取得成功的关键要素。它以提高教育组织绩效为特征，嵌入卓越教育管理体系，与卓越教育的具体要求、评估指南相融合。

卓越教育模式由组织概况、系统运营、系统基础三部分组成。组织概况简明分析教育组织所处环境、关键的工作关系和战略挑战，为卓越教育提供简要指南。系统运营部分由6大项目组成领导和结果两个管理三角。领导三角包括"领导作用""战略计划"与"关注学生、相关方和市场"，强调领导、战略、顾客和市场的重要性。结果三角由"以人为本""过程管理"与"绩效结果"构成，强调组织运行必须以结果为导向，通过教职工的努力和关键过程管理保证实现组织绩效目标。领导三角和结果三角之间存在双向联系,表明反馈在绩效管理系统中具有重要作用。

四、构建 MBA 卓越教育模式

卓越教育模式普遍适用于所有教育组织,借鉴美国 2008 卓越绩效评价准则,可从以下方面构建我国 MBA 卓越教育体系。

(一)领导作用

质量管理体系必须由最高管理者推动,提高 MBA 教育质量首先要求 MBA 教育机构的领导具有远见卓识,以引领和保持学校的可持续发展为己任,而不是将 MBA 教育视为圈钱的途径。这就要求 MBA 教育机构的负责人正确确立组织的价值观,通过自己的言行告诉教师、学员和社会,我们致力于培养企业需要的优秀管理人员,培养能迅速解决问题的人,培养既具有工作技能又具有社会责任感的人。为了实现上述价值观,卓越的领导要致力于创建一种促进组织学习和员工学习的环境,调动教职员工积极性,鼓励组织中进行坦诚双向沟通,并以制度的形式使组织的价值观能延续下去,不断成熟和发展,保证组织的可持续发展。

(二)战略规划

MBA 教育机构必须有明确合适的战略规划,在面临国际 MBA 教育市场的竞争中突出自己的优势,赢得发展空间,使所有的学生和员工都获得成功。制定合适的战略规划要求对学校的发展进行定位,通过分析 MBA 教育市场的发展状况、学校在 MBA 教育行业中所处的地位、其他 MBA 教育机构的数量、规模、发展状况和社会认可程度等,根据所依托的母校资源优势确定生源和服务市场,通过差异化战略赢得市场,得到学生和企业的认可。如依托的母校为文科院校背景的培养机构可强化经济类选修课程,突出 MBA 学员的金融、贸易素质,使所培养的毕业生具有扎实的经济管理基础;依托的母校为工科院校背景的培养机构可强化工程与信息技术方面的选修课程,突出 MBA 学员的技术素质,使所培养的毕业生兼具商务管理素质和工程技术管理素质。

(三)关注学员

1. 树立为学员服务的思想

关注学员要求 MBA 教育机构建立以学员为中心的教育机制,以直接为学员服务为目标,设身处地为学员成长、就业和发展着想,帮助学生提高。这就要求 MBA 教育机构不能从方便管理者角度出发制定管理制度,而必须树立以学生为中心的理念,从管理、教学、服务等环节帮助学生更好地学习。

2. 改革教育管理方式

国内许多 MBA 教育机构对 MBA 的教学管理采取表层的制度化管理形式,即制定一系列规章制度,严格依据规章制度进行管理。这种制度化管理形式往往以苛刻的处罚手段达到规范学生行为的目的,虽然能保障 MBA 学生学习期间各项教学活动有序进行,但它过于强调形式上的管理,抑制了学生的创新能力,难以充分保障学生的实际学习效果。要提高 MBA 教育质量,建立以学生为中心的教育机制,必须改革 MBA 教育管理方式,将制度式管理转变为目标式管理,从约束学生行为改为激励学生的正确行为,重点考核学生的学习目标完成情况,考核学生是否真正掌握理论知识及管理技能,鼓励学生在学习过程中发挥创新精神。

(四)教师团队建设

1. 提高教师实践教学经验

教师是 MBA 教育机构最重要的资源,MBA 教育质量依赖于全体教职工的知识、技能、创造力和主动性。MBA 教育以培养高层次应用型管理人才为目标,为了提高学生的实际管理能力,教师必须具备一定的企业管理经验。MBA 教育机构应该创造条件,提供经费,增强教师与企业之间的联系,使教师有机会参与企业活动,到企业调研,给企业做咨询,为企业研究项目,紧密联系企业实际开展教学工作。

2. 优化师资结构

现代经济的发展要求企业高级管理人员是商务通才而不是学术专家,高层管理人员必须从全球竞争的战略角度思考企业管理问题。这就要求 MBA 学生在掌握基本管理技能之外,还能通过学习了解优秀企业的最新管理方法,尤其是世界知名企业的管理经验。因此,在 MBA 教学过程中可引入成功的企业管理人员、知名经济学家和管理学家,通过专题讲座形式开拓学员视野,了解企业管理领域的最新发展。有条件的 MBA 教育机构还可特聘优秀企业家作为学员的第二导师,加强校企合作,使学员有机会接触企业的高端管理,获得实践经验。

(五) 关键过程管理

过程管理是组织追求卓越绩效的立足点,保证和提高 MBA 教育质量必须以关键过程管理为基础。

1. 合理设置课程

设置 MBA 的课程应将培养与提高学员综合素质放在重要位置,并能与学员的职业生涯设计有机融合。每位 MBA 学生都有自己的职业取向和岗位取向,职业生涯设计是学员在学习期间必须面对与思考的重要问题,培养院校应在充分了解学员工作背景和求职意向的基础上,结合学校的师资优势,选择教学内容。MBA 课程包括必修课和选修课两部分,采取学分制培养方式时,可降低必修课比例,增加选修课内容。如沃顿商学院只有金融、财会、营销、运营管理四门必修课,选修课则超过 200 门,涉及多种行业和多个专业,学员能根据自己的行业背景和兴趣选择课程,使学员学有所成、学有所长、学以致用。

2. 适当选取教学材料

纵观历年全球 MBA 百强排行榜,美国和欧洲的商学院占据统治地位。为培养国际化企业管理人才,适应经济全球化的要求,我国许多 MBA 教育机构都热衷于引入原版外文教材。外文原版教材虽然可以提供经济管理领域的最新发展成果,但所选案例往往是当地企业的运营事例,企业所处的社会环境、企业文化等与我国企业的实际运行状况相距甚远,不能满足我国

MBA 学生的要求。为适应我国企业的需求，MBA 教育机构在选择教学资料时应以本土化与国际化相结合为原则，采用国外教材学习先进的商业管理理论知识，同时加强 MBA 案例本土化工作，以国内知名企业或当地大型企业的运营事例作为分析对象，提高学生解决企业管理实际问题的能力。

3. 教学方式多样化

我国高等教育受人指责的一个主要方面是教学方式单一，多为以"教"为中心的课堂讲授形式，MBA 教育也不例外。要提高 MBA 教育质量，必须从以教师的"教"为中心转变为以学员的"学"为中心，采取多样化的教学方式，提高学员的参与度，激发学员主动学习。为此，在教学时除课堂教学和课堂讨论，还可采取案例分析、学习小组的课外讨论和活动、实习活动、决策模拟、场景实验、专家讲座等形式。与课堂讲授相比，案例分析的教学方法对传授知识、培养分析力、提高合作意识等的综合效果较好。通过沙盘推演、计算机模拟、播放企业的生产经营录像等多样化的教学方式，能让学员"身临其境"处理问题，通过大量的"实战"演练，提高学员综合运用管理知识和管理工具的水平。

基于能力培养的 MBA 教育质量控制体系

徐细雄　淦未宇

(重庆大学,西南政法大学)

一、引　言

在 MBA 培养院校数量和招生规模急剧增加的背景下,如何保证 MBA 培养质量成为当前 MBA 教育面临的一个关键问题。美国《商业周刊》对中国企业和在华跨国公司的 173 位招聘主管进行了一项调查,其中美亚琪商务咨询公司的受访者对中国 MBA 毕业生的评价是"缺乏自信,不知如何表达自己!"而香港服装生产商联亚集团有限公司人力资源和行政总监则认为他们"缺乏冒险精神"。

MBA 教育的根本目的是培养具有较高的经营管理能力,熟悉我国工商管理实际,并能够运用理论知识指导各项管理工作的实务型高级管理人才。随着我国经济的持续快速发展,特别是我国企业国际化经营程度的不断提高,劳动力市场对于既熟悉中国市场特征又具备国际先进管理理念的管理人员需求越来越旺盛。因此,我国 MBA 教育的根本定位应该是为市场输送实用型人才,能力培养将是评价我国 MBA 教育是否成功的关键指标。本文将从控制论视角出发,探讨我国 MBA 教育的质量控制问题。

二、MBA 教育质量控制体系构建

利用控制论的相关原理设计 MBA 教育质量控制体系是教育理论和控制理论相互融合与创新的尝试。控制理论的核心思想是采用相关的控制方法使得事件按照预定计划发展,任何一个计划或项目的实现往往都需要经历事前控制、事中控制和事后控制等环节。教育质量控制就是指在实现预定教育目标的过程中,通过对三个环节实施控制以确保教育质量目标的实现,即(1)教育要素输入的控制;(2)教育培养过程控制;(3)教育培养成果分析与反馈。教育质量控制体系为保证教育质量提供了一个反馈改进系统,避免了教育投入与教育产出之间的偏差,如图 1 所示。

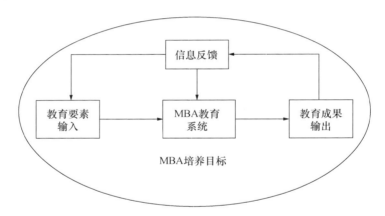

图 1 MBA 教育质量控制体系

根据上述 MBA 教育质量控制体系,首先必须确定 MBA 教育的培养目标,即依据控制体系的输出要求来控制输入要素。MBA 教育的培养目标取决于两个方面的因素,一是各商学院的 MBA 办学目标定位,该定位体现各学院的 MBA 办学的个性特征;二是外部市场对 MBA 学员的期望。作者收集了国内一流商学院 MBA 培养目标定位的情况,如表 1 所示。总体而言,我国商学院的 MBA 项目都比较注重对 MBA 学员领导能力、决策能力、创新精神、国际视野等相关能力的培养,致力于培养复合型、实用型的管理精英。

表 1　各商学院 MBA 项目培养目标

商学院	MBA 培养目标
清华大学经济管理学院	成为一名具有综合管理能力的领导者
中欧国际工商学院	注重学生职业素养、管理技能以及创业精神的培养
北京大学光华管理学院	造就高素质的管理团队,并将富有实干精神和具有良好领导潜质的学员培养成中国的未来商界精英
上海交通大学安泰经济与管理学院	培养懂管理、会经营,具有国际视野和创新精神的复合型人才
中山大学管理学院	培养学生全球化的战略意识,敏捷的分析决策能力,强烈的创新精神和创业动力,成熟的敬业心与伦理观,服务于社区的本土情
复旦大学管理学院	造就既具有国际竞争力又深谙中国国情的工商业青年精英和未来领袖
中国人民大学商学院	德智体全面发展,在工商管理专业基础上掌握坚实的基础理论和系统的专门知识,成为我国企业管理中懂经济、懂管理、懂专业的中高层管理人才
长江商学院	培养毕业生的创新与开拓精神、领导力与信誉、全球视角与中国知识、高度的社会责任感与团队精神、广泛的商业知识与专精领域
厦门大学管理学院	为工商企业、金融部门和经济管理部门培养掌握宽广的现代管理技能,善于科学分析、判断、决策、组织和领导,能竞争开拓,重职业操守的高层次、综合型经营管理人才
南京大学商学院	强调"注重应用、培养能力、提高素质",帮助 MBA 学员树立远大志向,充实新鲜知识,挖掘潜在能力,培养缜密思维

资料来源:各商学院主页。

既然我国 MBA 教育的基本定位是培养学员的商业管理和决策能力,而非普通本科、硕士教育等关注的理论知识传播,那么其质量控制体系也应该更加紧密结合能力培养的目标,强调从市场评价的角度来完善其质量控制体系。本文将基于控制论,从控制体系的输入、监控、输出及反馈方面提出提升我国 MBA 教育质量控制水平的相应对策。

1. 教育要素的输入:招生模式创新与师资队伍建设

目前我国招考的一部分 MBA 并非从事管理工作,对管理工作缺乏自己的认识和理解,也并没有提升自身管理能力的现实需求,而仅仅是因为目前工作并不如意或薪酬难以令其满意,于是离职报考 MBA,以为求获取 MBA

如何提升 MBA 教育质量

文凭后能够增加求职光环,进而实现加薪的目的。由于这部分学员接受 MBA 教育的根本动机是获取 MBA 学位,同时我国 MBA 教育的教学控制并不严格,很多学校几乎只要修完课程、提交几十页的论文就可轻易获得学位,因此他们并没有动力真正投入精力完成 MBA 学业。这也是导致目前市场对我国 MBA 学员能力产生怀疑和部分学员"毕业即失业"现状的一个重要原因。

因此,为了真正实现 MBA 教育的能力培养和市场需求导向,就必须对目前的招考模式进行改革与创新。招考模式创新的根本目标是要招收那些对管理具有自己的理解和思索、经营管理工作中面临诸多现实困惑且具有强烈动机提升自己能力的学生,同时将那些对管理并无感性认识和理解,仅仅以获取文凭和加薪为主要目标的学生拒之门外。实现上述目标的一个方式就是提升对管理知识特别是管理实践知识的考核。例如,必须设立报考门槛,只有从事一定年限管理工作,进而对管理实践具有深刻体会和强烈需求的学员才具有报考资格;而对那些并不从事管理工作却对管理感兴趣的学生可以通过培训班等形式满足他们的学习需求。

影响 MBA 教育质量的另一个重要因素是师资队伍建设。目前许多学校 MBA 授课的主力军都是刚刚毕业的博士或年轻副教授,他们对管理实践并无自己的理解和感悟,因此授课也更多偏重管理理论的讲解,而无法将理论和实践问题有机结合起来。此外,尽管我国 MBA 教学目前都普遍采用案例教学,但大都是引用国外案例,很少有教师能够结合自己的研究和咨询开发有价值的案例。这将导致两个后果:第一,所用案例和目前我国企业实践面临的诸多现实问题脱节,无法引起学生共鸣;第二,由于引用的是别人开发的案例,很多老师也仅仅通过短短两页的文字来分析案例,而并不能了解案例企业的发展历程、管理变革等背景,因此案例教学过程中老师的引导和点评都是"蜻蜓点水"。目前我国 MBA 教育的部分案例教学仅仅是"学其形"而失其神。因此,要提升 MBA 教育的质量,必须首先提升 MBA 授课教师的水平和实战经验。然而,目前我国高校教师评价体系主要注重学术能力和学术成果,这导致很多青年教师并无动力参与企业管理实践和咨询。我们认为有必要实现高校商学院教师考评体系的多元化,比如学术型教师注重学术研究,考核重点是学术成果;教学型教师注重本科教学,考核重点是本科教学效果和教改创新等;咨询型教师注重管理实践,考核重点是管理项目咨询和MBA教育创新等。

2. 教育质量过程控制:培养方式改革

本文借鉴控制论思想探讨在MBA培养过程中如何基于输出目标进行质量监控。MBA教育的培养内容主要包括两个方面,一是相关理论知识的传播,二是管理实践和应用能力的提升。MBA学员知识掌握程度的控制目前主要采用考试形式,而管理能力培养主要是通过毕业论文来监控。对知识掌握水平的监控与普通硕士研究生并无太大差异,本文不再赘述,我们将重点探讨MBA学位论文质量的监控。毕业设计—论文写作—答辩—取得学位是目前我国高校考察MBA学员综合应用能力的主要方式。这一控制方式的根本要求是学员将毕业论文选题和自己从事的管理实践工作结合起来,利用相关理论知识解决在管理实践中遇到的现实难题。

但是在我国MBA学员毕业论文的实际运行过程中,上述目标导向并未得到很好贯彻。目前我国MBA学员毕业论文选题具有很强的雷同性,几乎都集中在"竞争战略""营销策略""薪酬管理策略"等领域。作者在CNKI硕士学位论文库中搜索了工商管理硕士论文的情况,以"工商管理"学科专业进行搜索,共有22 061篇论文,其中以"战略"为关键词搜索,共搜索论文5 479篇,接近论文总量的1/4;而针对论文分析理论和工具,作者以"五力模型"为关键词进行搜索,共搜索论文2 879篇。造成我国MBA学员选题的结构性偏差的原因是多方面的,第一,战略管理方向研究比较容易操作,"环境分析—资源分析—战略定位—战略方案"的分析逻辑几乎是标准化操作流程,且数据库中存在大量可借鉴论文,大大降低了毕业论文的写作难度和工作量。第二,正如前面提及的,我国很大一部分MBA学员漫无目的,并未对管理形成自己独特的理解与感悟,也无亟待解决的现实管理难题,于是毕业论文选题并未紧密结合自己的工作实践,失去了自己对管理问题的"个性理解"。第三,我国MBA教育师资严重匮乏,MBA毕业论文指导投入明显不足。目前我国一个MBA指导教师每年指导的MBA学员几乎超过10个,很多老师都是在MBA学员提交论文成稿的时候才第一次与MBA学员见面,指导工作无从谈起。

基于上述多方面原因,我国 MBA 教育中最重要的一个环节——毕业论文写作并未取得预期效果,因此,MBA 教育质量控制中要强化毕业论文环节,强调毕业论文选题与学员当前从事工作的紧密结合,倡导分析过程中注重理论的多元化与个性化,重点考查学员利用管理理论知识对本企业特定问题的个性化分析与解决,而非普适性理论的简单应用。同时,也有必要实现 MBA 选题形式的多样化,除了目前普遍采用的毕业论文外,创业计划、调研报告、案例诊断等都可以纳入毕业设计的内容,以问题为导向引导 MBA 学员解决其所面临的各种管理现实问题。

3. 教育质量的输出反馈:商学院评价指标

教育质量控制的最后一个环节是输出及反馈。根据控制论的基本原理,对输出结果的评价与反馈可以有效修正控制系统的输入与过程监控。MBA 教育的根本目的是为市场输送高素质的经济管理人才,因此其教育质量的反馈信息也主要来自市场,其中主要包括两个方面的信息,一是单个毕业学员的反馈;二是市场对商学院整体实力的评估。

在全球 MBA 教育与商学院发展过程中,先后出现了与 MBA 教育相关的三大国际认证体系,分别是 AACSB(国际精英商学院协会)、EQUIS(欧洲质量发展认证体系)和 AMBA(国际 MBA 协会),是否获得 AACSB 认证被视为衡量一所商学院办学水平的重要标准。此外,一些财经媒体杂志则侧重从市场因素对商学院办学水平做出评估。例如美国的《商业周刊》(*Business Week*)和《华尔街日报》(*the Wall Street Journal*)、英国的《金融时报》(*Financial Times*)和《经济学人》智库(Economist Intelligence Unit)每年都会对商学院进行排名,定期发布 MBA 教育排行榜,排名通常以 MBA 学员及雇主评估为导向。例如《金融时报》的评估项目中就包括"毕业生的职业发展和薪资购买力",而《商业周刊》评估体系中 MBA 学员和公司对商学院评价占到了 80% 的比重,《华尔街日报》的评估体系中雇主对商学院和 MBA 学员的评价占到了 1/3。

从控制论角度来看,上述机构评估很好地体现了反馈体系的精髓,用人单位与市场对商学院毕业 MBA 学员的评价可以反馈到控制体系的输入端,这一方面可以通过市场效应改变MBA学员的报考趋向,另一方面则可以通过推动商学院的MBA教育改革不断提升MBA学员能力,以获得较好的市场反馈。因此,要提升我国MBA教育质量,有必要强化外部市场评估机构的监督机制,进而影响其招生规模、学费价格等。

三、结 论

MBA教育为我国经济建设输送了大量高素质人才。然而,随着MBA招生学校的增加以及招生规模日益扩大,如何保证MBA教育质量成为我国MBA教育发展面临的关键问题。本文从控制论视角出发,提出了基于事前控制—事中控制—事后控制的MBA教育质量三阶段控制体系。研究结果表明,要提升我国MBA教育质量,就有必要事前实现招生模式创新和师资队伍完善;事中实现培养方式改革,强化毕业论文环节;事后完善MBA商学院评价指标体系、发挥市场评估机构的监督效应。

以认证为契机,优化可持续质量提升体系

陈 收 谢 赤 朱国玮

(湖南大学)

一、国内认证工作开展带来良好契机

全国 MBA 教育指导委员会一直致力于促进我国 MBA 专业学位教育的不断完善和发展,监督 MBA 教育质量。早在 2006 年 12 月,全国 MBA 教育指导委员会就在综合考虑国际精英商学院协会(AACSB)认证体系和欧洲质量发展认证体系(EQUIS)流程的基础上,结合之前制定颁布的 MBA 质量保证体系,制定了我国 MBA/EMBA 教育质量认证体系,并印发《MBA/EMBA 项目质量认证手册(讨论稿)》提供给各 MBA 院校进行讨论,征询各方意见修改完善。

该认证体系突出了商学院的战略定位、商学院与企业界的联系、商学院的国际交流与合作这三个因素对 MBA/EMBA 项目的影响,并提出将市场细分与市场定位的理念引入商学院 MBA/EMBA 项目中,从而避免国内商学院之间的同质化竞争。认证体系的理论模型结合了中国 MBA/EMBA 教育的实际情况,并给出了切实可行的商学院 MBA/EMBA 项目质量体系标准。认证工作的展开给各院校提供了一次自我检查与优化完善的机会,各院校可以此为契机,科学规划,整合资源,开拓思路,持续改进,创建特色鲜明、优质高效的 MBA 项目。

二、MBA 项目可持续质量提升体系

湖南大学 MBA 项目始于 1994 年，经过不断的建设和发展，已形成特色鲜明的 MBA 培养教育模式。为了保障 MBA 项目的质量水准，湖南大学成立了专业的项目管理中心，并开发了 MBA 项目可持续质量提升体系。这一体系为切实做好 MBA 项目质量管理工作提供了理论支撑，同时也为 MBA 项目质量的持续改善提供了有效工具。

我们认为 MBA 项目的质量提升工作是一项系统工程，可运用系统的观点，通过控制系统的输入和输出思路来改善系统的执行效率，优化资源使用过程，从而获得良好的执行效果。MBA 项目可持续质量提升体系的具体运行程序如下：第一，建立教育质量管理体系，动员教师、学员、社会人士以及企业关心和参与 MBA 教学质量监督活动，为学校 MBA 教学全面质量管理奠定良好的基础。第二，教学质量管理由主管领导发动，项目管理中心课程开发主管和战略规划部门工作人员了解学员和学员雇主的需求，确定 MBA 项目的质量方针，并把教学质量纳入学院长远发展战略。第三，MBA 项目管理中心根据教学质量方针和战略，制定教学质量目标和教学质量规范，把教学质量策划、教学质量控制和教学质量改进三个环节的循环往复作为教学管理的基本工作模式，对 MBA 教学过程进行有效管理。第四，教师和 MBA 项目管理中心按照确定的教学质量规范和目标向学员、学员雇主和社会企业提供教学服务、输出教学产品，满足顾客的需求。第五，MBA 项目管理中心运用测量和分析工具测量、分析学员的满意度状况，并根据测量和分析的结果，指导授课教师、教学团队乃至 MBA 项目管理中心自身调整和改进教学方法、教学设计、教学质量管理制度，并同时向主管领导反馈，推动学院领导的思考，促进学院组织结构、政策和战略的完善和创新。第六，全院上下共同努力，在教学方法、教学设计、学院组织结构和政策改进的基础上，对教学质量管理体系不断进行改进，最终促使学员满意度持续提高，学员、教师和学院持续发展。

随着国内 MBA 项目质量认证标准的制定与认证工作的逐步展开，我们

将MBA项目可持续质量提升体系进一步优化。在整个体系中将MBA教育指导委员会的纲领性文件和质量认证标准嵌入整个质量提升体系中,使得MBA质量提升体系更具全局观(见图1)。

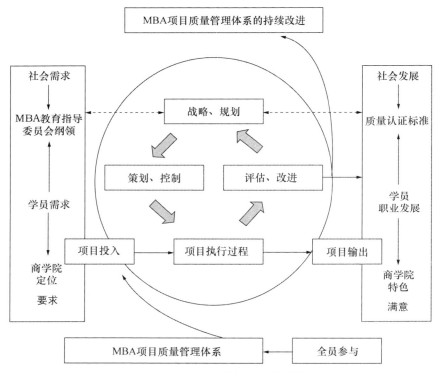

图1 MBA项目可持续质量提升体系

三、湖南大学MBA项目质量管理工作

通过可持续质量提升体系的开发与运用,我们的MBA项目管理水平与办学效果得到了广大学员和雇主单位的认同,也得到了社会的广泛认可。近几年,运用MBA项目可持续质量提升体系,我们重点开展了以下几方面的质量管理工作。

1. 创新培养体系,改进教学方法

根据MBA专业学位培养方式的规范要求,结合工商业界对MBA学员管理技能、就业能力的实际要求,我们对MBA培养教育方式进行了改革和创新,确定了人力资源管理、市场营销、国际化经营与跨国企业管理、公司理财、生产运作、电子商务、战略管理、金融企业管理、风险管理与保险、现代物流管理等十大研究方向。将培养体系分为经理人职业素养训练模块、理论知识讲授模块和实习运用模块三个部分。在三个模块设计中,经理人职业素养训练模块包括管理沟通、管理伦理、商业竞争模拟、职业化艺术与实务等课程;理论知识讲授模块包括管理理论与工具、数据模型决策、公司理财、市场营销、人力资源管理、战略管理、运营管理等专业核心课程;实习运用模块中包括专业前沿知识专题的讲授、管理咨询实务等实战基础课程,通过建立企业基地,鼓励学生进入跨行业企事业单位,进行案例撰写、分析与报告。教学方法方面,在完善案例教学方法的基础上,定期进行MBA教学交流会,综合教师的教学经验和学生的听课反馈进行教学方法的总结与创新;同时借鉴引进哈佛大学商学院的电影情境教学法与沃顿商学院的管理仿生教学法,得到学员的一致好评(见表1)。

表1 MBA培养体系改进与创新

培养规格	培养平台	培养模块		培养途径	组织形式
		模块构成	课程体系		
C 职业	个人+学校+企业	职业素养模块	管理沟通 管理伦理 职业化艺术与实务 商业竞争模拟 ……	训练途径 (素质拓展、模拟训练)	传统教学组织+模拟公司团队+导师组
T 理论		理论知识讲授模块	管理理论与工具 数据模型决策 公司理财 市场营销 ……	教学途径 (案例教学、电影情境教学、管理仿生教学)	
P 实操		实习运用模块	专业前沿知识 管理咨询实务 管理案例分析报告 企业实习 ……	非教学途径 (岗位实践与竞赛)	

2. 完善评价标准,健全评估机制

按照质量评价的要求,我们从教学硬件设施、教师专业素养、教学服务的移情性、学员、教师反馈的回应性等方面对MBA项目的质量评价标准进行了全方位设计。教学是学生与教师的双向互动过程,教育质量的提升源于对学生与教师的系统评估。在学生接受教育的过程中,对学生提出严格要求是必须的。MBA学员参加学习的最大难题是遇到加班或出差会影响到课程学习的时间,为保证学习效果,确保学习时间的规定和学习知识的系统性,学院建立了严格的考勤制度,通过指纹输入系统管控学生到课情况。对教师的教学效果评估,则采取双评估制,即学生评估与学科专家评估相结合。在开课一周后,由项目中心进行首次学生意见调查,将学生的建议反馈给教师,此次调查的主要目的在于帮助老师更好地了解学生的学习状况与需求,并不计入老师的课程评价。在随后的课程讲授中,学科专家采用随机听课的模式,对教师的教学情况进行评估,重点帮助年轻教师完成教学能力提升。在学期结束时,由中心组织对教师进行学期授课效果的评价。

3. 服务地方经济,发展特色教育

一向以"人文湘楚,山水湖南"而自豪的湖南省,在"促进中部崛起""建设社会主义新农村"两大机遇面前,活力竞相迸发。以隆平高科等为代表的一大批农业产业化龙头企业茁壮成长;以电广传媒、田汉剧院、快乐购为代表的传媒文化产业影响力辐射全国;以工程机械、轨道交通设备、汽车及零部件、输变电设备四大产业集群为代表的机械制造业,在全国已形成品牌效应,其中株洲电力机车、中联重科、三一重工、山河智能、长丰猎豹等旗舰企业正在不断壮大。我们以服务地方经济发展为根本,注重发展湖南MBA教育特色。目前,针对机械制造业、传播文化产业的MBA特色项目已基本形成,为提高湖南地区企业管理水平和促进本地经济社会发展发挥了积极作用。下一步,我们将更紧密地联系企业和行业战略发展实际需求,打造具有地方特色的行业管理人才高地,为全国输送更多的优秀专业人才。

4. 强化师资培育,建设教学团队

既有理论研究基础又有丰富企业实践的优良师资和结构合理、分工明确的教学团队是决定MBA教育水平的关键因素,因此我们在举办MBA项目之初就尤其关注师资培育和教学团队建设工作。通过多年的努力,目前所有MBA专业核心课程都已建立了教学团队。教学团队的规模一般在5—7人,考虑成员的个人专长、职称、授课经验、年龄等进行合理分工,通过研讨会、公开课等多种方式,保证每学期定期进行2—4次的集体沟通,并从教学、案例撰写、教研、教改等方面对教学团队定期进行绩效考核。教学团队在实际操作过程中,起到了标准化教学内容、保证教学质量、研讨教学方法、开发教学案例、培养教学名师、整合教学资源等积极作用。同时,为处理好教学团队的标准化与个性化之间的关系,我们将课程基础性内容安排为标准化讲授,而将课程的前沿和最新发展实践设定为不同的专题,安排不同的教师对专题进行讲授。对部分课程我们还采取两名老师同时讲授的方式,来激发同学们的思辨能力。对青年教师实行导师制,为每位具有一定基础并愿意投身MBA教学的青年教师配备1—2名课程导师,通过分阶段的培养模式,形成教学团队内部传、帮、带的良性循环(见表2)。

表2 专业课程组绩效考核指标设定

教师职称	基本分工	绩效考核指标
教授	课程设计、教研情况、案例撰写情况、授课指导	开发课程学时当量、开发案例当量、学员评分、教研论文发表当量、学员雇主评分
副教授	授课、案例选题	学员评分、课程组授课教师评分、学员雇主评分
讲师/助教	课程资料收集、班级情况统计	课程组成员评分、课程资料收集当量、学员评分

5. 贯彻服务为本,打造职业平台

我们一直注重MBA学员的职业发展,并努力探索服务MBA学员职业发展工作的有效途径。商学院在MBA学员职业发展过程中的主要角色在于培养MBA的企业家精神与提高MBA的职业素养。具体来说,企业家精神包括创新精神、冒险精神、求实精神、追求卓越的精神等因素;职业素养包括职业伦理与职业技能。依据这一目标,我们设计了湖南大学MBA职业化服务模块,主要包括职业测评、职业指导、职业信息沟通、职业技能培养、职业研究、创业指导与支持等部分。同时,我们充分利用"MBA案例教学研究基地"的专家资源,为 MBA 学生提供职业生涯设计方面的指导;充分利用"MBA 团队培训基地"的专家资源,为 MBA 学生提供心理、个性和职业测试方面的指导;充分利用 MBA 兼职导师的职业经验,为 MBA 学生提供职业选择方面的指导;充分利用"MBA 教育实习基地",为 MBA 提供就业实习和职场体验机会。近年来,我们开展的工作已初见成效(见表3)。

表3 商学院职业化服务平台的基本服务模块与功能分析

服务模块	功能分析	开展方式	服务供给方
职业测评	了解职业兴趣、个性特征及职业发展定位	测评软件、人力资源测评师	MBA 中心、人力资源管理咨询公司
职业指导	对就业过程进行指导	简历制作、面试模拟、法律帮助、求职心理辅导	MBA 中心、律师事务所、心理咨询顾问
职业信息	发布学生求职信息、公布单位招聘信息	简历投递系统、简历库、职位分类检索、行业标杆单位库、企业宣讲会	MBA 中心、人力资源管理咨询公司、应聘企业人力资源部
技能培养	针对企业需要和职业要求培养管理者技能	管理前沿知识讲堂、读书俱乐部、技能培训课堂	MBA 中心、企业人力资源部、专家教授
职业研究	职业指导工具和理论的本土化,职业发展过程追踪	研究论文撰写、职业指导软件开发、职业化服务平台建设	MBA 中心、学院科研所、人力资源管理咨询公司、企业研究中心
创业指导与支持	创业知识的辅导,创业园区的建设	相关政策的咨询、保障,企业孵化中心建立、地方高科技园区建立、风险投资家参与	MBA 中心、风险投资家、地方科技园区、创业园区、地区政府

四、继往开来,与时俱进

湖南大学 MBA 教育已经成为湖南地区培养现代化高层次管理人才的重要渠道,为提高湖南地区企业管理水平和促进本地经济社会发展发挥了积极作用。在下一阶段的工作中我们将从以下三个方面寻求突破:

第一,打造精品课程。目前,湖南大学的 MBA 项目已经开发了一系列具有良好口碑的特色课程,如金融工程、管理伦理、商业竞争模拟、职业化艺术与实务等课程在师资、教材、案例库建设等方面都初具规模。我们将以此为基础,进一步加强系列教材编写、案例出版发行、师资培养、教学网络平台搭建等工作,努力打造一批具有一流教师队伍、一流教学内容、一流教学方法、一流教材、一流教学管理等"五个一流"特点的示范性课程。同时通过建设相应的激励和评价机制,鼓励教师承担 MBA 精品课程建设,从而促进教学观念的转变和教学方式的改革,并带动一批课程的改革和创新。

第二,加速国际化合作。湖南大学工商管理学院与同学科领域中处于国际领先水平的美国加州大学伯克利分校、西北大学、纽约大学、英国牛津大学、诺丁汉大学、荷兰 Twente 大学、香港城市大学等院校建立了密切的教学交流、科研合作关系。下一阶段,我们将在 MBA、EMBA 和 IMBA 专业学位的教学方法、管理模式及学术交流等方面积极寻求与国际名校的全面合作。通过合作,我们可以学习国外名校先进的办学模式与办学经验,加速提高我们的 MBA 国际化师资水平和教学水平,扩展 MBA 项目的国际视野,进一步提升 MBA 的整体教育水平。

第三,服务地区 MBA 发展。作为湖南地区首家获得批准的 MBA 办学单位,湖南大学工商管理学院一直以服务湖南地区企业发展、提升湖南地区 MBA 教育水平为己任。目前,随着湖南地区的 MBA 办学院校的逐步增加,作为先行者的湖南大学很愿意将自己的经验与湖南地区其他院校分享。下一阶段我们将通过建立湖南地区 MBA 核心课程教学协会、MBA 教学师资培训班、MBA 教育年会等方式来服务湖南地区 MBA 院校,并进一步扩大到湖南地区各院校的管理专业教学层面。此外,我们还将走进企业,帮助中小企业内部培训讲师提升管理培训理论基础与方法技巧。

实现全面建设小康社会的目标,需要一大批掌握经济规律、精通市场规则、熟悉企业实情、恪守职业道德的经济管理人才。湖南大学 MBA 教育面临新的发展机遇,同时也面对着新的挑战。我们将立足省情,紧密联系改革开放的伟大实践,走出一条具有湖湘特色的 MBA 教育发展道路,为湖南地区管理教育做出贡献。

MBA 教育质量控制

陈志祥　王远怀

（中山大学）

一、我国 MBA 教育存在的问题

（一）MBA 师资问题

1. 教学方法不匹配

MBA 教育是一种社会需求导向而不是学术导向的教育，而我国大多数管理学教师，是在传统的管理教育体系下成长起来的，他们本身接受了传统教育教学方法的培养与熏陶，在 MBA 教学中得以继承灌输式的教学方法。导致很多大学 MBA 项目的教师并不完全了解 MBA 的教育特点，不太适应 MBA 教学。

MBA 学生具有不同的管理经验，他们有非常强的表现欲望，希望有更多的互动交流，以讨论的方式来学习。灌输式教学强调的是知识的传输，老师的作用在于把课本上的知识介绍与解释给学生，而 MBA 学生却希望老师与学生在课堂上一起把问题摆出来，大家共同寻找解决问题的思路与方法，因此需要的是一种讨论式的教学。教学方法上的供需矛盾突出是当前我国 MBA 教学中的首要问题。

当然，到底哪种教学方法更适合 MBA，更适合中国 MBA 教育的需求，仍是一个值得不断探讨的问题，但是至少可以肯定的是，传统的方法不适应这种新的教育项目。

2. 教师缺乏实践经验

MBA教学存在的第二个问题是我国绝大多数管理学教师缺乏企业管理经验。在早期,美国商学院的教学大多由具有企业工作经验的老师担任,或者直接请企业家讲课。目前,国外也有商学院将师资分为学术型和职业型两种,职业型师资通常指具有高学历并在企业担任过高管的老师。反观国内,现在中国很多大学的研究生教育体系都在改革,开展所谓"硕博连读",培养出来的博士留在学校里从事教学,这种教师基本上一点社会工作经验没有。如此循环,他们也许在学术研究上可以做出很多成果,但是很难适应MBA教学。因此,从管理学的教育来讲,"硕博连读"培养出来的教师不适应MBA教育,导致MBA课堂上是一些没有实践经验的年轻博士教经验丰富的管理者,他们的做法就是让那些有经验的管理者在课堂上互相讨论案例,互相学习经验,谁是老师谁是学生说不清楚。而且现在大学教师的产生越来越依赖年轻博士,MBA教师的短缺问题必将越来越严重。面对不断增长的MBA教育需求,培养有教学和工作经验的MBA教师是摆在许多学校面前的一项重要工作。

3. 科研与教学脱节

MBA教育的第三个突出矛盾是所谓的科研与教学的矛盾。如果说在其他的学科,如数学、机械等非管理类学科,教师的科研与教学矛盾那是因为在时间分配上两者不可得兼,而在管理学,特别是MBA科研与教学的矛盾越来越不是因为时间分配上的矛盾,而是科研与实践脱节的矛盾,即学术研究的东西与企业实践脱离。这种现象不是我国管理教育的一个独有现象,实际上在MBA教育的发源地美国这种现象也非常明显。现在美国大学MBA教师也存在一种所谓"精神分裂"现象,即大学管理学教师为了体现理论的水平,为了发表论文的需要,尽量追求理论研究的高深,而实践上这些理论又很少能够被应用,于是课堂上不能讲自己的研究成果,这导致一个怪现象在美国大学MBA教学中流行:研究水平高的老师,往往教学水平不高,而教学水平高的老师,往往研究水平不高。美国的管理学教育问题值得我国管理学界注意。

(二) MBA 教学内容问题

我们的 MBA 教学内容,即课程设计,是在仿照国外,特别是美国 MBA 的基础上根据我国的情况设计的。从企业管理人才培养的角度看,目前我国的 MBA 教学内容存在如下几方面的问题:

1. MBA 课程缺乏人性的教育与陶冶

MBA 实际培养什么样的人才?也许有人说这是个幼稚的问题,但是,如果不深入思考这个问题才是真正的幼稚。我国许多大型国有、民营及外企中不乏 MBA 或 EMBA 背景的中高层管理人,但其中不乏出现有悖伦理道德的事件,说明我国这方面的教育远远不够。客观地讲,很多学校仅仅考虑如何多招学生,完成教学任务,把学生推向市场,也就是说培养单位在大力"做大蛋糕",但没有想到"这个蛋糕是否好吃","这个蛋糕是否存在危及企业与社会安全的问题"。这个问题的根源在于我们的 MBA 教育对提升人的综合素质缺乏长远性战略考虑。MBA 教育的责任是培养有道德有修养的管理者,而不仅仅是教会学生如何赚钱。仅仅会赚钱的企业家不是伟大的企业家。企业家首先应该学会做人,然后做企业,否则你有天大的本事都等于零。这是一个道德修养问题。

因此,MBA 教育首先是要培养有道德有修养的人,这是教育的本质,各 MBA 办学单位应把"商业伦理与职业道德"作为必修课程。有条件的学校,应该开设与之相关的人文课程,陶冶学生的心灵,培养有理想有道德的企业家。

2. MBA 课程缺乏管理实务内容

目前的 MBA 课程,理论知识传授多于经验传授。大多数的课程虽然都采用案例教学,包括哈佛的案例教学,但也都是课堂中纸上谈兵。

这个问题不只是中国的问题,美国更早出现这个问题。实际上早在20世纪初,美国商业管理教育有相当多的课程是实务课程,这些教师往往来自企业。只是后来,商学院的发展走上了另一条道路。教授们一味为了做研究,脱离实践,只好教一些理论性强的课程。现在也有一些国外商学院意识到这个问题,在重视商学院的学术水平提升的同时,改革 MBA 的师资结构,把教师分为学术型与职业型两种,职业型教师是指有企业实践经验并具有博士学位的教师。我国的 MBA 教育应该增加实务课程,一些本来就是实务性比较强的课程,如会计、营销、生产管理等应该增加由企业家讲授的实务内容。部分课程应该由企业家讲授,或者建立校内教师与校外教师联合授课制度。目前,中山大学管理学院已经在毕业论文环节实行校内导师与校外导师联合指导的制度。

3. MBA 教育缺乏对人才素质的要求

MBA 课程应该是全人教育,应该对所培养人才的素质提出全面要求。商学院培养学生是要从知识、道德伦理与能力技巧三个方面来培养的。具备这三大要素的人才才能在未来的人才道路上"打开幸福的人生大门"(见图 1)。

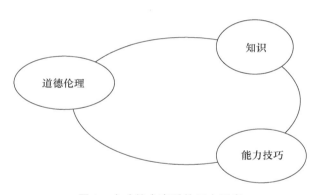

图 1　人才综合素质的三大要素

二、MBA 教学质量控制

全面质量管理的运作方法最早是指由美国质量管理专家戴明博士提出的 PDCA 循环工作方法。它的基本思想是把质量管理看作一个周而复始的螺旋上升的过程,每次循环过程都包括计划(plan,P)、计划实施(do,D)、实施效果检查(check,C)、处置检查结果并采取相应行动(action,A),四个步骤循环往复,螺旋上升。每经过一次循环,工作质量获得一次提高,这样质量就会朝着"零缺陷"方向向上滚动(见图 2)。四个循环过程的内容具体如下。

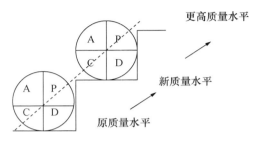

图 2　PDCA 质量循环过程

（1）计划阶段（P）。计划阶段的任务是制定质量目标、根据目标制订质量计划。计划阶段有四个步骤：① 分析现状,找出存在的问题；② 找出问题的原因或影响因素；③ 找出导致问题的主要因素；④ 制订措施计划。

（2）计划实施阶段（D）。计划实施阶段是质量管理的关键,要保证计划能很好贯彻执行必须做到五个到位：人员到位、组织到位、措施到位、监督到位、激励到位。

（3）实施效果检查阶段（C）。把计划实施的结果与计划对比,评价结果,找出问题。

（4）处置检查结果并采取相应行动阶段（A）。处置阶段一方面要总结成功的经验并把它标准化,以便今后参考；另一方面要把没有解决的问题纳入下一阶段的计划中。

PDCA 循环作为一种质量管理工具在企业,特别是在工业企业生产管理中发挥了重要作用,许多企业通过开展全面质量管理提升了产品质量与企业形象。这种质量管理的方法也非常适于用来改进教学质量。从目前教学管理来看,我国大多数学校的教学管理部门都有一套教学评估体系,用其对学校的教师进行教学质量评估,但是仅仅是教学效果的评估而已,而且这种评估实际上变成教师拿奖金或评选先进的一种资格,没有起到任何改进的作用。

在教学管理中引入 PDCA 循环这种有明确工作计划、实施及监督反馈的循环往复的工作方法,对于改进教学质量将有非常大的推动作用。以下介绍并探讨应用 PDCA 循环和全面质量管理的概念改进生产管理课程教学质量的思路。

1. 教学计划管理

在 PDCA 循环中,第一阶段是计划管理,只有良好的计划才能保证工作的顺利完成。教学计划管理好与坏取决于两个方面:一是教师本人的教学大纲的完善程度,比如教学内容是什么、教学方式、课堂组织与学习的考核等。每一次开课之前都需要建立教学计划大纲,而且要根据学员的情况有所调整。教学计划管理的另一方面是来自教学管理部门(一些学校建立有 MBA 教育中心)。教学管理部门要对课程的教学计划进行指导,比如是否要进行企业参观,是否要从企业聘请专家讲座,是否要开展教学训练活动等,这些都需要教学管理部门的协作才能完成。

按照 PDCA 循环的工作方法,每一学期在制订教学计划时,要对上一学期的教学情况进行分析。目前多数学校这方面的工作做得很不够,教师与教学管理部门都没有深入分析教学效果,比如影响教学质量的因素是什么,应该从哪些方面改进等。

按照质量影响因素,"4M1E"的分析方法可以帮助我们分析教学质量问题与原因。

(1) 教师因素(Man of Teaching):教师本身的知识结构、教学的工作热情、技巧等。

(2) 学生因素(Man of Learning):学生的职业背景、兴趣、专业背景、学生组成结构等。

(3) 教学资源因素(Materials of Teaching):课室、教材、案例、实习基地等。

(4) 教学管理因素(Management of Teaching):如教师队伍组织、教学安排、教学考核与奖励等。

(5) 教学环境因素(Environment of Teaching):学校的学习风气、该课程的社会需求、与其他(国内外)的教学交流情况等。图 3 为影响教学质量的因果图。

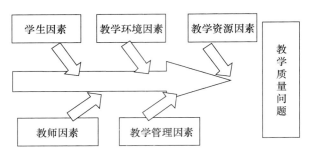

图 3 影响教学质量的因果图

根据因果图,我们对每一种因素又可以进一步细分出更详细的子因素,比如,教师因素中,可以列举出与教师有关的各种因素,比如教案准备、课堂组织、师生互动能力、实践经验等。

可以对各种因素进行调查分析,并用帕累托图寻找主次因素,建立相应的改进教学质量的对策(应用对策表)。

2. 教学计划实施

要使教学计划落实好,首先教学管理部门应该对课程教学计划进行合理安排,比如一个教师教多少个班、如何协调各个班级之间的资源使用、做好企业参观的计划等。教师作为教学的主体,应该按照教学计划有计划地进行教学,但是也要在教学过程中经常与学生沟通,了解学生对学习的反应,根据实际教学情况调整教学内容。

3. 教学过程检查

目前我校对 MBA 课程教学质量的检查是在期末进行的(实际上绝大多数学校也是这样),一般是让学生填写一个教师评估表,学生根据该课程教师的教学情况,靠自己的判断来打分。这种检查对教学过程质量控制并不是很有利,因此需要建立过程质量控制方法。目前我院经常进行一些教学座谈会,邀请部分学生对教学提意见,这种讨论大约每学期一次,但是缺乏针对性,因此建议分课程进行,在课程中间某一时间,比如学期中期,由教学管理部门对课程教学情况进行一次检查,并尝试提出改进的措施。

为了有效地提高教学质量水平,建议采用质量控制图。每一门课程根据每学期学生的打分情况,把对老师的教学评估描在控制图上,这种控制图,有利于跟踪年度之间的教学水平的动态变化情况,保证教学水平在一个稳定状态。如果某一课程某一学期的学生评估分低于最低控制线,就要对该教师进行教学检查,提出整改意见,如果多次整改后的效果都不明显,那么低于学院教学评估最低控制分数线的教师可能会被替换。

4. 教学处置

目前多数学校的教学处置办法都是给出本学期的课程教学评估,如果教学评估没有出现大的问题,教学管理部门基本不会有任何的处置措施。这样的结果导致教学质量无法持续改进。按照全面质量管理的 PDCA 循环模式,结合 MBA 教学的目标导向明显,本文提出采用教学质量持续改进过程模式(见图 4)进行教学质量的持续改进。

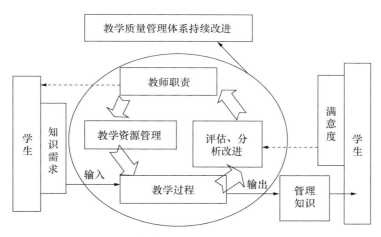

图 4　教学质量持续改进过程模式

该过程模式是把教学的对象——学生作为顾客来看待。以顾客需求拉动教学活动,最终的目标是"顾客满意",即学生满意。因此教学是始于"顾客需求",终于"顾客满意"。这种顾客化的教学理念是符合 MBA 这种独特的教学活动的,因为 MBA 与其他学科不同,它的应用性价值取向非常明显。学生是带着问题而来,这种需求非常强烈,同时需求具有多样性。因此作为教师,必须了解"顾客",按照顾客的需求建立"牵引式"的教学模式,不断寻求改进教学质量的手段与方法,只有这样,才能满足来自我们的"顾客"——企业的管理者的需求。

三、结 束 语

随着 MBA 教育的发展,社会对 MBA 教育的期望不断提高,对 MBA 的多样化与质量要求也越来越高,如何培养符合社会需求的合格的 MBA 学生,是我国 MBA 未来发展需要解决的重要课题。本文根据多年的教学实践与教育管理的研究和探索,对 MBA 教育的发展特点与存在问题,特别是对教学中存在的问题进行了分析,就提高教学质量提出了一些建设性的思路,与有关专家学者共同探讨,希望共同为推动我国的 MBA 教育做出积极贡献。

基于胜任能力的 MBA 教师队伍建设

彭莉莉　吴　菁

（暨南大学）

对 MBA 教育管理机构而言,建设高素质的 MBA 教师队伍,不仅能够提高 MBA 教师的专业素养,而且可以大大增强 MBA 教育机构的市场竞争力,对 MBA 教育成败具有深远影响。通过基于 MBA 教师胜任能力的人才选拔和培养模式,可以建立一套选人、育人、用人的标准与体系。MBA 教育机构通过定期审视整套 MBA 教师培养计划,检验 MBA 教师胜任教学岗位的能力,不断改善人才评估方式、培养方式和管理方式,从而能够结合实际需要持续培养出高素质的 MBA 教师人才。

一、MBA 教师胜任能力概念

（一）胜任能力及其模型

胜任能力(Competency)是指能将某一工作(或组织、文化)中表现优异者与表现平平者区分开来的个人的潜在的、深层次特征。胜任能力模型(Competency Model)则是指担任某一特定的任务的角色所需要具备的胜任能力的总和。

胜任能力具有以下几个方面的特征:(1)胜任能力是判断一个人能否胜任未来某项工作的起点,是决定并区别未来绩效好坏差异的个人特征;

(2)它既包含外显成分,如知识、技能、社会角色等,也包括内隐成分,如动机、态度、特质等因素;(3)它反映的是任职者与其工作岗位所要求的能力水平和行为表现的匹配状态;(4)由于人员、职位、组织三者的匹配关系越来越趋向动态化,所以胜任能力是动态的、不断发展的。

建立胜任能力模型有多种方法,包括专家小组法、问卷调查法、观察法等。但是目前得到公认且最有效的方法是 McClelland 结合关键事件法和主题统觉测验而提出来的行为事件访谈法(behavioral event interview,BEI)。此外,还可以采用专家小组法,在一个群体讨论会(由管理人员和专家组成)上共同讨论并选择核心胜任能力和关键技能,作为关键任务模型和培训的素材。

(二) MBA 教师胜任能力的概念

与普通的研究生教育相比,MBA 学生来自有实际工作经验的群体,MBA 教育旨在培养高层次管理人才,即企业管理决策层人才;既有市场实践经验,又有商业管理理论的职业管理人员。MBA 教育采用案例与理论相结合的教学方法,辅以角色扮演、管理游戏和模拟等,这些都对 MBA 教师提出了更高的要求。

MBA 教师胜任能力,是指 MBA 教师个体所具备的,与成功实施 MBA 教学有关的专业知识、专业技能和专业价值观。它隶属于 MBA 教师的个体特征,是 MBA 教师从事成功教学的必要条件,也是 MBA 师资队伍建设的主要目标。通常,MBA 教师胜任能力包括四个方面:(1) 概念胜任能力,即理解专业理论的能力;(2) 技术胜任能力,即履行专业所要求的专业技能技巧;(3) 整合胜任能力,即在实践环境中把理论与技能结合在一起的能力;(4) 专业态度或价值观,包括价值观、责任感和归属感等。

二、建设优秀的 MBA 教师队伍

(一) 制定 MBA 教师的评价标准

首先,确定 MBA 教师队伍中的岗位描述及其任职资格体系。可以通过召开MBA教师及管理人员会议,讨论确定MBA教师岗位描述,尤其应根据学科和MBA教育发展变化确定未来的职责和任职资格体系,包括详细的能力标准、授课经验、行业和项目咨询经验等。

其次,制定岗位胜任能力评价标准。MBA教师胜任能力模型是预测和评价教师是否胜任MBA教学的主要标准。其目的在于找出MBA教师的胜任模型,评估有多少教师具有胜任MBA教学的能力,然后通过培训等方式强化他们在特定教学岗位所需的知识和技能,使其成为合格的MBA教师。

可见,MBA教师岗位任职资格体系和胜任能力评价标准,构成了一套公平、科学的评价基准,可以以此阶段性地考核MBA教师的品质与能力,评估其是否真正具有一个优秀MBA教师的素质。

(二)建立系统的人才评估体系

360度的人才评估体系是评估MBA教师的科学方法。该体系的选拔评估工具主要包括:(1)授课效果绩效评价,用于发现授课绩效优秀的MBA教师候选人。Harrison等(2006)指出,应赋予绩效比潜能更多的权重,因为过去的行为也是预测未来绩效的有效因子。(2)人才评价中心的选拔技术,如心理测评、角色扮演、对抗性辩论、无领导小组讨论、模拟会议等,用于预测MBA教师是否具有胜任未来教学岗位的能力潜质。(3)专业技能考核,用于再次确认MBA教师的基本专业知识和授课技能。(4)民主评议,用于发现和评估极端评议结果的情况。然后,结合MBA教师的个人基本信息、教育经历、科研成果、日常授课表现等撰写综合评价报告,并编制MBA教师素质清单。

另外,应主要关注能力(指向未来)和授课绩效(指向现在)两个维度的表现,并制作人才特征分布图,如图1所示。从图中可见六种类型的MBA教师及对其不同的管理方式。

(1)能力和绩效都优秀的MBA教师(A+)。这部分教师适应MBA教育要求,能力得到充分发挥,应作为MBA教师队伍中的重点培养对象。而且还可以对其树立典型,通过精品课程示范、经验交流等方式,使他们的授

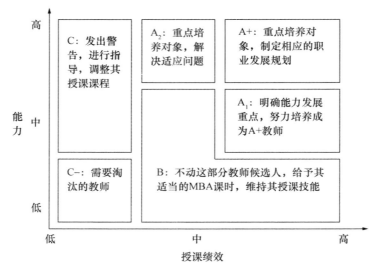

图 1　MBA 教师特征分布图

课经验和工作精神等得到广泛的传播。

（2）能力中等、绩效优秀的 MBA 教师（A_1）。这部分 MBA 教师对 MBA 教育事业尽心竭力，是 MBA 教师队伍的中坚力量，应发掘其潜力，制定能力发展重点，使其发展成 A＋型 MBA 教师。

（3）能力优秀、绩效中等的 MBA 教师（A_2）。这部分 MBA 教师也可作为重点培养对象，解决其对 MBA 教育环境适应的问题，充分发挥其潜力，使其向 A＋教师人才发展。

（4）能力较低、绩效较高或中等，以及能力和绩效都为中等的 MBA 教师（B）。这部分候选人潜力一般，不是教师候选人的重点培养对象，可以给予其适当的 MBA 课时，通过及时反馈课程评估结果，维持其授课技能。

（5）能力高、绩效低的 MBA 教师（C）。这部分 MBA 教师具有很大潜力但发挥水平很低，可能非常不适应 MBA 教学要求，可以经过短期考察、调整其岗位等方式解决其心态问题，若不能提升其授课效果则可以将其淘汰。

（6）能力和绩效都很差的 MBA 教师（C－）。对这部分候选人可以直接将其淘汰。

(三) 选择有潜力的教师进入 MBA 师资队伍

收集教师在授课效果、能力和科研项目经验、工作风格、性格方面的重要信息,根据人才评估报告,将具有高潜能的人才挑选出来,建立人才综合素质评价数据库,再根据综合评级确定教师进入 MBA 师资队伍的接替顺序,编制 MBA 教师候选人接序图,如图 2 所示。MBA 候选师资可以来自同能力水平迁入,或低能力水平提升。如果出现 MBA 教师岗位空缺,可以选择综合评级最高的 MBA 教师候选人接替空缺职位。

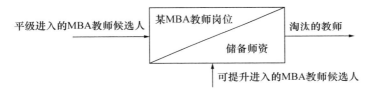

图 2　MBA 教师候选人接序图

在此基础上,定期跟踪 MBA 教学成果和学员反馈,结合 MBA 候选教师的授课效果和能力发展情况,对培养对象相应地做出调整,淘汰部分不胜任的候选人,增补胜任的候选人,确保 MBA 教师的综合素质能够跟上 MBA 教育发展需要。

(四) 设计后继人才开发方案

为 MBA 教师候选人量身订制职业生涯发展规划,在识别出 MBA 教师候选人后,再根据人才的综合素质评价情况,与将要接任的教师岗位的职责体系、胜任能力标准进行匹配,设计出针对后继人才的开发方案,根据未来课程需求对胜任能力的要求来确定对候选人的培训计划,并在实际开发过程中进行不断反馈和调整。

三、实施 MBA 教师培养计划

（一）基于胜任能力的 MBA 教师培训的原理

对关键技能的角色扮演和模型化被认为是最好的提高行为实践能力的方法，可以有效地对后继人才进行角色演练。胜任能力的核心是一种"内隐知识"，而在 MBA 教师队伍中，授课技能的内隐知识是通过经验学习获得的，并且教师的学习风格具有更多倾向于行动和具体体验的特征，所以，针对 MBA 教师胜任能力培训的设计要根据经验学习的过程来安排培训内容和选择培训方法，使培训获得全面的效果。

胜任能力培养应包括认知、了解、自我评估、技巧练习、工作应用和后继支援等六个阶段。具体为：(1) 认知，让员工信服和了解胜任能力；(2) 了解，即向员工解释胜任能力的概念并教导他们如何运用；(3) 自我评估，对员工自身的能力和优秀员工对照并给予评估；(4) 技巧练习，让员工在模拟情境中练习并与标准员工的表现比较，及时给予指导，使之反复练习达到标准；(5) 工作应用，让员工设定目标发展行动计划，将新能力运用到实际的工作中；(6) 后继支援，鼓励其对新知识的运用，并强化巩固，如成立受训人员的联系组织，形成同类员工的团体以相互鼓励交流等。

（二）基于胜任能力的 MBA 教师候选人培训过程

MBA 教师队伍建设的最终目标是保证 MBA 教育机构能够持续地为 MBA 教师岗位找到优秀的教师人才，从而提高 MBA 培养质量。所以，MBA 教师队伍的建设，应与 MBA 教育发展趋势、MBA 培养方案、MBA 教育机构的整体发展战略和 MBA 教师胜任能力模型紧密结合，并基于以下几个步骤实施：

1. MBA 教师培训需求分析

在设计培训方案时，重要的是设计培训目标和培训内容。基于胜任能力的评价中心技能够确定实现 MBA 教师岗位职责或发展方向所需的胜任能力与人才目前的胜任能力,实施差距分析,分析目前的培训或发展活动如何解决差距问题,发展与胜任能力模型重点相一致的课程,以提供个人发展计划与能力提升所需要的针对性强的资源,为 MBA 教师量身定做培训计划,帮助 MBA 教师弥补自身"短板"的不足,有的放矢突出培训的重点,从而提高培训的效率和效果。MBA 教师胜任能力与岗位胜任模型比较如图 3 所示。

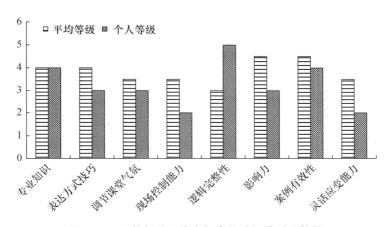

图 3　MBA 教师胜任能力与岗位胜任模型比较图

2. 基于胜任能力的 MBA 教师培训技术

国外一些学者将角色扮演、模型化或明确任务等程序作为基于胜任能力培训的方式。基于胜任能力的培训技术具体包括以下几种类型:

• 剧本演练

首先,对优秀 MBA 教师的课堂教学活动组织观摩,一般在观摩之前制订较详细的观察计划,确定观察的主要行为对象、角度以及观察程序,也可以进行有组织的讨论分析。这种观摩可以是现场观摩,也可以是观看教学录像。

其次,通过剧本演练的方式对角色扮演活动进行具体化和规范化。剧本包括了从其他优秀 MBA 教师授课样本中抽取出来的关键言行方式。在演练中,学员通过分组练习,不断重复模拟剧本中角色的言行活动,学习授课技巧,并将行为方式内化为技能和胜任能力。

- 开展微型教学

通过实际教学获得丰富的经验,是提高 MBA 教师教学水平的一个重要途径。实际教学之前可以采用微型教学法,即以少量学生为对象,在较短的时间(5—20 分钟)内尝试教学,之后再加深教学的难度。

微型教学的基本过程为:(1)明确选定某类教学行为作为重点分析的问题,如解释的方法、提问的方法等;(2)观看有关的教学录像,指导者说明这种教学行为具有的特征,使教师能理解要点;(3)教师制订微型教学计划,以一定数量的学生为对象,实际进行微型教学,并录音或摄制录像,教师和指导者一起观看录像,分析自己的教学行为,指导者帮助教师分析一定的行为是否合适,并考虑改进行为的方法;(4)在分析和评价的基础上,再次以其他学生为对象进行微型教学,这时要考虑改进教学的方案,并录音录像,和指导者一起分析第二次微型教学。可见,微型教学可使 MBA 教师对自己的教学行为进行深入分析,并增强其改进教学的针对性,因而往往比正规课堂教学更能有效积累课程经验。

- 开展教学决策训练

教师的教学过程包含一系列决策,通过进行教学决策训练可提高教师的教学能力。这种训练事先向接受训练的 MBA 教师提供有关班级的各种信息(包括文件和录像资料),包括学业水平、学习风格、班级气氛等,然后让他们观看教学实况录像,从中吸取重要的经验。通过这种方法,MBA 教师可以获得近乎实际上课的经验,而且可获得指导者的及时说明和解释。这种方法不仅可以改善他们的教学行为,而且可以使他们对决策的有效线索更加敏感,还可以学会反思并参与教育科学研究。

- 教师参与研究模式

MBA 教师主持或参与纵横向项目研究工作,取得实践经历,熟练指导本专业的各种实践性教学环节,是教师参与研究的又一种重要形式。教师参与研究可以是 MBA 教师结合一定的理论和自己的实际经验,对改进教学的途径进行探索,也可以是 MBA 教师与成功企业高管合作研究,即企业高管和教师以平等的身份就一些问题共同进行研究,而不是企业高管以实际工作经验之谈指挥教师改变已有的教学。教师参与研究模式可以使 MBA

教师结合企业的实操经验,针对教学中的具体问题和特定条件,灵活地运用教学基本原理解决所面临的实际问题,有利于缩短研究与实际教学之间的距离,同时可以使MBA教师主动地提高自己的教学能力。在与企业高管的合作研究中,MBA教师可以补充企业实际操作的知识,增强理论知识的实际操作能力。

- "问题—参与式反思"模式

"问题—参与式反思"模式是教师在培训中结合培训内容,联系自己的实际工作进行自我认识和思考,总结出在实际工作中所取得的经验和教训。"问题—参与式反思"为MBA教师提供了一个对自己教育教学实践进行精心梳理的机会。此外,该模式无论是组织的形式还是讨论的环境气氛,都充分体现了MBA教师参与的主体性。MBA教师之间、MBA教师与培训者之间的地位平等,使MBA教师获得了一种自我参与、自我反思批判的学习能力。同时,这种培训模式也为可以参加培训的MBA教师提供了教育教学研究的新思路。

通过学位论文写作提高 MBA 学员的综合业务素质

胡运权　钱国明

(哈尔滨工业大学)

学位论文写作是 MBA 培养过程的重要组成部分,是实现 MBA 培养目标的全面训练,也是对 MBA 学员综合业务素质能力的全面考核。

一、MBA 学员应具有的综合素质

《中华人民共和国学位条例》规定,获得硕士学位的研究生应具备以下业务能力:一是在本门学科上掌握坚实的基础理论和系统的专门知识;二是具有从事科研工作活动并独立担负专门技术工作的能力。根据 MBA 硕士学位的要求,我们认为 MBA 学员应主要具有以下几方面的能力。

1. 较高的洞察与识别问题的能力

MBA 学员应当密切关注国际国内政治和经济形势的发展及其对本地区本单位工作的影响,注意观察分析中央方针政策及一些重大事件的社会反响及周围的动向,能敏感地察觉和识别哪些行为变化是短暂的,哪些将持续并有可能带来深远的影响。例如,一些从事医药营销的学员调研后发现,药品的销售对象不是用药的病人,而是有处方权的医师及所属医院,因而药品的竞争不仅是品质与价格之争,还涉及复杂的社会人事关系。正是对类似问题的观察思考,可以帮助提高学员从全局及深层次上观察问题的能力。

2. 调查研究的能力

调查研究涉及调查什么、向谁调查、用什么方法调查、调查数据和资料的分析处理等,是从事管理工作,特别担当领导岗位人员的基本功。统计学这门课是专门讲调查统计方法的,在管理研究方法、社会经济研究方法等课程中也都涉及调查研究方法。调查研究既有很多现成方法,又是一门艺术。如调查表格的设计、发放与回收,访谈式调查对访谈人员、时间和地点的确定等都需要很多周密安排。此外,在当前信息社会,通过互联网的搜索和沟通已成为调研的重要方式,是 MBA 学员应掌握的重要技能。

3. 总结与归纳的能力

总结与归纳是对收集了解到的数据资料进行提炼加工的过程,是产生与形成自己观点的过程。对提炼出的观点,自己首先应该反复思考,看论点是否鲜明,论据是否充分,要从各个角度反复推问,看能否经得起反驳。要对比他人的意见观点,看自己的观点有没有新的思想,如是否在前人基础上增加了一些新的见解,是否加深了对原有事务的认识,甚至纠正了原有认识的某些错误。这种总结归纳是认识和解决问题中的思想认识上的升华。

4. 综合运用基础知识与专业知识的能力

MBA 学习阶段的知识积累是一门课程一门课程分别进行的,比较局限于某个学科领域,但要分析解决实际管理问题,就需要综合运用已学过的各门课程的知识。例如,当前企业最突出的问题就是如何提高自己在国际和国内市场的竞争力,这就必须全面了解国内外同行业的技术发展,分析自己的优势和劣势,从而全局规划自己的生产、技术、经营、财务、队伍建设等各个方面,并广泛应用各种定性定量方法,包括在课程中没有学到过的知识方法。

5. 书写与表达的能力

书写与表达的能力一方面涉及能否把自己的观点意见正确传达给别人;另一方面涉及能否用自己的意见打动别人,包括你的上级、同事和下级。一篇文章或报告如果展开叙述可以洋洋万言,但对上级的报告往往只允许一两千字,这样就需要用十分简洁的语言讲清问题的原委、过程与结论,MBA 学员就要具备这种能力。

二、学位论文写作有助于提高 MBA 学员的综合素质

MBA 学位论文写作的全过程一般包括选题、开题、写作和修改、准备答辩和答辩几个阶段,完成论文的各个步骤有助于提高 MBA 学员的综合素质。

1. 选题

MBA 论文的选题强调要联系实际,最好是学员有亲身实践体会并且自己感兴趣的课题,这样就有积极性钻研下去。同一般硕士学位论文强调学科的前沿性不同,MBA 论文选题强调的是新颖性、前瞻性、实用性和重要性,即虽然研究的是一个内部的具体问题,但应有长远意义和广阔前景,有普遍适用性,是解决全局问题的关键点,而且最好提法新颖,构思新颖,解决途径新颖,给人耳目一新的感觉。国民经济发展改革和管理学科的发展都为我们提供了很多启示:从单个企业的管理到供应链的管理,从单纯成本核算到全生命周期的成本核算再到考虑可持续发展的成本核算,从顾客心理到顾客关系管理到顾客价值的研究,从普通的人事管理到人力资源的开发管理,从技术管理到知识管理,等等。随着很多新知识和新技术在管理中的渗透,管理学理论与实践中不断涌现出新的需要研究的课题,可供 MBA 学员作为选题方向。

2. 开题

选题阶段主要确定研究方向和题目大致名称,开题时则要把论文题目正式确定下来,还要阐明选题背景和意义,广泛查找国内外文献资料,了解别人在本课题范围内已做过的工作,分析有哪些不足,以及自己应做的工作。学员应该明确自己研究问题的主要方面,准备通过什么方法去获取和研究数据资料,对要研究解决的问题有一个初步观点,明确预期的创新点及根据要研究的问题构思论文框架等,开题既是对前面的选题的肯定与验证,也是论文全面写作前的系统的全面构思,开题的成功与否很大程度上决定了后面的阶段能否顺利。

3. 写作和修改

开题后就要按构思的框架深入调查并收集资料，对自己的观点反复推敲验证，对支持观点的论据精心挑选，并从逻辑和文字结构上精心组织。论文的写作有一些八股式的要求，如一开始应有一个几百字的摘要，概述全文的背景、内容、主要方法和主要结构，之后要写出若干个关键词，然后是目录、正文、参考文献、致谢等。这是一种规范的写作训练。因为论文是一篇学术报告，要求除作者自己的论述外，对论文中引用的观点、数据、资料和图表都要注明出处，要做到论文的每一句话、每一段文字都要言之有理，言之有据，这是对作者科学严谨作风的培养和训练。论文要经历草稿、初稿、修改稿、定稿等几个阶段，每一遍都要反复推敲修改，从大的框架结构到每一章节每一句话，从总体思想到每个观点每个论据，以至于每句话、每个字都要经过认真琢磨，一直到自己满意和指导教师认可，才算论文定稿。

4. 准备答辩和答辩

这是论文经受检验的阶段。答辩好坏不仅取决于论文内容和写作，还在于观点组织和表达。重点一是要在规定时间内把论文的观点表达出来，抓住要点，并且尽量做到语言精彩生动；重点二是论文作者在讲解时一定要进入角色，才能把听讲者也吸引到自己讲解的内容中来。

正是经过上述各个阶段的训练，MBA学员全面提高自己各方面的能力，养成科学严谨的作风，达到培养目标要求。

三、当前学位论文写作中出现的一些主要问题

下面是一些学员在论文阶段不符合或达不到 MBA 能力素质培养的主要问题：

第一，选题过宽过大，超出了 MBA 学员的经历或能够深入调研分析的范围，例如一个只在某商业银行支行或分行工作的学员，硬要写全国情况，既不了解全面情况，也不便于联系实际、深入调查。在选题范围方面的另一个极端问题是选题完全局限于某一具体单位的实际情况，研究缺乏普遍意义。

第二，题目与内容不符或内容肤浅，抓不住要害，如有的论文题只写一个企业的战略规划，而具体内容也都局限于该企业的日常工作。这种论文缺少国内外同行的对比，也缺少全局的审视，因此提出的问题也只是工作中的具体问题，对策建议当然也就缺乏深度。这些学员写完论文之后还是总结不出自己有什么新的见解和看法。

第三，论文结构存在缺陷，章节之间前后不呼应，章的标题不是围绕整个论文标题展开，节的标题不是围绕章的标题展开；各章内容很不匀称，大的章占到全文篇幅一半甚至一半以上，有些非主要内容却说得很多，等等。总之结构缺陷使问题不能有序展开，给人紊乱的感觉。

第四，人云亦云，论文论证的是一些报刊上宣传的或大多数人已取得共识的道理，还有一些在政府部门工作的学员甚至大段抄写领导报告，用政府文件代替自己的调查分析。

第五，模板式或教材式的套路和语句，模板式的套路是指利用一套固定模板，只要把企业名称一变，对具体数据和情况做些修改调整，但格式思路大体相同。教材式写法也有类似之处，这些论文不是遵循提出问题、分析问题、解决问题的思路，而是平铺直叙，看不出问题的复杂性以及如何去解决的思路。

第六，学术上不规范，学风上不严谨，错别字多，引用的观点不给出标注，数据资料不注明出处，等等。

以上种种问题都表明写论文的学员没有得到应有的素质能力的训练和培养。

四、对在学位论文写作阶段培养 MBA 综合素质的一些设想

1. 开拓论文选题思路

要坚持论文选题既联系我国社会主义建设与改革中的重要问题、热点问题，又要鼓励学员关心自己周围不断发生的新事物，多看报刊，多同人讨论从而受到启发。学员也可以多上网查找经济管理专业学生已经做过的论文题目，包括查找全国或地方各类基金招标的课题等，都会有所助益。但又

必须考虑 MBA 学员的经历、实践及个人兴趣。兴趣是培养出来的,接触多了,再联系自己现在单位要研究的问题,学员自己就会去深入钻研。

2. 引导学员写调查报告、案例分析或企业诊断

根据 MBA 学位论文当前在形式上较多集中于专题研究的情况,指导教师不妨引导学员更多写一些调查报告、案例分析或企业诊断。如果学员能在这方面抓住一些有意义的课题,可以避免形式上的套路。如过去较多学员写引进外商直接投资的内容,写多了就出现形式甚至是观点的雷同。后来就引导他们深入一两个开发区深入调查,总结成功与失败经验,并有针对性地提出建议,既使论文内容深入,也使学员在论文写作阶段得到更大的锻炼。当然论文阶段也包括对学员写作和学术规范方面的培养,因此对论文的其他形式要制订相应的规范要求。

3. 要强调科研能力的培养

MBA 学员大多来自实际工作部门,由于工作和能力的限制,他们处理问题时还习惯于凭经验、靠制度及请示领导,不善于对比思考,查找资料,发表自己的独立见解。为了使他们未来担负更高职务,从事更繁重的工作,必须让他们学会深入调研,独立思考,这正是 MBA 学员在论文写作阶段应该努力学习掌握的。

4. 努力扩大学员的知识面

有的学员因长期在一个行业一个部门工作,知识面很窄,影响他们的视野,使他们不能深入地思考问题。学院可以通过组织各种课外讲座、到知名企业参观等方式扩大学员的知识面。同时对学员的论文应该严格要求,如有的学员论文题目是关于企业的规划或企业的竞争力,但内容中都没有涉及这个企业和行业的技术发展趋势,也不了解国家的有关科技规划内容,那么该论文就是不符合要求的,对这类论文必须让学员补上这方面的知识,在论文中补充这方面内容。

5. 办出各自 MBA 的特色

我国目前举办 MBA 班的有综合大学、财经院校、工科院校,还有师范院校等。在总的培养目标下,各校应该根据自己的专业特长,培养有特色的毕

业生。工科院校可以专门招收一两个来自工业企业管理部门学员的班,课程计划中也可以增加一些工业生产管理的课程;财经院校可以专门招收一两个专门来自银行业或者财政部门、税务部门或审计部门学员的班,以便更有针对性地培养这些部门的高层次管理人才。

MBA 学位论文的形式

吴照云

（江西财经大学）

质量是一切工作的生命线，MBA 专业学位教育质量也是如此。作为培养过程的最后一个环节，学位论文工作集中体现了 MBA 专业学位教育的整体质量，因此有必要从 MBA 的人才培养目标出发，就 MBA 学位论文的质量体系进行专门的探讨。需要说明的是，论文的质量体系包括实施质量管理的组织机构、职责、程序、过程和资源等要素，涉及论文管理部门的组成、职责、规章制度、流程及资源的供应。论文的质量包括论文的选题质量、论文的写作质量、论文的指导质量、论文的评审质量、论文的答辩质量等。鉴于篇幅的限制，我们在此只讨论 MBA 学位论文的选题质量，并特别就 MBA 论文的形式进行探讨。

一、MBA 的人才培养目标是评判论文质量的基准

是否达到 MBA 培养目标是评判论文质量的基准，因此在讨论 MBA 学位论文的形式之前，我们有必要对 MBA 的人才培养目标进行阐述。

MBA 教育至今已经走过一百多年的发展历史。高等工商管理教育则可以追溯到 1881 年，当时成立的沃顿商学院设立了工商管理教育项目，旨在培养担任政府管理部门和企业管理岗位的高层次人才，之后达特茅斯学院

设立了研究生层次的商学教育，1908年哈佛大学首先创办了工商管理硕士教育项目。但当时的大学将职能定位于学术研究，主要强调对学生气度和性格的陶冶，而非实际专业知识，工商管理教育显得曲高和寡，遭到一些部门的质疑。1959年，福特基金会和卡内基基金会分别资助了两个关于美国工商管理教育的研究，这两份研究报告都认为，管理教育应属于职业教育，工商管理教育应该以培养企业所需要的领导人和职业经理人为目标，所培养的人才应具有对企业实际问题进行分析和决策的能力，要掌握针对企业的研究方法。1961年，在美国管理学院联合会的学位认证中，正式确定了MBA的学位名称。MBA学位成为一种典型的以培养综合型、实用型经营管理人才为目标的研究生教育模式，并因MBA学生在工商管理界的出色表现而得以蓬勃发展，之后世界各国纷纷效仿，开始举办MBA教育。

我国从MBA办学伊始就对MBA学位进行了明确定位，强调MBA专业学位的培养目标是"为社会主义现代化建设培养德、智、体全面发展，在工商管理领域具有较宽广的知识面、更趋合理的知识结构以及较高的企业管理、经营决策素质和能力，熟悉我国工商管理的实际，能运用所学理论和知识从事各项管理工作的实务型高级专门人才"。

基于以上目标定位，我们可以看出MBA教育本质上是以研究生的教育形式来培养职业经理人的"高层次职业教育"。它与传统学位研究生的学术性教育有着极其明显的差异，它所培养的人才不是以能掌握工商管理中某一学科的专业纵深知识为目标，而是以具备从事工商企业经营管理工作所必需的职业技能和职业品质为宗旨，充分体现管理知识转化为生产力、管理技能直接为企业经营服务的特点。因此，MBA教育是一种以培养具备良好职业道德和职业技能，从事企业经营管理工作的中高级管理人才为目标，有目的、有组织、有完整学科内容、有独特教学方式、能有效地为工商企业培养职业经理人的专业学位教育活动，其一切行为都是围绕如何培养合格职业经理人而进行的。

各国MBA教育的培养目标都是为迅速变化的社会培养合格的工商管理人员，由于有很强的职业目的性，各国在MBA教育的各个环节更注重对学员综合素质和能力的培养，特别是对学员自信心、领导能力、协调沟通能力、创造力、团队合作精神及良好商业伦理的培养,其目的都在于促进学员的职业生涯发展,增强其未来为企业服务的能力,具体包括分析能力、人际关系能力、情绪控制力和领导力。这也是我国MBA教育中所强调的学生的素质和能力,学生是否具有这方面的素质与能力,能否达到这个目标,自然也就成为判别MBA培养质量的最为重要的标准。

二、我国MBA教育现状是质量控制的基础

与国外的MBA教育相比,特别是与美国MBA教育相比,我国的MBA教育在生源构成、师资构成、教学方式等方面都存在一定的欠缺。而这几个方面的差距,决定了我国在MBA教育质量控制上应该根据我国的国情具体设计,在论文质量控制环节也要因地制宜。

首先从MBA生源构成看。目前我国MBA生源构成存在以下几个特点:一是从年龄上来看,学生的平均年龄呈下降趋势,有较多工作经历的学生人数逐渐减少;二是在知识结构方面,由于一部分学生离校时间不长,基础理论知识相对比较扎实,但是缺乏实践经验,而还有相当多的学生是工作时间较长的,他们的知识结构与前一部分学生相反;三是从目标追求上看,有些学生在岗时间较长,管理经验比较丰富,他们希望能够系统地学习工商管理知识,充实自己,提高能力,进而巩固自己已得到的职位或者通过能力和水平的提高来提升自己的职位,而有些学生在岗时间较短,管理经验基本没有或很少,他们希望能够通过学习工商管理知识,充实自己,提高能力,以便寻求适当的职位或者通过能力和水平的提高来改变自己原有的状况;四是从MBA学生入学前所受教育的性质来看,学生在大学期间更多接受的是知识的传授,其实际操作能力、创新素质、团队意识等素质和能力的培养较为欠缺,而这些正是一个管理者在企业实际运行的过程中所需要的。由于惯性使然,学生对于工商管理教育的、教学内容授课方式、主动学习能力等问题认识较为片面,同时也缺乏这些方面的意识,这可能使得学生发现问题、分析问题和解决问题的技能得不到加强。

其次从我国MBA师资构成看。近年来,虽然全球MBA教育界在课程

如何提升 MBA 教育质量

体系的设计上表现出差异化的趋势,但是在核心课程设计上各国都是大同小异,各商学院培养质量之间的差异,更多取决于各校师资之间的差异。在国外的 MBA 教育中,许多教师不但自身受过 MBA 或工商管理博士教育,而且都有企业实际工作或管理咨询的经历,他们对企业的了解和把握比较深。而我国目前从事 MBA 教育的师资队伍大多是学校从原先的教师中产生,受过 MBA 教育的师资很少,他们的经历大多是从学校到学校,没有在企业工作的实际经历和经验,有商学院背景或商业实际经验的老师少之又少。虽然有的 MBA 项目有一些从国外聘请的教师,但是外教在我国停留的时间都不长,而且由于其对中国的实践缺乏深度的了解,也不能和同学进行深度的交流。这些都使得我国 MBA 教育的师资与国外 MBA 教育的师资存在很大的反差。

最后从 MBA 教学方式看。由于上述所讨论的学生构成及教师构成的实际情况,国内许多院校在教学方式上更多地是从理论到理论的讲授,虽有将案例讨论的方式引入课堂教学中,但是鉴于案例自身的适用性、教师对案例讨论方式的有限认识,案例教学效果不明显。商业模拟、沙盘推演、与企业人士同台授课、企业参观等方式则更少采用。有的教师甚至在上课方式上完全照搬本科或统招研究生的教学模式。

三、MBA 学位论文的形式

基于以上分析,作为综合考核 MBA 学生学习和研究问题的水平和能力的方式,MBA 学位论文的写作与统招研究生的学位论文写作及评判标准也就应该有所侧重。

概括而言,MBA 论文应该有以下特点:一是 MBA 论文是从实践中寻找问题,和现实生活贴得很近;二是 MBA 论文强调实证性,用企业的实例和实际数据来进行论证分析和可行性分析,得出切合企业实际情况的分析结论;三是 MBA 论文锻炼学生分析实际问题的能力;四是 MBA 论文强调现实意义,即论文的使用价值。

按照国务院学位办〔1996〕58 号文件规定,MBA 论文的具体形式可以是专题研究，可以是高质量的调查研究报告或者企业诊断报告，也可以是编写高质量的案例等。对于MBA学位论文的评判，主要考察其选题的前瞻性、实用性、新颖性、重要性；在理论和方法上主要考察其理论应用、有一定理论深度、有独立见解、正确运用研究方法；在应用价值上主要考察其参考价值和借鉴意义、直接或间接的经济效益和社会效益、可操作性；在综合能力上主要考察其综合运用知识能力、分析问题能力和调查研究能力。按照文件要求，结合我国多年工商管理教育的实际，我们认为，MBA学位论文的形式应该主要集中在以下几种，即案例、企业诊断、专题研究和调研报告。

1. 案例

为了及时了解当前我国经济生活中的现实管理问题，充分发挥MBA学生的资源优势，加强MBA学生在学位论文撰写过程中的针对性，培养其发现、分析、解决实际问题的能力，大多数MBA院校都鼓励MBA学生撰写高质量的教学案例，有些院校甚至规定MBA学位论文只能选择案例编写类型。实践证明，编写高质量的案例的确最能体现MBA教育的专业学位特色。我们认为，案例类型论文的内容至少应包括三大部分：第一部分主要是从MBA学位论文的要求和案例的特点两方面说明选题的原因、研究思路、研究路线以及案例素材收集的过程、必要的背景情况等。第二部分是案例的主体内容，应尽可能真实、详尽、客观地围绕案例希望分析或解决的问题，介绍所涉及单位的背景或总体情况、必要的历史回顾、关键人物的概貌、特定事件的发生过程、有关的统计数据及图表等，必要的时候也可在这部分给出建议阅读的参考资料。第三部分是为教师提供的教学辅助材料。由于是写给教师看的，学生应特别注意从如何运用相关理论去分析并解决实际问题的角度讲述清楚教学用途、背景信息、分析要点、建议讨论的题目等方面的内容。

2. 企业诊断

MBA学生所做的企业诊断就是根据所学的有关知识，运用科学、有效的方法，在充分的调查、研究、分析和计算基础上，找出企业在经营过程中某些环节存在的问题，并着重分析造成这些问题的内因与外因，最后提出改进建议。MBA学生在写作这类论文时树立以下观念是非常重要的：(1) 诊断必须深入企业实际去做。企业诊断是无法与特定的企业实际相隔离开的,MBA学生要随时关注企业,定期走访企业,坐在资料室里永远找不出产生问题的关键原因。(2)必须深刻认识到问题诊断的复杂性。大多数企业经营管理实践中出现的问题没有现成的解决方法,不可能套用某个现有案例。这是因为问题往往是多方面原因造成的,涉及面广、错综复杂,蜻蜓点水式的诊断只能找到表面原因。(3)解决问题比诊断问题更重要。仅仅诊断出企业经营过程中的一大堆问题,而无解决问题的方法,于事无补、于人无益。做诊断更应注重解决问题、注重实效。如果为了诊断而诊断,甚至会使企业经营更加混乱。

3. 专题研究

专题研究就是指对典型问题进行深入、专注地研究,其重心是研究,研究的对象是专题。在撰写专题研究类型论文时应把握好以下几点:(1)专题研究类型论文的选题要特别注意体现出"专题"的特点。专题必须具有代表性、普遍性或者独特性,能够通过对它的研究揭示若干具有指导性的思路、方法、方案、措施与政策等,同时专题应当"专",必须针对现实、普遍、典型的企业管理、产业发展、区域经济等问题展开,不应过于宽泛,提倡"小题大做"或"小题深做",切忌"大题小做"或"大题泛做"。(2)专题研究类型论文的分析过程要体现出其"研究"的特点。必须以问题为导向,遵循现实存在的问题的逻辑。学员要有自己的"研究",而且研究必须有所得,所得必须有价值。(3)对专题研究类型论文的评价标准要慎重考虑。一方面对MBA学位论文的总体要求不在于理论研究的创新,而在于综合运用理论观察、分析与解决现实的管理问题,在于应用的创新;另一方面专题研究不同于企业诊断、调研报告与案例研究之处在于专题研究的理论成分大于后三者,在专题研究中,问题是载体,理论研究是主题。

4. 调研报告

调研报告是指运用科学的调查研究方法对某对象(企业、组织、行业、决策行为等对象)进行调查研究,在这类论文写作中应注重以下的问题:(1)调研报告应重视国内外的背景分析,以便尽可能占有和组织相关信息,避免片面、局部地分析和研究问题。例如,要对某国有零售企业进行调研,由于该企业面临国内企业竞争激烈、国外企业大举进入的形势,在进行调研时必须包括国内企业竞争、外企大举进入的较详细的背景分析。(2)调研报告的调查应采用科学的工具和方法,强调数据的客观与科学,同时应采用科学的语言,而不能仅仅依赖大段的文字描述来说明问题。调研报告反对平铺直叙,注重用数据说明问题,数据应真实、可信,同时注意采用图形、表格和有关工具来表述。(3)在调查的基础上综合运用所学的各方面知识进行分析。鼓励采用数学模型描述和分析问题,但数学模型的建立要具有一定的科学性。(4)注意研究结果的实用性和指导价值。应尽可能根据需要提出具体的决策建议,以便针对问题解决当前面临的困难,反对结论假、大、空,要求理论联系实际。

案例类型 MBA 学位论文评价体系

闫淑敏

（同济大学）

一、MBA 学位论文的特征

MBA 培养目标重在专业实践，研究生毕业后主要从事工商管理领域的中高层管理工作，这种特定职业是高级的、专门化程度较高的一种技脑结合的职业，因而 MBA 学位论文撰写的目的在于增强研究生研究实际问题、解决实际问题的能力，学位论文应侧重应用研究，突出社会性、经济性和实用性价值。世界经合组织的弗拉斯卡蒂对应用型研究的定义是"进行创新型的探索，以获取新知识，并服务于实践目的和目标"。因此，MBA 的学位论文应体现以下几方面的特征：

一是应选择企业管理和运作实践中具有现实意义的主题进行研究，研究内容应有一定的代表性，案例调查应选择某行业/专业中具有重要影响或有典型示范作用的企业。

二是应体现研究生掌握和运用管理学相关理论以及科学合理的定性和定量分析方法进行系统分析研究的能力。

三是研究内容应为研究生所熟悉的领域和专业，资料数据准确、详实。

四是调查研究方法科学，论文结构符合相应规范要求。

五是研究成果具有应用价值和可操作性。

二、案例类型论文

MBA论文属于务实型论文,其类型包括专题研究、调查报告、企业诊断和案例等。案例类型论文不同于案例写作,案例写作通常有两种类型。

一类是描述型,它是指在案例中描写了某一段管理工作的全过程,或介绍了某一事件从引发、演变一直到解决的全过程。相关案例教学会要求学员通过该案例的学习与讨论,运用相关的理论对其加以论述和评价,指出该管理工作或事件解决方案的成功经验、失败教训及借鉴意义。

另一类是问题型,这类案例只是介绍了有关的管理情境、提供了一些必要的数据、提出了一些问题。相关案例教学会要求学员通过该案例的学习与讨论,从所介绍的现象中分析原因、理出头绪、发现症结并运用相关的理论提出解决问题的方案或思路。

案例类型论文则要求学员深入一个企业或单位,研究一个具体的管理问题,写出一个具有分析意义的案例,该案例应为问题型案例,即案例正文部分隐含一个或数个待解决的问题。这些问题往往涉及企业某一个具体的部门、具体的任务和具体的事件,以及由此而引发的各种矛盾和冲突。因此,案例的描述和分析要抓住关键环节,在深入调查的基础上撰写。而且,案例决策的主体是人而不是某个部门,只有描述出决策者个人的活动和选择,案例才会真实生动,因此要注意案例涉及的关键人物的刻画。此外,案例不能仅仅停留在单纯讲故事的阶段,现实中的案例既可成为理论在实践中应用的范例,又可成为在理论上开拓创新的一种主要途径,因此论文应在原有事实材料的基础上,明确理论背景和理论框架,将案例中包含的内容提升到理论的高度。最后,案例类型论文要求运用相关理论知识对其中的问题进行分析,并提出合理的改进方案或措施,论文要充分体现作者把所学理论运用到实践中的能力。因此,案例类型论文要针对案例中存在的问题进行分析,所给出的解决方案或得出的结论要有理论依据且科学可行。

三、案例类型论文的内容结构

案例类型论文内容应包括四大部分。第一部分是引言：说明选题的原因、研究的目的和意义、研究思路、研究路线以及案例素材收集的过程、必要的背景情况等。第二部分为案例的正文：对案例所涉及的事件、内容、人物等进行介绍并提出相关管理问题。介绍时应尽可能真实、详尽地围绕案例希望分析或解决的问题展开，内容包括所涉及单位的总体情况或背景、必要的历史回顾、关键人物的概貌、特定事件等。对所涉及的管理问题的描述要清晰，对问题的产生和演化过程表述应有相应的资料支撑，可用统计数据及图表等展示。第三部分是案例分析：本部分应包含对案例涉及的相关理论和基本概念的阐述，对案例正文涉及的问题运用相关理论进行详细的分析描述，突出该类论文应用理论解决实际问题的特征，所提出的解决方案要求既具有理论依据又具有可操作性和实际应用价值。第四部分是结论，针对案例分析得出结论。

四、案例类型论文评价体系设计

学位论文评价体系是对学位论文的整体以及各个部分进行价值判断的准则和尺度。合理架构学位论文评价体系是实现评价 MBA 学位论文的重要手段，现行评价体系大多沿用对学术论文的评价指标进行评价，评价内容通常包括选题、创新性、学术性、应用性和准确性等。以上海市为例，根据上海市学位委员会办公室、上海市教育评估院关于上海市研究生学位论文抽检"双盲"评议的相关要求，上海市对博士、硕士学位论文进行抽检"双盲"评议工作，该评议表列出了论文评议的标准，并对专业学位和学术学位进行了区别，如表 1 和表 2 所示。

表 1 上海市博士/硕士学位论文"双盲"评议表

评价指标	评价标准
选题	选题对国民经济、科技发展的理论意义或实用价值,具有新意和开创性
创新性	在理论或方法上运用新视角、新方法进行探索研究,有独到的见解
学术性	论文的学术意义,研究难度,工作量
应用性	论文成果的社会效益或经济效益,潜在的应用价值
准确性	资料引证、作者论证、文字、图表的准确和规范

表 2 上海市专业学位论文"双盲"评议表

评价指标	评价标准
选题	选题对国民经济、科技发展的实用价值
创新性	在方法上运用新视角、新方法进行探索研究,有新的见解
可行性	结论的可行性,研究难度,工作量
应用性	论文成果的社会效益或者经济效益,应用价值
准确性	资料引证、作者论证、文字、图表的准确和规范

从上表中可以看出上海市对研究生论文的评价已经注意到了专业学位与非专业学位的区别,但用该标准评价案例型论文仍存在问题。

为此,根据 MBA 专业学位的培养目标,结合案例类型论文的内容和结构特点,设计了适合案例类型论文的评价标准,如表 3 所示。

表 3 案例类型论文评价体系

评价指标	评价标准	权重(%)
选题	研究的案例为本人所从事的工作或深入实际调查研究的课题,案例具有代表性	15
案例描述	对管理情境有真实、客观、翔实的介绍和描述,数据图表等资料丰富、准确	20
案例分析	对案例涉及的相关理论和基本概念的阐述正确,运用相关理论对事实、情境等进行的分析客观、深入	30
分析结论	所提出的解决方案既有理论依据又有可操作性和实际应用价值	20
规范性	附表、附录、格式、引注和参考文献的规范程度	10
写作能力	逻辑性、结构是否严谨,行文是否通顺流畅	5

五、结　　语

　　MBA 学位是专业学位,其论文最主要是做管理实践应用问题的研究,案例类型论文要求学员深入一个企业或单位,研究一个具体的管理问题,写出一个具有分析意义的案例,以达到综合训练的目的,这对培养 MBA 学员发现问题并用所学理论分析问题和解决问题的能力具有重要作用。然而目前还没有统一规范的案例类型论文的评价体系和标准,各个 MBA 培养单位对案例类型论文的要求也有很大差别,对案例类型论文评价体系的研究将有利于规范我国的 MBA 教育体系,进一步提高我国 MBA 的培养水平。

西北大学 MBA 品牌的构建与提升

白永秀　张红芳　郭俊华　吴振磊　边卫军
（西北大学）

一、品牌建设是西北大学 MBA 教育发展的必由之路

21世纪是品牌化的时代，品牌意味着质量的保证，MBA 教育也逐步走向品牌化。对商学院来讲，优质的 MBA 品牌对于扩大学院的影响、扩大学院的招生规模等具有重要作用。就我国当前 MBA 院校品牌建设现状而言，很多学院的 MBA 品牌建设更多依赖于所在学校的品牌，其 MBA 教育自身品牌建设相对滞后。

就西北大学而言，一方面地处教育资源丰富的陕西省，仅西安市就有多所重点院校举办 MBA 项目以及国际合作 MBA 项目；另一方面，陕西省经济发展较为缓慢，企业规模较小，数量较少，与广东、上海等东部地区以及邻近的河南、湖北等中部地区相比较，MBA 的潜在生源量少，以上两方面的因素都给我校 MBA 招生和品牌建设工作带来了很大的难度。如何在一个教育资源丰富但教育市场比较紧缺的地区，把西北大学 MBA 教育品牌做强做大，甚至做到在全国有影响，带来 MBA 教育的可持续良性发展，是我们一直探索的问题。我们认为，要实现这一构想，打造优势 MBA 品牌是关键。这是因为优秀的 MBA 教育品牌对 MBA 学员来说意味着综合能力的提升、更多的机会、更优厚的薪酬、更广阔的发展空间。当市场竞争日趋激烈的时

候,各 MBA 培养院校必将在更高层次的教学质量和品牌上展开竞争,MBA 教育品牌的力量将在未来市场中发挥越来越大的威力。

二、西北大学 MBA 品牌构建的定位

(一) 品牌定位的原则

第一,以特色定位。MBA 教育品牌定位时一定要向 MBA 学员传递清楚的自身形象和办学理念的信息,形成特色,让更多的人一提起西北大学 MBA 就会在头脑中反映出该项目的形象。办学特色是在长期教育实践中,遵循教育规律,发挥本校优势,选准突破口,以点带面,实行整体优化,逐步形成的一种独特的、优质的、稳定的办学风格。这里的特色可以是学校的专业化特色、教学质量特色、国际化特色、管理服务特色,等等。

第二,以文化定位。世界品牌实验室认为,一个企业如果有正确的企业宗旨、良好的精神面貌和经营哲学,那么,企业采用文化定位策略就容易树立起令公众产生好感的企业形象,并借此提高品牌的价值,光大品牌形象。同时,将企业文化内涵融入品牌,形成文化上的品牌识别,能大大提高品牌的品味,使品牌形象更加独具特色。

第三,以目标市场定位。结合 MBA 教育的发展目标,选择进入最有优势和吸引力的细分市场,是品牌建设的重要环节,也可以说,MBA 教育的一切品牌经营活动都必须围绕目标市场展开。所以,西北大学 MBA 教育在进行目标定位时一定要紧紧抓住目标市场这个宗旨,正确定位,做大做强。

(二) 西北大学 MBA 品牌的定位

1. MBA 教育品牌构建与提升的质量与数量定位

在 MBA 品牌建设中,是以扩大招生量为原则来推广品牌,还是以强调优秀的生源即以强调质为原则来推广品牌,在实践中是一个极难操作和平衡的问题。目前在 MBA 招生工作与品牌构建过程中,大致有三种做法。一种是那些招生情况较好的院校,生源多,上线人数多,因而可以从上线考生

里面选拔最为优秀的学生。例如清华大学,采用非常规范的面试流程选拔最优秀的学生。在保证招生量的前提下,优秀的生源和规范的面试流程也成为这类院校MBA品牌建设的依托,其招生的数量和质量已经进入良性循环。第二种则是不以满足数量为前提而强调质量,即使减少招生量,也要追求优秀的生源。这种行为从长期看来是可取的,但对于市场化经营的MBA项目,短期利益损失太大,操作的难度和阻力都是比较大的。第三种则是大部分的院校追求数量而忽略质量。这具体包括三个方面,首先,追求学生的数量,而忽视了质量,也就是在招生工作中就降低或者不严格执行原定的审核制度;其次,追求项目的规模,而实际上学院很多软件和硬件的配套设施是不能及时跟进的;最后,追求学生的毕业率,导致课程考核质量控制不严。追求数量而忽视质量的短期化行为最终会导致生源的枯竭,是不可采取的。

就西北大学的具体情况而言,作为省属211院校,第二批MBA申办院校,西北大学MBA有一定的品牌知名度,但品牌影响的范围有限,在各项指标上与第一批MBA项目院校有一定的差距,这导致报考生源参差不齐。西北大学生源大致分为两类。一类考生是对西北大学经济管理学院及其MBA项目非常了解,对西北大学有一定的感情,其选择西北大学MBA完全是因为对西北大学品牌的认可,这类生源大部分比较优秀,考分也比较高;第二类考生则是因为自己的分数可能无法通过国家一类线才退而选择西北大学,这类生源不能说不优秀,但是并非我们项目运作的目标客户,如第一职业是政府工作人员或事业单位工作人员等。这些生源的选择功利性过强,最终职业选择也并非企业,给MBA项目品牌构建带来一定难度。对我们来说,如果强调数量,导致第二类生源过多,品牌战略就无法长期得到实施;但是如果在第一类生源不充足的情况下,要强调质量,直接淘汰掉第二类生源,则会影响到MBA项目的当前利益。

因此,关于质量和数量的定位是:在保障数量的前提下强调质量。为什么首先强调数量?因为西北大学已经有一定的品牌知名度,是由于品牌宣传不到位导致第一类生源较少,而并非是因为品牌差而导致考生少。除了加强宣传和推广外,可以从第二类生源和调剂考生里选拔优秀学员,这些学员毕业后的影响就会成为对项目本身的推广,也就是说,我们必须强调以数量来获得口碑相传的品牌推广效应,尤其是在项目品牌缺乏影响力的区域和人群中。而如果我们过于强调质量而损失数量,将影响到现有品牌知名度的扩散效应。因此在短期内,我们依然会以数量扩张作为品牌构建和推广的重点,在数量有了一定规模后,再以质量来带动品牌的提升。

2. MBA教育品牌构建与提升的特色定位

品牌推广是与市场紧密结合在一起的。首要的问题是这个项目是不是满足了某个细分市场的需求,能不能卖得出去,为什么卖得出去。而在竞争激烈的市场上,在众多相似的产品中,为什么有的顾客群体选择你的MBA项目就与MBA项目的特色塑造有关。

我们认为MBA项目的特色塑造与两个因素有关系。一是项目本身能够为学员提供什么;二是潜在客户群的特点是什么。也就是说,特色塑造实质是一对供求关系。项目所提供的特色与客户所需要的特色必须是一致的,MBA项目要有意识地通过项目创新将这两者联结起来。

一是项目本身能够提供的特色。最初很多项目在运作中不突出特色,强调一般工商管理,而现在很多项目在运作中开始强调人力资源管理、财务管理、项目管理、生产管理等特色。这些特色的塑造与项目本身所依托的师资力量是密不可分的。例如当人力资源管理方向的师资形成了一定的梯队和规模,相应的师资队伍能够将战略人力资源管理、国际人力资源管理、薪酬管理、业绩管理、人力资源沙盘演练、人力资源会计等系列课程都能开设出来的时候,该MBA项目就逐步塑造和形成了关于人力资源管理的方向特色。这一特色的形成不仅能突出学员的知识结构,而且有利于学员的职业发展和就业。

二是客户群所需要的特色。目前管理专业化的趋势越来越强,这不仅体现在各种职能管理的专业化上,而且更为重要的一点是体现在行业特点上。例如IT业与一般工商业管理的差异;大型制造业与商业企业的差异;矿山企业与一般制造业的差异;农业企业与工业企业的差异等。如果学员的行业特点比较明显,那么其对MBA教育中行业管理知识与技巧的需求则较高。

综合上述项目与客户两个方面来分析,要求MBA项目在运作中不断挖掘客户潜在需求,从项目自身潜在能力出发,培育新的项目,从而不断塑造自身的特色。例如,陕西是一个能源大省,煤、石油、天然气是陕西经济发展的支柱产业,企业数量多,规模大,就业人口较多,相应的对 MBA 需求的潜力也较大。但是这些企业属于垄断行业,效益比较好,对 MBA 的现实需求不迫切。那么如何开发一系列能源或矿产 MBA 项目以便引导客户的需求,发挥 MBA 教育的引导功能与教化功能,就成为西北大学 MBA 项目特色塑造的关键之处。

三、西北大学 MBA 品牌建设的策略

西北大学经济管理学院的办院理念是教师是办院之本,学生是兴院之源,教学是立院之基,科研是强院之路。在西北大学经济管理学院办院理念的指导下,我院 MBA 教育逐步找到了适合自身发展的品牌定位,并实施行之有效的品牌建设策略。

(一) 以教学与管理质量树品牌

西北大学 MBA 关于质量和数量的品牌定位是,在保障数量的前提下强调质量,即强调以数量来获得口碑相传的品牌推广效应,尤其是在项目品牌缺乏影响力的区域和人群。这就意味着西北大学 MBA 的品牌发展,必须强调教学质量与管理质量,这是西北大学品牌发展的内核,是西北大学 MBA 项目获得口碑相传品牌推广效应的基础。

第一,以优质师资保质量。MBA 考生和学员普遍认为,教师的责任心、知识面和实践经验是影响教学质量的最重要因素。西北大学经管学院既有经济学科又有管理学科,综合性很强。学院 2/3 的教师具有博士学位,1/3 的教师具有企业兼职经验,1/3 的教师具有国外进修或获得学位的经历。这些师资无论是在讲课还是在科研方面都有非常鲜明的优势。我院 MBA 教育在发展中充分利用了这些宝贵的师资财富,同时我们还注重对教师梯队的建设和对师资资源的整合,提供有竞争力的激励机制,以保证优质师资力量的规模和结构能够适应西北大学 MBA 教育日益发展的需要。

第二,以教学方式创新保质量。创新的教学方式和方法能够为MBA教学质量的提升注入活力。对于绝大部分MBA学员来说,他们已经拥有了一定的管理经验,对于理论知识也已有所感悟,他们更多地是带着工作上的问题来寻求答案的,因而在学习安排上,除了理论知识的总结提炼外,生动的案例研讨、双语教学、沙盘演练等教学形式的运用将会使MBA教育质量生命得以延伸。

第三,以科学管理保质量。从学员的角度来看,西北大学MBA教育中心是服务者也是管理者。MBA教育品牌形象的好坏与否,管理水平和管理机制起着至关重要的作用,因为对于MBA这样一个特定的学生群体,无论教学质量多么高,如果没有优质的服务保障和科学的教学管理,那么一切皆有付之东流的可能。因此,进行科学、合理的管理,同样也是打造MBA教育品牌的重要内容。

(二) 以特色树品牌

办学特色越来越受到MBA考生和学员的重视,也成为各MBA培养院校竞相挖掘的办学亮点。西北大学MBA教育在十多年的发展过程中形成了自己的办学特色,但在特色教学方面,还有待进一步完善和创新。

第一,国际化特色。受全球社会经济环境和学员对自身素质的要求不断提高的影响,MBA教育项目是否具备国际化特色成为越来越多考生和学员关心的问题。西北大学MBA教育应从以下几方面加强国际化的建设:一是加强引进和输出,例如加大境外优秀师资的聘任比例和外籍企业家的讲座机会,积极推进中外MBA院校互换学生项目,在将国内学员送出去学习的同时,也吸引海外生源来华就读西北大学MBA;二是以国际合作方式开设IMBA班,营造国际化的学习环境;三是创造假期国外实习及与国外商学院交流的机会等。通过上述几方面措施的实行,可以逐步使西北大学MBA教育形成鲜明的国际化特色以适应市场需求。

第二,专业化特色。随着中国经济的逐渐强大,国有、外资和民营企业的多元化发展为MBA提供了持续发展的动力,也正是这种环境决定了MBA市场极大的需求和旺盛的活力,而且这种经济环境也主导了MBA市场的发展方向,那就是更专业化、更本土化,招生办法、教育内容、培养模式、质量标准更突出职业要求,注重学术性与职业性的紧密结合,这就为专业化培养方案的产生奠定了客观基础。同时,学院也具备了进行专业化培养的主观条件,即西北大学经管学院的强势学科体系和雄厚师资力量。

目前,我院已经确立了几个方向的MBA专业化培养方案,如人力资源、财务管理、营销管理方向等,在选修课中也开设了几个方面的特色课程,希望通过专业方向课程的学习和专业化技能的训练实现个性化培养,使学员在MBA学习过程中掌握更多贴近自身专业、行业和职业的更为实用的管理理论知识和实践技能,更有效地提升管理能力。但在专业化培养方面,我们目前仍处于尝试阶段,专业方向的开设还十分有限,尚未形成鲜明特色。应继续充分利用本校学科和资源优势,以多样化为发展方向,以贴近学员需求为宗旨,实现培养方案的创新和特色课程的建设,使学员有更多选择空间,降低无法正常开设某一方向的专业课而给学员带来的风险,使专业化特色名至实归,逐渐形成无法复制和模仿的独树一帜的鲜明特色。

(三)以整合传播树品牌

MBA教育既是一种产品,也是一种服务,品牌的整合传播是成功打造品牌的必要环节。

第一,品牌形象提升的整合传播。MBA教育品牌形象的整合传播,就是要把MBA教育的宗旨、发展历程、办学特色、培养过程、学校文化等因素通过媒体、活动等传播媒介,以富有创意、易于沟通、方便理解的方式传播给受众群体,达到品牌形象提升的目的。

第二,品牌思想的整合传播。品牌的思想在于它的核心要素,它反映了品牌的使命、价值主张及个性灵魂,是品牌长期发展过程中不变或少变的部分。西北大学MBA教育的核心要素是"凝聚精英,增长智慧;锻造能力,升华人生",这是西北大学MBA教育一直秉承的教育宗旨和理念,也是其品牌价值的核心内涵。将这一内涵通过各种具体方式和途径传递给消费者并根植于他们心中,能够有效提升消费者对西北大学MBA教育品牌的忠诚度。

(四)以品牌认证树品牌

同任何产品一样,商学院和 MBA 毕业生都应当接受市场检验,市场认可的标准也应是评估商学院的一个重要因素。而目前在中国,MBA 教育中存在良莠不齐的现象,这就更需要突出 MBA 的办学质量和品牌。因此,从这个意义上讲,国内有关机构或权威的媒体,也可以像国际上一样,参照有关国际通行的评估标准,逐步建立起 MBA 的评估体系。这种评估体系的建立,对于 MBA 办学走向正规化、国际化和市场化都有着积极的意义。

四、西北大学 MBA 品牌推广的举措

(一)利用媒体传播

MBA 教育品牌形象的整合传播,就是要把 MBA 教育的宗旨、发展历程、办学特色、培养过程、学校文化等因素通过媒体、活动等传播媒介,以富有创意、易于沟通、方便理解的方式传播给受众群体,达到品牌形象提升的目的。具体的措施包括:第一,完善和加强自身的网站建设,增加学员成绩查询等功能,做到中心的新闻和活动及时上网报道;第二,加强和中国 MBA 教育网、MBAHOME 等媒体的合作,对于中心发生的活动和新闻及时宣传;第三,对于每一招生阶段的活动,建立和制作西北大学 MBA 的电子招生简章,力争做到图文并茂,及时印制简章和相关的宣传资料,深入重点企业和社区,有针对性地宣传;第四,利用电子网络,建立陕西重点企业的电子信息库,定期发送 MBA 的招生和报考信息;第五,通过每月一期的《经管简报》和《工商管理简报》向兄弟院校和相关企业及 MBA 学员传送西大 MBA 的最新动态。

(二)利用活动策划传播

对 MBA 教育来说,可以通过平面媒体、网络媒体的广告进行形象宣传和有针对性的招生宣传。具体措施包括:第一,通过软性新闻的发布增加受

众群体的关注度;不定期地发表MBA教育相关的文章和报道,一方面使更多的人了解MBA,另一方面扩大西北大学MBA的影响力。第二,通过组织策划或参与多种形式的活动如咨询会、报考开放日、联谊会、全国性MBA活动等传播MBA教育的整体形象,加强与社会各界的广泛交流,例如可以策划西安MBA院校的羽毛球赛、篮球赛、足球赛等,或者组织MBA创业大赛等,进一步拓展品牌影响力。第三,通过与企业进行多层次的合作(科研、管理咨询、人才培养、实习基地建设等),开辟MBA教育营销的新渠道。第四,针对西北大学MBA教育品牌知名度的地域局限性的现状,要有针对性地通过全国性的传媒工具、有较大影响力的MBA活动、开拓与外省大型企业的合作机会等方式,打破地域瓶颈,有计划地实行品牌的扩张推广,例如积极组织同学参加诸如GMC大赛、中国MBA新锐100评选等活动,参加每年的中国MBA发展论坛等国内国际会议等。第五,继续推动由MBA联合会组织每年的迎新酒会,逐步形成影响,迎新酒会的形式既可以增加MBA学员的凝聚力,也可以从侧面推动西大MBA品牌的传播。第六,组织MBA创业计划大赛和盈利模式设计大赛,让学生们组成团队,开展创业活动。

(三) 自身品牌行为的整合传播

品牌是全方位、多层次、长时期构成的,MBA教育品牌同样也不例外,需要在各方面加以定位和培育,其核心是构建起富有内涵的品牌文化,以此形成一个有效的品牌战略,来推动MBA品牌长期、持续的发展。我们在构建西北大学MBA品牌的文化内涵时采用了整合式发展的思路。

第一,举办多层次的论坛和讲座。目前,西北大学MBA教育中心承担的讲座有"工商管理论坛""MBA职业发展系列讲座""MBA专题系列讲座""企业沙龙"等,经济管理学院每月都定期组织MBA学生参加由名家演讲组成的"经管讲坛"以及不定期邀请国内外知名专家对现实经济问题进行演讲。这些论坛可以逐步成为西北大学MBA品牌的一个重要组成部分,是开放式与学习型的MBA品牌文化的很好体现。第二,加强实践性教学。将课堂教学与实践调查相结合起来,可以把一些课程带到企业中去上,根据企业的实际情况,同学们进行诊断和讨论,形成可行性方案。第三,加强组织创新,例如成立 MBA 职业发展中心,对学生的职业发展做全程咨询、辅导和帮助等,帮助学生择业与创业。

MBA 品牌建设是 MBA 教育发展的必然方向,各 MBA 院校只有不断拓展自身的影响力与知名度,才能保证 MBA 教育的不断发展。因此,我们要树立创新的理念、以高效的教学质量为保障,发挥 MBA 教育的优势,走 MBA 教育品牌推广之路,为中国经济培养更多的 MBA 精英。

昆明理工大学 MBA 项目品牌建设

段万春

（昆明理工大学）

一、问题的提出

关于如何使昆明理工大学 MBA 项目不断持续发展的问题，学院通过认真的思考，认为必须结合云南省的省情、昆明理工大学的优势和我院 MBA 的定位来考虑。在发达国家，除少数名牌院校之外，多数高等院校 MBA 项目的培养目标都是工商企业的基层管理人员。而在我国，由于 MBA 远未达到其他国家的普及程度，MBA 教育出现了一些新现象，即随着买方市场的形成，市场细分逐渐清晰，卖方即提供 MBA 教育的学校，也开始逐一定位、就位，找到自己在这个商业化教育领域的位置，也就是明白招什么样的学生，培养什么层次的人才。云南省是我国连接东南亚、南亚、东盟自由贸易区的大通道，而且近年来与大湄公河次区域经济合作（GMS，由亚洲开发银行牵头，中国、越南、老挝、柬埔寨、缅甸、泰国等澜沧江—湄公河沿岸六个国家共同参与的次区域经济合作机制）的合作不断增进。昆明理工大学借此机会通过开展一系列双边、多边合作项目，有效提升了学校在东南亚地区的国际影响力，在工程及管理类学科的教育与培训、GMS 中小企业发展研究等领域中开始获得了区域性跨国领军大学的地位。因此，如何结合区位优势和学校优势，塑造昆明理工大学 MBA 的品牌成为该项目能否生存和发展的关键。

二、打造优势品牌是 MBA 教育发展之路

（一）品牌战略

品牌作为一种资产具有很强的识别作用，它越来越多地代表企业和消费者之间的识别关系，这种关系的广泛程度和紧密程度决定着品牌的知名度、美誉度和忠诚度。随着品牌的作用日益明显，人们普遍开始认同以下一些观点：既把品牌当作战略工具来对待，又强调对品牌进行持续合理的投资使其不断增值；将品牌的创建看成是一项长期的工程，同时品牌创建也应按照一定的程序来进行，品牌分析与诊断、品牌设计与推广、品牌维护与管理已经为更多的人所重视。创立高校自己的 MBA 教育品牌，必须在品牌内涵和外延上下功夫，确立品牌战略目标，制定正确的品牌定位、品牌传播、品牌竞争及品牌营销策略。

昆明理工大学 MBA 教育品牌战略目标是打破地域瓶颈，突出行业优势，加大品牌影响力在全国范围内的辐射力度。

（二）实施品牌战略的必要性

1. 实现昆明理工大学 MBA 教育发展战略构想的需要

昆明理工大学 MBA 教育有明确的项目发展战略，那就是以"造就卓越经理，倍增学员价值"为教育宗旨，以"强化质量、突出特色、做强品牌，发扬传统、开拓创新、再造优势"为发展目标，培养"四个具有"——具有强烈事业心与社会责任感、具有战略性全球视野与最新经营管理理念、具有扎实的管理理论功底与素养、具有卓越领导才能与变革能力——的高级管理人员。

要实现这一战略构想，打造优势品牌是关键。在市场化程度很高的 MBA 教育领域品牌意味着优秀的教师、优异的生源、卓越的学术和先进的文化，是 MBA 培养院校一系列有形资产或无形资产的体现，代表了院校的宗旨和内涵。优秀的 MBA 教育品牌对于 MBA 学员来说，意味着综合能力的提升、更多的机会、更优厚的薪酬以及更广阔的发展空间。

2. 激烈的竞争的需要

21世纪是品牌化的时代,商学院的发展正走向品牌化。现在管理学院的品牌价值正在凸现出来,中国的商学院正开始像世界的其他商学院一样分出层次来,而且学生们在朝着品牌进行选择。品牌意味着质量的保证,对商学院至关重要,商学院应该把品牌看作自己的生命。

目前很多商学院还在借助学校的品牌,比如我国有些名校,实际上其管理学院不一定一流,但学校一流,而很多学生就是冲着这个学校品牌去的。随着我国商学院的发展,这样的时代终将过去,学校以商学院为荣的时代将会到来。在欧美国家,像沃顿、凯洛格等一大批名牌商学院的名气已经远远超过他们所在的综合大学。国内商学院还未形成商学院本身的独立品牌,但从商学院迅猛的发展势头看,这一天并不遥远,而MBA教育的发展和竞争态势也强烈呼唤着品牌时代的到来。

处在这样一个国内兄弟院校林立、国外同行呼之欲出、生源择校越来越注重品牌和自身发展等多方面有待改进的市场环境中,昆明理工大学MBA教育品牌建设的必要性不言自明。

3. 定位的切入点

品牌定位基础理论指出,品牌定位点的开发可以从目标消费者的角度去考虑。其中一种方式是从消费者所追求的利益的角度去寻找定位点,而考生所追求的利益一般反映在考生对院校进行选择时所关注的因素上。本文所采用的方式,就是在对考生所关注的学校因素进行分析的基础上,来寻找昆明理工大学MBA教育品牌定位的切入点。

在设计"选择院校时,您主要考虑的因素"这一问题的选项时,昆明理工大学管理与经济学院MBA调研部门广泛查阅了有关的参考文献,并对部分昆明理工大学MBA学生进行了访谈,最后确定的选项包括学校知名度、国际化特色、专业特色、行业特色、就业机会、教学质量、地域优势、求学成本、招生规模、其他(可文字回答)等。在对问卷进行初步筛选时,我们发现"其他"选项极少有人填写,因此,对该项不做具体统计。调查结果如图1所示。

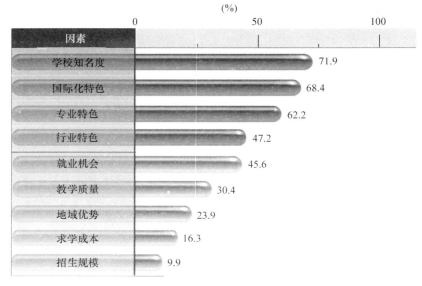

图 1　考生选择院校时关注的因素

由图 1 我们可以看出,学校知名度及教学质量受到考生的普遍关注,这充分说明了品牌的力量;国际化特色、专业特色和行业特色对相当一部分考生选择院校有较大的影响,考生希望通过 MBA 的学习,提升竞争力,适应日新月异的社会环境,让所学经济管理知识更好地指导自己的工作实践;地域优势对于考生和学校来讲都非常重要;就业机会也是一部分考生比较看重的指标。关注招生规模和求学成本的考生所占比例相对较低,这说明学校的品牌与招生规模是否大、就读费用是否高无直接联系,在品牌定位时可以不做重要切入点考虑。

综上,我们将自己的 MBA 项目定位与云南省的支柱产业、区域特色以及昆明理工大学的办学特色紧密结合在一起。昆明理工大学 MBA 教育项目的定位与使命是立足云南、面向东盟,为云南地区和澜湄次区域经济发展培养具有国际化视野和社会责任感的职业经理人。这样的定位是因为任何项目的市场定位都首先要看自身条件。我们经过认真比较,从云南省的区域特色来看,认为定位于"立足云南、面向东盟"比较合适。

三、品牌塑造

(一) 加强行业联系

在以上定位的基础上,学院充分发挥昆明理工大学在有色金属、矿业、机电等行业内积累的优势,将 MBA 工作重心从"普遍撒网"逐步转移到行业、区域优势的获取上,同时不断提高自身办学质量和特色。学院不断加强与省内优势行业和企业的联系,通过联合建设实习基地、联合办学等多种形式,为学员的实习、就业创造了良好的条件,培养了一批中高层经营管理人才。

(二) 加强国际合作

学院还积极参与到中国与东盟国家的贸易与投资项目以及澜沧江—湄公河次区域经济合作中,已在老挝、越南等周边国家招收学生,在云南省形成了一定影响。昆明理工大学是代表中国参与大湄公河次区域学术与研究联合体(GMSARN)的发起单位及董事单位,该学术团体由区域内的九所顶尖级的大学构成。学院正在积极开拓和东盟国家的学术交流,先后与多所东南亚大学建立了良好的合作关系。目前与老挝国立大学联合培养"国际金融管理"研究生;与泰国朱拉隆功大学共同组建了"东盟产业与区域经济发展研究所";还接待了泰国的 MBA 学生来云南考察、与中国企业家座谈等。

(三) 加强实践体系

MBA 强调的是实践,目前学院正在与香港城市大学联合开展 MBA 企业咨询项目,该项目将学员的企业实践活动具体化、实用化,其具体操作方式是在教师指导下,针对某个真实企业,进行实地调研,发现企业存在的管理问题,并提出相关的咨询方案,最后由该企业的相关人员来对结果进行评估。该项目不仅解决了以前企业实践"走马观花"的情况,也为企业带来了很多有价值的方案。目前该项目已经吸引了部分海外 MBA 学员的参与,是昆明理工大学 MBA 项目下一步重点建设的教学成果。

(四)加强师资队伍建设

为提升教师质量,学院强化了 MBA 师资培养的力度和投入。除创造条件支持教师出国进修访问和学习外(近三年计 21 人),还积极参加全国 MBA 教育指导委员会组织的课程及案例教学的师资培训,并积极参加各兄弟院校组织的各种课程培训,进行交流(参加培训人员共计 30 人,51 人次),取得了较好的效果,为提升 MBA 教学师资水平起到良好作用。

四、品牌特色

(一)专业方向特色

在长期的办学过程中,我们的 MBA 项目形成了"管理、经济、信息技术、定量技术"大综合的特色,在传统的管理学、经济学基础上加入信息技术、定量技术,凸显工科背景。目前在以下方向上形成了一定的特色:

一是项目管理方向。学院具有较强的项目管理师资,又与美国管理技术大学合作招收培养项目管理的研究生,并实际承担了多个高水平的项目管理研究项目,在国内项目管理领域具有一定的比较优势。将项目管理作为我校 MBA 教育的一个重要方向,可以形成一定的竞争优势。

二是市场营销方向。我院有较强的信息技术、客户关系管理、电子商务、物流与供应链管理、决策分析的师资和研究力量,将定量化的市场营销作为另一个方向培育,也有可能成为我校 MBA 项目的一个特色。

(二)大湄公河次区域经济合作国际化特色

通过发挥云南省与东盟国家比邻的区位优势,依托国家和云南省与东盟的对外合作政策以及学校"面向东盟"的国际化发展思路,我们有可能在面向东盟的国际化中形成独特的国际化比较优势,进而可能构建我们的国际 MBA 项目。

随着与大湄公河次区域国家学校合作交流的进一步深化,我们可以逐步探寻合作举办国际 MBA 教育项目。来自越南、泰国、柬埔寨、老挝的本科留学生已经在学院学习,学院又招收了多名来自泰国和越南的研究生。根据学校对周边教育市场的考察,东盟国家学生对来中国学习,尤其是学习管理与经济学科的热情逐年升温。为了抓住这一机遇,我们正在与越南某高校进行 MBA 项目合作的细节讨论,有望在我校 MBA 教育的国际化发展上取得实质性的进展。

五、品牌价值提升

品牌建设的目的无非是让消费者更多地了解、信任并忠诚于品牌主体。而想要达到这一目标,就需要将品牌的知名度依次提升为认知度、联想度、美誉度最终达到忠诚度。MBA 教育既是一种产品,也是一种服务,在充分建立了品牌内涵的基础上,品牌的整合传播是成功打造品牌的必要环节。

(一) 品牌的整合营销传播,多渠道加强招生宣传推介,吸引广泛生源

我校 MBA 办学历史不长,社会认知度还不高,多渠道加强对我校 MBA 教育项目以及学校和学院的宣传推介,让广大考生对我校 MBA 项目有一个全面深入的了解,是一项长期的基础性工作。为此,学院制定并实施了以下宣传推介工作:

第一,利用新闻媒介扩大我校 MBA 项目的宣传。

第二,搭建网络宣传平台。互联网的日益普及使之已经成为一个重要的宣传推介渠道,大多数 MBA 考生是使用这一媒介比较集中的一个群体。学院为此建立了 MBA 网站和学院网站,与云南信息港、中国研究生招生网等网站建立了合作,通过互联网网络,常年将 MBA 项目和学校、学院的有关信息向网络用户推送。

第三,积极与本地企业联系,加强 MBA 项目宣传。利用学校和学院长期以来建立的与当地企业的良好关系,主动上门介绍我校的 MBA 项目,邀

请企业代表来校参观考察,定期发送 MBA 宣传材料,并深入了解企业对 MBA 培养的需求,共同商讨培养方案和培养模式,吸引广大的本地企业生源。

(二)加强培养质量的保障与监控,提升综合竞争力和品牌价值

1. 多环节复试考核,综合考察考生的潜力

我院借鉴多所名牌大学 MBA 复试的经验,将复试分为综合素质、专业知识和外语三个环节对学生进行考查。学院聘请具有丰富实践经验的教师和部分优秀企业家,根据对 MBA 生源质量的要求,设计出若干既能反映其基础理论知识,也能反映其实际工作能力的面试题,从而建立复试题库。素质组着重从心理素质和心理健康、人格特征、道德修养等方面考查学生;专业知识组重点考察考生的经营管理实践、分析问题和解决问题的能力及知识面等;外语组则从口语、听力及专业外语几个角度进行考察。为了解学生的团队合作意识和思辨能力,学院还在复试环节中增加了小组辩论对抗赛。

2. 加强课程小组建设

学校及学院十分重视 MBA 课程建设,拨出专款,以课程小组的方式对 MBA 项目开设的各门课程进行建设,建立了规范的教学大纲和比较系统的教学管理文件,不断丰富教学案例库,同时课程小组的定期教研活动还培养了教师梯队,为 MBA 项目解决了师资紧张的问题。

3. 选派优秀教师授课

为提升我校 MBA 的教学质量,我院除外聘部分国内外教授为 MBA 上课外,还将学院最好的师资配备到 MBA 教学中。学院的几位领导、博导均在为 MBA 学生上课;承担核心课程教学的教师全部具有丰富的实践经验(例如上会计学和财务管理的教师有在企业担任财务总监的经历);同时聘请了部分国内外的企业家和专家做专题讲座和报告。MBA 学生深切体会到学院良好的师资水平和学院对 MBA 的重视。

4. 规范课程教学纪律管理

为保证正常稳定的教学秩序,加强教学计划的执行力度,保证课程教学能够均衡地实施,学院对教学进程的调整实行严格的审批制度。如果教师

因故不能按计划时间进行教学,需要填报"调课申请表",说明事由及调整安排计划,由主管领导和研究生工作分管领导批准后,由 MBA 中心下达教师、学生批准通知,方可实施调整,同时,MBA 中心通报研究生院,并将调课申请归档。多数学生反映我们的 MBA 教学管理井然有序,有利于他们的学习计划安排和兼顾其他事宜。

5. 建立多渠道的信息沟通和反馈网络

教与学是 MBA 教育质量管理中的两个基本方面,及时了解教学过程中教师和学生遇到的问题,是过程控制的重要内容。除了传统的班主任制度外,学院建立了分管副院长接待日,还借助网络,建立了院长、中心主任和工作人员信箱,并在周一上午的中心例会中,及时汇集教师和学生的反馈意见,及时研究具体措施,并安排改进,将质量隐患尽早排除或减少到最低限。此外,通过学院和 MBA 网站,学员可以随时了解有关新闻动态、讲座报告、重要通知等信息。

6. 实行学生评估制度

每门课程结束后,学生对任课教师的教学质量进行打分评估,经过 MBA 中心统计分析后,将评估结果的各项具体指标及时反馈给每位任课教师,使教师了解自己的不足之处,并在今后的教学中加以改进和完善。每个学期结束后,对各班级任课教师的教学情况进行评比,排名第一的教师,由学院给予一定奖励;而对教学效果较差的教师,给予批评和提出改进建议;连续在学生评估中得分较差的教师,经学院研究,可以暂停其承担 MBA 教学工作。

7. 毕业论文的匿名评审制度

为了保证毕业论文的质量,在学校还没有对研究生毕业论文做匿名评审的硬性要求之前,学院就对 MBA 学员的毕业论文全部实施匿名评审,要求学员的论文必须请一位校内专家、一位校外专家进行匿名评审。如果两位专家均评审通过,学员允许参加答辩;如果两评均未通过,学员便失去答辩资格;如果其中有一位通过,有一位未通过,则请第三位评审专家,进行三评。该制度的实施有效地提高了学院 MBA 论文的质量。

MBA 教育国际交流合作模式探究

易牧农　王　熹

（天津财经大学）

一、MBA 教育开展国际交流合作的意义

自我国加入 WTO 以来，我国许多院校的 MBA 教育项目不断开展并加强与国外院校的合作交流，国际交流合作已成为我国 MBA 教育的重要组成部分。国际合作办学对于引进国外 MBA 院校优质教育资源、借鉴国外有益的教学和管理经验以及增加我国教育供给的多样性和选择性，发挥了积极作用。

（一）有利于引进国外优质教育资源

经济全球化趋势和 MBA 教育的自身特点促使我国加快 MBA 教育开放进程，尽快缩小与发达国家的差距。通过国际合作办学，合理地引进国外 MBA 教育优质软硬件资源，如品牌、课程体系、教师、教学方法、教学手段、管理模式、评估体系、教学设施等，及时借助国外先进的教育经验，是提高我国 MBA 教育整体水平的有效途径。

（二）有利于教育体制创新

我国 MBA 教育在与际合作办学的过程中引进并逐渐普及了教育营销

意识,合作项目制造并销售高质量的知识产品、学生则是顾客成为大家普遍接受的观点。合作项目必须按顾客的需要生产顾客愿意购买的产品,这样项目才能占领市场。许多MBA院校的中外合作项目从这种意识出发,树立了为学生服务的意识,按市场需求设立专业、开设课程,选定教师、教材、教法等,以优质产品去建立市场信誉并寻求回报,从而改变了"以教定学"和"以教师为中心、以理论知识为重点"的做法,由此带动了教材、教法、教学手段以及人才培养模式、教学管理模式等方面的一系列创新。

(三)有利于培养国际化高级管理人才

新加坡资政吴作栋曾表示,中国在1997年的亚洲金融危机中坚持人民币不贬值,没有对其他国家的货币造成任何压力;在2008年的金融风暴中,又和欧美的多家央行联手采取措施降低指导性利率,抵抗金融风暴,对世界经济稳定做出了非常重要的贡献。这些影响与国家领导人的全球视野和良好的大局观密不可分。随着知识经济和全球化进程的加快,培养国际化高级管理人才已成为世界各国MBA教育的重点方向。特别是今后我国将面对更加复杂的国际经济形势,需要培养跨国界、跨文化、跨学科的涉外型、复合型国际化管理人才。MBA国际合作办学模式将以其培养计划的先进性、办学机制的灵活性,发挥自身优势,培养更多更好的国际化人才,满足社会发展的需要。

二、MBA教育国际交流合作模式分析

各院校MBA教育的国际交流合作经过多年实践,产生了许多具有借鉴意义的模式,以下按照合作方式、是否属于独立机构、单双证书的差异进行分类分析。

(一)校校合作与校企合作

校校合作模式是我国MBA教育国际合作中的主要模式,即中方的MBA教育机构与外方的教育机构就某些专业、课程、项目进行合作。该模

式在我国MBA教育国际合作交流的发展初期阶段发挥了重要的作用，并且至今仍被国内院校广泛采用。该模式适应面广，合作方式多样，有利于国内院校有针对性地弥补自身不足。

另一种模式是校企合作的模式。随着《中华人民共和国外合作办学条例实施办法》的出台，中外合作办学机构允许企业介入。具体操作时，企业投入资金，获得一定收益，但不参与具体教学管理。该模式的缺点是企业行为需要回报，因此营利特征较浓厚，办学动机比校校合作更为复杂，合作方责权利的分配和规范管理具有一定难度。MBA教育国际合作项目的一个重要资金来源是学生学费，因此扩大招生规模从而获取一定数量的学费可能成为这种机构的外在追求，但如果项目过分追求招生规模，将直接导致录取学生水平参差不齐，影响教学水平和合作项目的信誉。

（二）独立机构与非独立机构

独立机构是指具有独立法人资格的MBA国际合作办学机构。它不隶属于任何院校和单位，在课程设置、教师聘用、招生和财务等方面自主运作。这种模式是比较理想化的MBA国际合作办学模式。独立机构运作周期短，投入产出的回报率高，但设立独立机构要求大量的资金投入和完善的配套设施，目前这种模式的普及性还不高。

独立机构的生存与发展依赖于自身经营，通常表现出一定的企业行为特征，注重投入产出。它需要一定的规模来支撑机构的良性运行和发展，比较注重宣传推广，重视建立自身品牌，关心长远发展。这类机构往往需要投入大量的财力物力人力来实现学校的完整配套，特别是开办初期需有雄厚的资金支持。

非独立机构是指没有独立法人的MBA合作办学机构，它一般隶属于某一院校，是该校的二级学院。非独立机构资金投入相对较少，主要借助主体院校的资源，同时也可以作为主体院校的一个国际交流窗口，便于主体院校接触更多的合作办学资源，寻找更适合引进优质资源的模式，而且非独立机构作为试点项目，在师资培训、引进课程、引进先进管理经验等方面也为主体院校起到了试行作用。

(三) 单证书与双证书

在 MBA 教育国际合作办学的学历教育中,有两种常见的证书发放办法,一种是发放单证书,另一种是发放双证书。单证书教育是指学生完成 MBA 学业后,只获得中方院校或外方院校的证书,目前以获外方证书居多。对证书教育是指学生完成 MBA 学业后,可以同时获得中方院校和外方院校的证书,其对学生的入学要求比较严格,学生必须通过全国 MBA 联考并满足合作院校入学条件方能被录取。

单证书项目采用国外 MBA 院校宽进严出的办法,入学时多数不需要通过全国 MBA 联考,同时能够有机会获得国外留学机会,对学生有较大吸引力。双证书项目属于 MBA 国际合作办学模式中比较理想的一种模式,要求 MBA 学生通过全国 MBA 联考,并且满足合作院校入学条件,对学生的能力水平和经济水平要求都较高,但取得双证书的学员自身素质提高幅度较大,发展前景更加广阔。

三、天津财经大学—美国俄克拉何马州立大学合作国际 MBA 项目

天津财经大学与美国俄克拉何马州立大学合作举办的国际 MBA 项目,是国务院学位办首批确认的中外合作 MBA 项目之一。该项目由中美两国大学合作举办,属于非独立设置的中外合作办学项目。双方签订契约,依据其中确定的权利和义务共同完成合作办学任务。经国务院学位办核准,学员毕业可取得美国俄克拉何马市大学授予的工商管理硕士学位。在合作过程中,双方始终坚持平等合作、互补互利的原则,秉承"全球化企业管理视野、凸现财经专业特长"的办学特色,不断完善培养模式,培养核心竞争力,学员受益的同时,项目也获得了长足的发展。

(一) 以市场需求为导向,合理制定培养目标

世界经济的全球化,使得中国的企业需要具有全球视野的领导人;企业

经营模式从"产品运作"到"资本运作"的转变,使得中国的企业需要具有金融理财能力的领导人;天津欲建设成为中国北方和环渤海地区的经济、金融和商贸中心,欲走向世界经济大舞台,更使得本地的企业需要具有上述复合能力的领导人。面对这样的市场需求,立足两校合作办学的内部条件,该项目确定了"具有全球视野和金融理财专长、善于跨文化沟通的企业领袖"的培养目标。

(二)以质量求生存,培养核心竞争力

1. 基于跨文化教育的培养方案

MBA 教育不是填鸭式的单向课堂教学,而是拥有远比课堂教学丰富的培养方案设计。天津财经大学 MBA 项目的教育观念是一个人无论是否受过 MBA 教育,都不妨碍他可能成为出色的职业经理人;但 MBA 教育的价值在于它营造了一个"浓缩的"企业经营环境,让 MBA 学生在有限的时间内通过"密集轰炸式"的知识学习、案例讨论、企业实习、独立研究等途径,获得创造性地处理企业管理决策问题的能力。中外合作 MBA 项目则需要营造企业跨国、跨文化经营环境,创造性地运用和整合各种教育资源,努力营造出这种浓缩氛围,提升学员综合素质。

这些资源包括(但不局限于):(1)中西合璧的课程模块,国际前沿的 MBA 教育内容;(2)密集的、与国际接轨又适合我国国情的案例讨论和报告;(3)基于跨文化沟通的教学情境;(4)国际先进的教学方法和模式;(5)跨国公司实战演练等。

根据这样一种观念,我们的项目注重通过预备课程导入、MBA 核心课程学习、跨国公司实习、MBA 国际金融或国际商务项目研究等不同的培养环节强调理论联系实际,强调务实的操作训练,并拓展学员国际视野,提高学员在全球化背景下对实际问题的分析解决能力和决策判断能力。

2. 高水平的中外师资团队

国际水准的教育源于国际化的师资队伍,该项目教师经过中外双方严格筛选。俄克拉何马州立大学的科研能力在美国西部名列前茅,13 门核心课程的教师全部为俄克拉何马州立大学曼德斯商学院资深全职教授。他们不仅拥有丰富的专业知识和授课经验,同时具备多年的企业管理实践经验,授课内容、方式和效果均获得了学员的充分肯定。同时,该项目建立了严格的教学评估制度,评估中不合格的外方教授将取消来华授课资格。预备导入课程的中方教师多数毕业于该项目,并且目前已经具有副教授以上职称,他们不仅是相关专业领域的精英,并且熟知俄克拉何马州立大学的教学模式和方法,能够很好地将国际前沿的 MBA 教育与中国国情结合,实现课程内容和教育理念的全面导入。

3. 多元化生源结构

该项目入学必须满足四个基本条件:一是具有学士学位;二是须经高级管理人员或专业人士推荐;三是熟练掌握英语,拥有 CET-6 或 TOEFL 成绩证明;四是申请者自荐。此外,申请人还需要有良好的个人品格和领导才能,富有责任感。入学经过初审、笔试和面试三个环节。面试环节注重对申请者教育背景、工作及家庭情况、个人品格和领导潜质进行考察。生源统计情况显示,项目生源以外资企业、合资企业为主,国有企业、民营企业、事业单位生源也分别占有一定份额。

(三) 以创新求发展,突出理念和行为教育

"长城国际 MBA"这种合作模式探索性地走出了一条中外合作 MBA 教育的新途径。该模式在坚持 MBA 教育师资国际化和教学国际化的基础上,还强调学生的国际化,1/4 的学员来自美国、加拿大、新加坡及一些欧洲其他国家,他们期待了解中国经济动态和中国文化。发达国家管理人才的后备力量来华求学,是我国经济发展日益成为影响世界经济走向的力量的实践证明。作为教育者,我们在欣喜于项目创新与发展的同时,更为我国经济改革开放以来取得的成绩感到骄傲。不同行业、不同国别的中外学生同窗共读,搭建中外学员文化碰撞与融合的平台,有助于具有全球视野高级职业经理人思维方式和行为习惯的养成。

四、启　示

分析该项目的合作办学模式与经验,我们可以得到以下一些启示:

首先，中外合作办学要有稳定的合作伙伴。美国俄克拉何马州立大学始建于1904年，是一座具有悠久历史的以人文学科为主的综合性大学，该校自1960年开始举办MBA教育，在美国MBA教育界有一定的代表性。俄克拉何马州立大学注重发展海外办学，积累了比较丰富的海外办学经验，能够较好地适应海外办学的各国特殊环境与要求。长期以来，合作双方建立了真诚和牢固的友谊，也为中美文化的交流做出了积极的贡献。

其次，非独立机构办学模式，有利于资源整合与共享。非独立机构的前期投入较小，结合不同院校办学特色来设计合作项目，进可发展成为独立的机构，退可由原院校消化吸收，形式灵活多样，发展空间比较大，可根据市场需求快速反应。另外，由于非独立机构的从属性特征，其便于资源共享、节约投入，并可以通过自身的辐射功能和母校的互动关系，将"为我所用"理念真正落到实处。该项目早期培养的部分高校青年教师，经常参加相关学习，在学习知识的同时，也掌握了案例教学法、情境教学法等国际先进MBA教学方法，用以提高天津财经大学国内MBA教学水平。

最后，学员、合作方和政府需求三位一体，获取持续竞争力。学员需求主要集中体现在能力培养、职业生涯跨越发展、获取文凭等方面。政府需求体现的是国家利益，希望通过跨国合作办学，引进国外的优质教育资源，扩大教育对外开放，培养现代化建设急需的管理人才。合作双方则关注政府目标的实现和MBA品牌的建设。只有将三者有机统一起来，项目才能够赢得政府的支持、学员和雇主的认可，获取可持续发展的竞争优势。

MBA 能否按时毕业的影响因素研究

古继宝　杨昕光

（中国科学技术大学）

一、问题的提出

在从事 MBA 教育与培养的过程中，我们发现总是有少量的学生不能按时毕业、甚至不能毕业，本文希望研究到底是什么因素对 MBA 学生能否按时毕业产生影响。

MBA 教育的管理，通常采取弹性学分制，但也规定一定的学习年限，中国科学技术大学规定 MBA 学生必须要在 5 年内修完全部学分、完成学位论文及论文答辩。在整个的培养过程中，出现了部分学生因为各种原因而不能毕业的情形。一般情况下，修满所要求的学分大概需要 1 年半到 2 年，做论文大约需要半年至 1 年，因此如果能在 3 年内完成整个学习过程、拿到学位是正常毕业，而在 3—5 年拿到学位者，则为延迟毕业，超过 5 年就不能毕业了。

本文对中国科学技术大学两届 MBA 学员的毕业情况进行分析，通过已有资料找出对学员正常毕业产生影响的关键因素。这将帮助我们对将要报考或正在接受 MBA 教育的学员进行各方面分析，提前识别可能不能按时毕业的学生，尽早采取措施，辅助其顺利毕业，同时也能有效避免 MBA 教育资源的浪费。

二、研究模型与假设

影响 MBA 学生能否按时毕业的因素是很多的,学生的学习情况、工作情况与家庭情况等都会对学生的按时毕业产生影响。学习情况可能包括学生本科毕业的院校、专业、成绩,MBA 入学成绩、MBA 期间的学习成绩等;工作情况可能包括工作时间、工作职位、单位性质、工作压力、工作环境等;家庭情况包括婚姻状况、子女大小等。本研究重点分析学生的学习情况对其能否按时毕业的影响,外加一个学生年龄的影响因素。故建立以下的研究模型与假设(见图 1)。

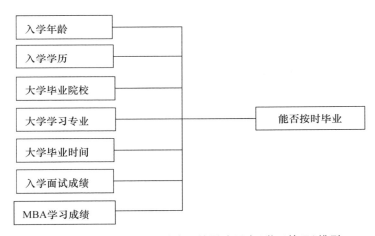

图 1　MBA 学生能否按时毕业的影响因素(学习情况)模型

1. 入学年龄

MBA 学生主要是在职人员,年龄大小差别很大。年龄对 MBA 学习的影响可能有正负两个方面,一方面,学员年龄越大,可能在单位的职位越高、工作越忙,学习时间少,学习效果可能要差一些;但是另一方面,学员年龄越大,社会阅历与工作经验也越丰富,对 MBA 学习就会越有体会,收获就可能越大。因此我们先做一个假设:

假设 1:MBA 学生入学年龄对其毕业时间有影响。

2. 入学学历

一些 MBA 学生的入学学历是大学,一些是大专,还有一些是研究生。这些学历的差异代表了这些学生在进行 MBA 学习之前的知识和能力基础就不同,因此可能对其 MBA 学习产生影响,从而影响其毕业时间。而学生基础不同也说明这些学生们以前在对待学习的态度、学习方法等一些问题上就不同,这些态度和方法也会对其 MBA 的学习产生影响,从而对其毕业时间产生影响。因此本文提出如下假设:

假设 2:MBA 学生入学学历越高,延迟毕业情况越少。

3. 大学毕业院校

和上一个假设相似,MBA 学生大学毕业院校类型的差异表示学生在学习态度、学习方法及基础方面都有差异。通常有这样一种认识,"985 工程"院校毕业的学生可能基础较好,"211 工程"院校毕业的学生次之,最后是其他院校毕业的学生。这些可能影响到 MBA 学员完成学业的时间。因此提出如下假设:

假设 3:大学毕业院校类型对毕业时间产生影响,大学毕业院校为"985 工程"高校的 MBA 延迟毕业的情况最少,"211 工程"院校延迟毕业情况次之,其他院校延迟毕业的情况最多。

4. 大学学习专业

由于 MBA 的学习内容与管理学、经济学比较相关,因此学生在进行 MBA 学习之前的大学学习专业如果是管理学或经济学,那么可能会更好地接受老师在课堂上讲授的知识,并且更好地适应上课时的氛围。因此我们提出如下假设:

假设 4:MBA 学生的大学学习专业类型会对其毕业时间产生影响,大学学习专业为管理学或经济学的学生,延迟毕业情况会少于大学学习专业为其他的学生。

5. 大学毕业时间

大学毕业时间越短,说明学生工作的时间越短,这可能导致其适应学校和学习的能力会比较强。据此提出如下假设:

假设 5:大学毕业时间越短的 MBA 学生发生延期毕业的情况会越少。

6. 入学面试成绩

本研究中,对学生在入学时的考试成绩只考虑其面试成绩,并提出如下假设:

假设6:MBA入学面试成绩越高的学生,其延期毕业的情况会越少。

7. MBA学习成绩

MBA学习期间各科成绩较高的MBA学生学习态度比较认真,因此其需要的学习时间会较短。在此特别指出,因为每届学生学习的课程不同,所以我们用核心课平均成绩和一些必选课程如自然辩证法和商务英语,代表MBA学习期间的成绩。

假设7:学习期间成绩越高的MBA学生其延迟毕业的情况越少。

三、研究变量的测量

(一) 因变量的测量

研究中的因变量只有一个,即MBA学生毕业情况。将MBA学生毕业情况分为三类,第一类是按时毕业的学生,第二类是延期毕业的学生,第三类是不能毕业的学生。根据中国科学技术大学关于MBA学习的规定,按时毕业的学生是指在从入学年份开始的3年内顺利毕业的学生;不能在3年学习期内毕业的学生,若在5年内毕业,算作延期毕业;学习满5年仍未申请答辩的学生,即为不能毕业的学生。由于MBA有春季入学与秋季入学两类,故进一步以举例方式对之进行清晰定义:

如果学生在2012年9月入学,按时毕业时间应为2015年7月;若其毕业时间若在2015年9月——2017年7月,则为延迟毕业;若2017年7月之前未申请答辩,则不再有答辩机会,视为不能毕业。

如果学生在2012年3月入学,其按时毕业时间为2015年3月;若其毕业时间在2015年3月——2016年12月,则为延迟毕业;若2017年3月之前未申请答辩,则不再有答辩机会,视为不能毕业。

(二) 自变量的测量

研究中涉及了7个自变量,它们分别是入学年龄、入学学历、大学毕业院校、大学学习专业、大学毕业时间、入学面试成绩和MBA学习成绩,它们的测量分别介绍如下。

1. 入学年龄

将入学时间与学生档案中原有出生年份相减得出的数字,是一个数值型变量。

2. 入学学历

根据收集数据,我们将入学学历分为三类,第一类是大专学历,第二类是本科学历,第三类是研究生学历。为方便分析,我们在SPSS中将"大专学历"赋值为1,将"本科学历"赋值为2,将"研究生学历"赋值为3。因为在收集到的资料中,入学前学历为"研究生"的学员只有一人,因此将其并入分类2,这样分类2就成为"本科及以上学历",赋值为2。

3. 大学毕业院校

第一类是"985工程"院校,赋值为1;第二类是不在"985工程"院校名单中的"211工程"院校,赋值为2;其他类型的院校分为第三类,赋值为3。

所谓"985工程"院校,是指教育部自1999年起分别与部分省、市地方政府签订合作协议,分批将38所国内知名高校列入国家跨世纪重点建设的高水平大学名单,由国家、地方以及相关部委共同出资建设的高校。"211工程"是国务院有关综合部门联合提出,并经中共中央、国务院同意的高等教育重点建设工程。"211工程"的含义是面向21世纪,重点建设100所左右的高等学校和一批重点学科点。其他既非"985工程"院校又非"211工程"院校的所有院校均为其他类型院校。

4. 大学学习专业

MBA学生在入学前的专业也有很多类型。在入学资料的记录里,将学生的大学学习专业分成了11类,包括哲学、法学、文学、经济学、教育学、历史学、理学、工学、农学、医学、管理学。在本文的研究中,是要比较经济学与管理学的学生与其他专业学生的差异,故将经济学、管理学专业的学生专业赋值为 1,而其他专业赋值为 0。

5. 大学毕业时间

大学毕业时间主要是反映学生对将要学习的内容的熟悉程度。因此,计算大学毕业时间采用的方法是将 MBA 入学年份与大学毕业年份相减,得出的数值即为大学毕业时间,这是一个数值型变量。

6. 入学面试成绩

在进行 MBA 学习前,学生必须通过面试。入学时的面试成绩是数值型变量。

7. MBA 学习成绩

MBA 学生在进行毕业论文开题前,必须要修完 22 门课程,总计 52 个学分。中国科学技术大学的 MBA 培养方案中设计了四个专业方向,但按照 MBA 教育指导委员会的要求,都必须修一些基础课与核心课程,在中国科学技术大学的培养方案中,将商务英语和自然辩证法作为基础课,同时另外指定了 8 门课为核心课,包括管理经济学、管理定量方法、会计学原理、财务管理、市场营销学、生产与运作管理、管理信息系统与企业战略管理。为了保证不同专业方向的学生具有可比性,本研究选择了基础课与核心课的成绩作为 MBA 学习成绩的代表。

四、数 据 收 集

本研究以中国科学技术大学两届 MBA 学员的毕业情况作为分析对象,研究中需要的数据采集自中国科学技术大学 MBA 中心。由于要研究学生毕业延期或不能毕业情况,而 MBA 学习的最长时间是 5 年,所以数据必须是 2012 年以前入学学生的数据。

五、数 据 分 析

1. 描述统计

学生毕业情况和入学学历情况统计结果如表 1 和表 2 所示。

表 1　毕业情况频次分析表

毕业情况	频次	比例(%)
按时毕业	34	35.8
延迟毕业	61	64.2

表 2　入学学历类型频次分析表

入学学历	频次	比例(%)
专科生	27	28.4
本科生及以上	68	71.6

表3中,我们发现来自第一类院校,即"985工程"院校的学生有17位,占总数的比例为17.9%;来自第二类院校,即排除"985工程"院校的"211工程"院校的学生有32位,占比33.7%;来自第三类院校,即其他类型院校的学生有46位,占总数比例48.4%。

表 3　大学毕业院校类型频次分析表

大学毕业院校	频次	比例(%)
"985工程"院校	17	17.9
"211工程"院校("985工程"除外)	32	33.7
其他院校	46	48.4

对大学学习专业进行频次分析,本研究将专业分为两类,从表4中可以看出,进行MBA学习的学生中来自经济管理类的比例是28.4%,来自其他专业的有71.6%。

表 4　大学学习专业类型频次分析表

大学学习专业	频次	比例(%)
经济管理专业	27	28.4
非经济管理专业	68	71.6

接着,我们将一些数值型自变量在SPSS中进行描述性统计操作,得到的结果如表5所示。有效数据共95个,其中入学年龄最大的是38岁,最小的是23岁,平均为28.20岁。大学毕业时间最小是0,最大是15年,平均为5.93年。

表 5 数值型自变量的描述统计

	总数	最小值	最大值	平均数	标准差
入学年龄	95	23	38	28.20	2.770
大学毕业时间	95	0	15	5.93	2.631
入学面试成绩	95	0	93	46.32	39.183
商务英语成绩	95	60	93	78.24	6.682
自然辩证法成绩	95	75	92	81.23	4.682
核心课平均成绩	95	78	92	84.73	2.860

2. 逻辑回归

本研究中的因变量为分类变量,故采取逻辑回归的方法对其进行分析。对于因变量的两个类别分别赋值,一类是按时毕业,赋值为 0,一类是延迟毕业,赋值为 1。具体来说,我们通过 SPSS 软件运用二值 Logistic 回归方法对数据进行分析,得到如下表 6 到表 9 的结果。

首先,我们对自变量中的分类变量进行编码。编码结果显示在表 6 中。其中,大学毕业院校分为三类,"1"代表"985 工程"院校,"2"代表"211 工程"院校(985 院校除外),"3"代表其他院校。我们将其他院校定为基数,"985 工程"院校和"211 工程"院校与其他院校相比得出统计结果。大学学习专业分为两类,"1"代表经济管理类专业,"0"代表非经济管理专业。这里我们将非经济管理专业定为基数,经济管理类专业与非经济管理类专业相比得出统计结果。入学学历分为两类,"1"代表入学前的学历是大专学历,"2"代表本科及以上学历。将大专学历定为基数,本科及以上学历与大专学历相比得出统计结果。

表 6 分类变量编码

		频次	参数编码	
			(1)	(2)
大学毕业院校	1	17	1.000	0.000
	2	32	0.000	1.000
	3	46	0.000	0.000

(续表)

		频次	参数编码	
			（1）	（2）
大学学习专业	0	64	0.000	
	1	31	1.000	
入学学历	1	27	0.000	
	2	68	1.000	

表 7 是模型情况概要，它给出了 -2 倍的似然比的对数值和两类决定系数，对模型进行整体检验。Cox & Snell R^2 是一种一般化的决定系数，它用来估计因变量的方差比率。Nagelkerke R^2 是 Cox & Snell R^2 的调整值。这两个值越大，说明该模型的整体拟合度越好。其中 -2 倍的似然比的对数值是 61.873，这个值有点偏大，说明拟合度不够好。但是 Cox & Snell R^2 值为 0.480，Nagelkerke R^2 值为 0.658，都在合适的水平，说明模型的整体拟合性较好，模型对因变量的解释程度为 65.8%。

表 7 模型情况概要

步骤 1	-2 log 似然比	Cox & Snell R^2	Nagelkerke R^2
	61.873	0.480	0.658

表 8 是将自变量纳入模型后模型的分类预测值。表中的数值说明模型预测的总体准确率已经达到了 84.2%。

表 8 模型分类预测值

	观测值		预测值		
			延迟=1,按时=0		准确率百分比
			0	1	
步骤 1	延迟=1,按时=0	0	27	7	79.4%
		1	8	53	86.9%
	总体准确率百分比				84.2%

Logistic 模型的拟合结果如表 9 所示。

表 9 逻辑回归结果

Step 1(a)	B	S. E.	Wald	df	Sig.	Exp(B)
入学年龄	−0.110	0.199	0.307	1	0.579	0.896
入学学历(1)	2.169	1.133	3.664	1	0.056	8.746
大学毕业院校			1.169	2	0.557	
大学毕业院校(1)	−0.243	1.061	0.053	1	0.819	0.784
大学毕业院校(2)	0.811	0.889	0.832	1	0.362	2.251
大学学习专业(1)	−1.059	0.888	1.423	1	0.233	0.347
大学毕业时间	0.373	0.236	2.496	1	0.114	1.452
入学面试成绩	−0.061	0.020	9.668	1	0.002	0.941
商务英语成绩	0.050	0.062	0.666	1	0.414	1.052
自然辩证法成绩	−0.225	0.094	5.717	1	0.017	0.799
核心课平均成绩	−0.330	0.158	4.376	1	0.036	0.719
常数	32.788	16.263	4.064	1	0.044	17 358 474 5 362 435.400

其中,入学学历(1)代表学历为本科及以上与学历为大专的学生数据相比得出的统计结果;大学毕业院校(1)代表"985 工程"院校与其他院校的学生数据相比得出的统计结果,大学毕业院校(2)代表"211 工程"院校("985 工程"院校除外)与其他院校的学生数据相比得出的统计结果;大学学习专业(1)代表经济管理类专业与其他专业的学生数据相比得出的统计结果。

数据显示,对毕业情况有显著影响($P<0.05$)的自变量有入学面试成绩($P=0.002$)、自然辩证法成绩($P=0.017$)、核心课平均成绩($P=0.036$)。因为我们将"延迟毕业"赋值为 1,将"按时毕业"赋值为 0,所以对系数 B 的解释为,当 B 为正数时,延迟毕业发生的可能性增加;当 B 为负数时,延迟毕业发生的可能性减少。

从表 9 的结果来看,入学面试成绩、自然辩证法、核心课平均成绩对按时毕业可能有负向影响,也就是说,面试成绩、自然辩证法成绩、核心课平均成绩越高,延迟毕业发生的可能性越小。

对毕业情况影响不太显著的自变量是入学年龄($P=0.579$)、大学毕业院校(1)($P=0.819$)、大学毕业院校(2)($P=0.362$)、大学学习专业(1)($P=$

0.233)和大学毕业时间($P=0.114$)。因为它们的显著性水平远远超过 0.05,所以这些变量对延迟毕业情况基本没有影响。值得注意的是,入学学历(1)的显著性水平为 0.056,接近 0.05,说明入学学历对因变量的影响也比较显著,我们也会对其做出解释。

六、结 论

对 MBA 学生延迟毕业情况产生显著影响的变量有入学时的入学面试成绩、MBA 学习期间的自然辩证法成绩和核心课平均成绩。其中,入学面试成绩对毕业情况的影响最为显著,其次是自然辩证法,最后是核心课平均成绩。入学面试成绩、自然辩证法成绩和核心课平均成绩越高,学生延迟毕业情况越少。而入学学历的显著性水平接近临界值,因此它对毕业情况也比较有影响,入学学历越高,学生延迟毕业情况越严重。

入学面试是一个最能考验学生能力的环节,一方面,面试成绩高说明学生本身能力较强;另一方面,面试所需要的能力可能与 MBA 学习所需要的能力相吻合。因此,入学面试成绩越高,MBA 学生延迟毕业的情况越少,这也说明面试可以很好地预测 MBA 学生的毕业情况。自然辩证法成绩和核心课平均成绩是学生在进行 MBA 学习后取得的成绩,分数越高说明学生在学习期间的态度较认真,对 MBA 学习的重视程度较高,因此自然辩证法成绩和核心课平均成绩较高的学生,延迟毕业的情况较少。

入学学历在研究中接近显著,对此可能的解释是,一方面,学历越高,学生在单位担任的职位可能越重要,那么,他进行 MBA 学习的时间可能就越少。同时,由于已经得到了本科或研究生学位,他进行 MBA 学习的主要目的可能是学到知识,而拿到学位的期望不如专科生强烈;另一方面,入学学历是专科的学生在学习时可能认识到自己与别人的差距,同时其期望拿硕士学位的动机很强烈,因此会加倍努力进行学习,所以入学学历越高,发生延迟毕业的情况反而越多。对此,我们并没有做出专门的研究,希望有后续研究可以对这一点进行详细的分析解释。

入学年龄并不会对 MBA 学习产生显著影响。学生们都参加过工作,社会经验丰富,因此大学毕业院校(不管是"985工程"院校还是"211工程"院校)、大学学习专业、大学毕业时间等这些上次学习经历的因素可能并不显著影响这一次的学习经历。而入学成绩只是进行MBA学习的敲门砖,掌握了这些科目只是保证学员可以顺利进行学习,并不能因此预测出学生在学习期间的学习情况。在MBA毕业论文的写作中,用到商务英语的部分并不多,因此,学生是否延迟毕业与商务英语成绩的相关性不高。

MBA 教学效果评估模式

赵铁柏　韩　菲
（中央财经大学）

教学效果评估是高等教育教学质量保证体系中不可或缺的重要部分，美国在20世纪20年代就出版了用于教学效果评估的教学信息等级信息量表——伯杜教学等级评定量表（Purdue Rating Scale of Instruction,1926）。到了20世纪60年代，在美国的大学和学院中，除大量开展学生评估教学的活动外，还出现了专门研究学生对教学效果评价的机构，例如由堪萨斯州立大学教师评价和发展中心制定的"教学发展性和有效性评价系统"（IDEA）等。

从评估的形式上看，高校的教学评估大多经历了调查问卷、问卷机读卡形式，以及目前的在线问卷等形式。评估不仅包括了我们通常在国内常见到的用教师行为来判断教学效果的内容，而且包括通过学生学习行为的自评，用学生在课程目标方面的进步来确定教学效果的内容。

从学生评估教学效果的发展上看，最为重要的是评估方案要具有诊断性，可以提供不同学科领域的课程在课程类型、班级规模及学生选课愿望相似情况下的教学效果的比较。

如何提升 MBA 教育质量

一、针对课程个性的分类教学评估模式

由华盛顿大学下属教育评估办公室(以下简称 OEA)向美国国内各个大学或机构提供有偿教育评估服务的"华盛顿大学西雅图分校的教学评估系统"(以下简称 IAS)是一种较为典型的按照课程的不同教学方式,设计不同的调查问题,形成一组关于教学评估表的教学评估系统。它面向高校的所有课程,由用于小型的讲座或讨论课程、用于大型课程、用于研讨会讨论课程、用于方法教学课程、用于实验室课程、用于远程教学课程,以及用于其他各种课程等 11 种针对不同课程教学形式的机读卡和一个开放式评价单组成。这 12 种形式还可以由教师添加关于课程的具体问题。机读卡信息被读入计算机数据库,然后生成课程报告。学生(既包括本科生也包括研究生)的回答都是不记名的。

目前华盛顿大学每年都有超过 11 000 门课程通过机读卡的方式被评估,OEA 每年都要给各个院系提供一份年度总结,还有超过 50 所全美国的高等教育机构采用了 IAS。OEA 建议,所有机构在采用 IAS 时,都有必要给学生们提供一个如何实施评估的方法指导,也可以适当地更改评价单的一些问题来符合具体需要。在美国已经有相当多的经验研究证实了类似 IAS 的表格的等级划分的有效性。为保证评估的可靠性,IAS 的调查问卷还引入一个交互评估系数(0—1),根据交互评估可靠性的调查计算出了当收集了 7 份或者以上的评估表时,对于教学水平的评估是可靠的。

IAS 这种针对不同课程设计不同的调查问题从而形成一组关于教学的评估表的方式,其优点是充分地考虑了不同课程的特殊性,可以收集到更加具有针对性的信息,但增加了操作上的复杂性,加大了分类统计与分析的工作量。

二、体现共性的单一化教学评估模式

与 IAS 所代表的针对课程个性的分类评估方案相对应,高等教育中所采用的第二类教学评估方案,是由体现共性的单一化教学评估表来承载的。这一单一的教学评估表归结了不同类型课程的共性因素,从而一份标准化的问卷可以广泛适用于不同学科、不同年级的课程。该方法避免了操作上的复杂性,可以比较准确地对大量问卷做统一的统计、分析、比较和研究。但这种体现共性的单一化教学评估表的缺点也是较为明显的,就是较少照顾到不同类型课程的特殊性。这类评估问卷在我国高校中更为常见,如对教学态度、教学内容、教学方式、教学纪律等的评估。但在评估项目细化方面,我国普遍存在着评估项目的表述口号化和概念化、可感受性和可观察性差、学生选择时无所适从等问题。

三、中央财经大学 MBA 课程教学评估模式

借鉴已有的评估模式,中央财经大学 MBA 课程教学评估在具体评估指标和体系的设计上,进行了有益的尝试。

中央财经大学 MBA 课程教学评分表(见表1)充分考虑了 MBA 专业学位教育的特点,包括 MBA 学生的工作经验和任课教师的职业背景等特有因素,在课程评估内容设计上更加注重教学的适宜性和对教师授课技巧、教学行为等方面的评估。在具体的评价项目中,指标尽量避免口号化、概念化,使学生在选择时可以从直接的感受和观察中找到相对应的项目,减少了评估的随意性。同时,MBA 教育中心将来自学生的教学评分表与不定时地组织专家小组成员采用巡查、随机听课的形式进行教学质量考察,以及定期组织召开教师座谈会等教学督导制度相结合,将教师课酬与其授课效果挂钩,建立了一整套比较完善的教学质量评估体系。

表 1　MBA 课程教学评分表

	优秀	非常好	好	还可以	差
1. 课程整体效果	○	○	○	○	○
2. 教师在教授课程中的表现	○	○	○	○	○
3. 课程进度安排	○	○	○	○	○
4. 教师的讲解	○	○	○	○	○
5. 教师使用案例的情况	○	○	○	○	○
6. 教师提问问题的质量	○	○	○	○	○
7. 教师对于学生提问的解答	○	○	○	○	○
8. 教师对于上课时间的掌握	○	○	○	○	○
9. 教师的热情	○	○	○	○	○
10. 教师对于学生需求的了解程度	○	○	○	○	○
11. 教师的评价和打分方式（测验、论文、项目等）	○	○	○	○	○
12. 教师布置的作业的合理性	○	○	○	○	○
13. 学生对教师教授的知识的信任程度	○	○	○	○	○
14. 在这门课程中学到的东西的量	○	○	○	○	○
15. 课程内容的恰当程度和有用程度	○	○	○	○	○

下面描述的这些情形在本门课中出现的频率	非常高		平均		很低
16. 课程进行得有趣且吸引人	○		○		○
17. 教师鼓励学生的参与	○		○		○
18. 学生知道学习的目标	○		○		○
19. 额外的帮助总是准备好的	○		○		○
20. 教师提供对测试和其他作业的有效反馈	○		○		○
21. 教师对学生成绩的评价和重要的课程目的挂钩	○		○		○
22. 你所遇到的在智力上的挑战	○		○		○

(续表)

和你选择的其他课程比较	非常高	平均	很低
23. 你在这门课中投入的精力	○	○	○
24. 你认为学好这门课程需要投入的精力	○	○	○
25. 你参与这门课的程度(包括作业、考勤等)	○	○	○
26. 平均下来,你每周在这门课程上花费的小时数(包括上课、阅读、复习笔记、写论文,以及其他与课程相关的作业)	○小于2小时	○2—5小时	○6—10小时	○10小时以上
27. 在以上所用到的时间中,你认为能够有效促进你学习的有效小时数	○小于2小时	○2—5小时	○6—10小时	○10小时以上
28. 你期望自己在这门课中取得的成绩	○85分以上	○70—85分	○60—70分	○60分以下
和你选择的其他课程相比,你会怎样描述在这门课中取得以下方面的进步	非常大	一般	基本没有
29. 理解和解决这一领域问题的能力	○	○	○
30. 把这门课程的知识应用到现实世界或者其他学科的能力	○	○	○
31. 整体智力上的提高	○	○	○
32. 根据你的学业情况,这门课应该属于	○必修课	○方向性选修课	○公共选修课	○其他

四、小 结

从 MBA 中心教学质量保证制度的具体实施情况看,该制度起到了发现问题、改进教学、提高教学质量的目的。但也存在以下不足之处:

第一,MBA 课程教学评分表不是由专门的教育评估机构设计并经专家们研究制定的,而是学校自己开发设计,这就不能保证评估结果的客观性。评估问卷的标准化既可以保证评估结果的可比性,也可保证评估的有效性和可靠性。

第二,尽管学生填写课程教学评价表已经成为 MBA 教育领域提高课程教学质量的重要手段,但是评估效果取决于评估与教学质量持续改进过程等其他环节的结合程度。一般情况下,问卷调查比较适合于在教师的教学比较差的情况下使用,有助于发现问题;但是在教师的教学已经相当好的情况下,问卷调查对进一步改进教学的作用并不大。

第二部分 课程改革与创新

国外 MBA 课程改革动向初探

谢 伟 高 建 仝允桓

（清华大学）

一、国外 MBA 课程改革的动因

国外 MBA 课程改革的动因看起来复杂，但其变革永远围绕着一个核心，即实现供给和需求的匹配。在这个匹配的过程中，以下三个时间节点是值得关注的。

第一个时间节点是 MBA 的出现：在 20 世纪初期的美国，商业界的需求拉动了 MBA 教育的诞生。MBA 在哈佛商学院出现以后，AACSB 也于 1916 年成立，其至今都在美国 MBA 教育发展中发挥了重要作用。第二次世界大战后，随着美国经济的快速发展及其全球领导地位的建立，MBA 教育的规模急剧扩张，同时也为 MBA 教育质量的稳定埋下了隐患。

第二个时间节点是 20 世纪 50 年代对 MBA 教育的批评：在 20 世纪 50 年代，美国出现了对于 MBA 教育的批评。例如，得到卡内基基金会资助的报告认为："在高等教育方面，该学科的核心问题是需要确实地提高学术水平。"(Pierson et al., 1959) 而福特基金会资助的报告认为："越来越多的商业教育者已认识到应用和扩散现有知识是不够的，高等教育的职能还涉及了提高知识水平，因此那些希望收获学术地位的专业商学院必须要满足这个标准。"(Gordon & Howell, 1959)

第三个时间节点是 21 世纪对 MBA 教育的批评:早在 20 世纪 80 年代,《哈佛商业评论》就曾经发文指出了管理学院不能令人满意的商业教育应对美国工商业国际竞争力的下降负有一定的责任。1988 年,Porter & McKibben 报告指出商学院产出了太多的研究。但随着 90 年代美国以互联网等新技术为代表的新工业推动了美国经济重新走向辉煌,而日本经济增长乏力,这一批评的声音似乎在很长时间内被人们淡忘了,但是问题仍然是存在的。到 20 世纪 90 年代后期和 21 世纪初期,对 MBA 教育的批评重新开始出现了,其中有两个声音是特别值得关注的:第一个是著名管理学者 Henry Mintzberg,其批评集中体现在其著作《管理者而非 MBA》中;另一个声音是经济学家 Richard Schmalensee 于 2006 年在《商业周刊》上发表的文章,其标题"Where's the B in B-Schools?"是发人深省的。外界的批评一方面是基于变化的国际政治环境对 MBA 教育要求的变化,另一方面是针对商学院自身的缺陷。但在此环境下,国外商学院也渐渐调整了其自身功能及定位。目前在国外商学院的经营上,体现出来的三种变化趋势是:第一,MBA 的教育由教师驱动变化为客户驱动;第二,MBA 教育机构由学术机构向教育服务机构转化;第三,领先 MBA 教育项目的视野由本土化向国际化转变。在这些变化的过程中,课程作为 MBA 教育的重要一环也处于变革的过程中。如表 1 所示,课程是将投入转化为产出的重要一环。

表 1　MBA 教育的投入—过程—产出

投入	过程	产出
MBA 申请者特点	MBA 学习	MBA 毕业生就业
➢ 学术性特点	➢ 项目	➢ 在何企业
✓ 获得的学位	✓ 课程	✓ 雇佣毕业生的企业数目
✓ 获得学位的学校	✓ 课程的创新性	✓ 毕业立即找到工作的比率
✓ GPA	✓ 课程的时效性	
✓ GMAT	✓ 项目结构(包括课程的次序)	✓ 职业类型
➢ 职业相关的特点		✓ 平均薪水
✓ 工作年限	✓ 教学方法(讲课、案例教学等)	✓ 过去毕业生的绩效
✓ 工作经验类型		✓ 雇主对毕业生管理能力的评价
✓ 领导能力	✓ 实习要求	
➢ 一般特点	✓ 非学术性的课程外活动	

（续表）

投入	过程	产出
√ 作为管理者的潜质 √ 对商业的兴趣 √ 个人素质（品格和个性等）	➢ 教师 √ 学术资质 √ 教学经验 √ 教学中的创新性 √ 教育理念 √ 接近学生 √ 商业经验 ➢ 学院 √ 学术声誉 √ 毕业生的成功 √ 与商业界的关系 √ 捐款数额	

资料来源：Neelankavil, J. P. Corporate America's Quest for an Ideal MBA. *Journal of Management Development*, Vol. 13, No. 5, 1994.

二、国外 MBA 课程改革的案例研究

国外商学院的 MBA 教学项目众多，目前我们不可能做全面的统计和分析。为此，我们采用了案例研究的方法。

(一) 案例研究设计

1. 案例研究框架

任何商学院的课程改革都是在其竞争战略及其学生培养目标的指导下进行的。而支撑课程改革的相关要素包括了教员素质、课程设置、网络资源等。因此，在案例研究的资料搜集和分析过程中，就样本的课程特点，我们重点关注其培养目标、课程设置、教员素质、课程支撑网络和核心特色。

2. 案例研究过程

案例研究的过程主要分为三步：第一步是研究团队的成员确定研究目标，消化相关资料，讨论研究框架并达成共识；第二步是资料搜集，本文中用到的资料主要取自研究对象的公开宣传资料，主要是其公共网络资源；第三

步是基于个体的分析过程,在主要团队成员讨论的基础上,确认研究发现。囿于本研究的探索性,在研究过程中,我们没有对研究对象进行编码。

3. 案例研究的发现

我们进行了多个案例的研究,因为篇幅的限制,在此我们直接给出 5 所商学院的案例研究发现。

(二)研究发现

1. 哈佛商学院

• 培养目标(培育终生领导力)

通过课堂案例学习领导力和团队合作,并在 500 次案例学习中不断练习,训练决策能力。课堂外有正式学习型团队和非正式群体讨论等,学习过程中注重领域学习和融入式体验,学生可以和教员一起实践领导力。

• 案例教学

全球研究中心每年新开发 350 个案例,帮助课程内容更新 15%。学期中平均每天学习三个案例,每周计 14 个左右,学生在 MBA 项目两年学习期间分析超过 500 个案例,案例教学占总教学内容的 80%。

• 课程

第一学年是统一的必修课,内容不断更新。其中第一学期聚焦于企业内部职能运作,第二学期在第一学期基础上,学习内容覆盖一个组织与更大经济体、政府及社会环境的关系。第二学年是选修课,学生可跨学校选两门课。

• 跨学科特点

哈佛大学有院系联合学位,包括肯尼迪政府学院的 MBA/MPP、法学院的 JD/MBA 和医学院的 MD/MBA。跨学科项目包括创业项目、全球领域项目、保健项目、领导力项目、社会企业项目等,以提升未来经理人整合多元思维和多领域知识的能力,从而适应更复杂的挑战。

• 教师

MBA 教师包括新兴企业和产业研究的开拓者、重要公司和机构的领导者,还有积极创新并为其他人提供就业机会的创业者。作为老师,其首要任务是培养商界专业人才,同时可以从事实践研究,包括直接接触产业、学术界和政府领导,兼顾案例开发。教师还应注重在课堂上挑战、激励和推动学生讨论。

2. MIT 斯隆管理学院

• 创新创业氛围

MIT 斯隆管理学院的使命是培养创新的领导者,他们改变世界,产生管理创意。MBA 项目的定位是培养创新者、合作者和领导者,事实上,MIT 斯隆校友创立了数百个公司。

• 课程

课程强调理论和实际相结合,其中领导学是课程的基石。同时,该学院创新了学期制度,采用 6/1/6 的学期方式,学生在进行 6 周紧张的课程学习后,中间有 1 周用于领导力学习,实践领导力技能,然后再进行接下来 6 周的学习。

• 教师

教师是思想者和各自研究领域的领袖。其教学方式是要寻求理论和实际应用之间的平衡,通过案例研究、团队项目合作与产业领袖密切互动等和实践紧密结合,教给学生世界一流的商业技能,以培养真实世界的商业领袖。同时,要注重为学生提供分析问题、解决问题和培养领导力的工具。

• 网络资源

网络资源突出地体现在其杰出的校友网络上。目前斯隆管理学院有 18 000 名校友,遍布在世界上 90 个国家。他们超过一半人达到了高级经理人层次,20% 成为总裁。与此同时,斯隆有超过 50 个学生俱乐部和 21 个研究中心。

3. 沃顿商学院

• 培养目标(强调领导力学习)

强调在行动中学习领导力。在沃顿商学院的 MBA 项目中,学生有大量推动自己成长的机会,包括 100 个学生俱乐部、各种会议、来自世界各地的实业界高级经理人或领袖的访问演讲等。该学院有个领导力与变革管理中心,可以支持领导力开发和课题研究,5—6 个学生就可以组成相关的学习团队。

• 课程

沃顿MBA课程的先进之处体现在其深度、宽度和可选择性上,强调一般管理,有19个专业的深度,200门选修课的宽度。其课程结构包括:(1)学前课,包括导入、金融、会计等领域课程的回顾;(2)核心课,包括领导力要素、分析基础、核心商业基础三个领域的课程;(3)选修课,数量在所有商学院中最多,学生可以从中选9门,其中5门组成一个专业。此外,学生还可以和教员一起合作开发新的课程。MBA学生需在第一学年完成管理、团队基础和领导力等课程。

• 教师

对教师的要求包括:通过前沿的研究产生新的知识;教育未来的商业领袖,提升学生用于解决复杂问题和进行战略决策的分析技能;加强课程中关键概念的教学和研究,鼓励创新。

4. 耶鲁大学管理学院

• 培养目标(领导者)

耶鲁大学管理学院的使命是为未来商业和社会教育领导者提升管理技能的地方;耶鲁的MBA项目提供基础技能方面的严格培训,为学生实现理想抱负打下基础,其毕业生是激励型领导,拥有解决困难问题的能力。

• 课程改革

耶鲁在课程改革中实施了课程教学管理一体化的方式。其管理方法有两个培养目标:一是教会学生一般管理能力,以适应管理挑战;二是促进学生发展个人的事业抱负。教学方法分别通过建立更高的专业管理标准和更高的领导力标准,来培养学生的一般管理技能和个人事业抱负。

该学院课程改革后的教学特色包括:改变过去按照管理职能科目分离教学的方式,将核心科目整合起来,以更丰富和更相关的情境方式提供知识框架;将当代经理人所使用的原始材料和资源综合到课堂和作业中,教给学生在当今商业环境中获得成功所需的工具、洞察力和思维习惯;新的教学方式不仅要求学生有更多训练有素的思维,而且激励学生有创造性解决问题的技能。

- 课程结构

首先,所有一年级学生参加为期 6 周的管理定位培训,掌握管理所需的基本工具和语言;其次,每年 1 月,所有一年级学生必须参加为期 10 天的国际商业体验,耶鲁是第一家将这一过程引入 MBA 项目必修环节的主流商学院;再次,第一年课程是 8 个方面的跨学科课程,被称为"组织透视",它是围绕经理人必须从事、激励或领导的组织角色来设计,包括组织内部的创新者、运营引擎、员工、资源和基金管理,以及组织外部的投资者、顾客、竞争者以及政府和社会;最后,第二年提供丰富的选修课程,供学生自由选择。

5. 芝加哥大学布斯商学院

- 培养目标(技能)

主要包括三点:(1)产生、分析、对比和精练思想;(2)学会验证想法,问正确的问题;(3)具有评估问题和机会、处理不确定性的关键技能。

- 教学特点

(1)技能培养:分析问题,产生关键见解,实施创意;

(2)灵活的课程:基础课、一般管理课、选修课和领导力培训课;

(3)体验学习:加强理论和实际联系,通过实验课程、竞赛和领导力培训检验学生能力;

(4)课堂对话:强调争辩和讨论是课堂的主要模式,被教授和同伴提问,以挖掘思想和客观事实;

(5)和大学建立学术连接:联合双学位;

(6)国际项目:IMBA——国外一个学期,国际交换——5 门国际商业课程,一学期国外学习,熟练掌握一门外语。

- 特色(体验学习)

体验学习的目标是通过体验的方式,让学生在行动中实践理论。其主要构成包括:① 实践课:管理实践——以团队的方式完成咨询,注重战略思考、管理和研究技能;新企业创业和小企业实践——和早期阶段的创业企业高层一起探讨战略和运营项目,帮助他们将创意在市场中实践;② 竞赛:组成团队,参加芝加哥或国家发起的各类相关竞赛,展示商业知识和技能,学会激励、领导和建立关系;③ 领导力培训:超过 125 个小时的活动,包括参与角色扮演、组群联系及其他创新活动等,实践软技能,包括谈判、建立管理和给予反馈等方面。

三、研究结论和贡献

本文对国外五所商学院课程结构及其改革的实践进行了案例研究,有以下几个结论:

第一,关于 MBA 课程改革的动力。如表1所示,课程是 MBA 培养过程的关键。国外 MBA 课程改革的动力植根于其整个 MBA 项目的改革背景中。主要包括两个因素:(1)内因:提高毕业生质量,为 MBA 学生的入职及职业发展,提供强有力的支持;(2)外因:适应变化的国际政治经济环境,应对外界 MBA 项目的批评。

第二,关于 MBA 课程改革的特点。对于五所商学院课程改革的案例研究显示,尽管是五所领先的商学院,其课程改革中仍然体现出了强烈的个性化特点。准确地说,每个样本的 MBA 课程改革是与其竞争战略、项目定位、教师资源、校友网络和教学传统紧密相关的。但在此个性之中,仍然体现出了目前 MBA 课程改革的三大趋势:(1)从职能向集成转变:课程设计开始强调集成化,而不是固守先前的基于职能的独立分科讲授;(2)从强调竞争向强调合作转变:基于团队合作的知识教学开始在部分学院的教学计划中得到了强调;(3)从强调"科学"向强调"理性、分析和直觉及综合"的方向转变:国外商学院自 20 世纪 50 年代受到批评以后,MBA 教育中开始出现了过分强调"科学"及"分析"的趋势,目前这一势头有所减弱,领导力、关键分析技能及管理者处理复杂问题的平衡能力等软性技能课程开始得到重视。这三大趋势的核心其实就是一点:理论联系实际。

美国 MBA 课程整合对我们的启示

姚 飞 魏亚平

（天津工业大学）

自 20 世纪 90 年代以来，受全球化及信息化的影响，企业和商学院所面临的竞争和外部环境的不确定性日益增加，许多商学院表现出强烈的课程整合愿望并进行了一些有益的探索。本文在对西方传统 MBA 课程整合趋势及具体做法进行总结和梳理的基础上，结合中国实际，提出了中国 MBA 课程整合的目标及途径。

一、美国的 MBA 课程及其整合趋势

美国的 MBA 课程是以学科或职能为基础设定的，表 1 给出了美国前 50 大商学院所开设的 MBA 核心课程。

表 1 美国前 50 大商学院开设的 MBA 核心课程

类别及课程	占美国前 50 大商学院必修课程百分比（%）
战略及策略类 MBA 课程	
• 战略管理	92
• 宏观经济学	66

如何提升 MBA 教育质量

（续表）

类别及课程	占美国前 50 大商学院必修课程百分比(%)
MBA 工具箱	
• 定量分析：包括统计学、决策分析与建模	94
• 管理经济学	92
职能类 MBA 课程	
• 运营管理	96
• 市场营销	100
• 财务会计	98
• 管理会计	66
• 公司财务	100
• 信息技术	50
组织与领导力类 MBA 课程	
• 组织行为与领导力	90
• 人力资源管理	28
政策与管制类 MBA 课程	
• 商业与政府	28
• 企业伦理	40

资料来源：Peter Navarro 著，朱静女译. MBA 名校的 10 堂课[M]. 北京：中国财政经济出版社，2006.

整合性课程体系是一种跨学科的、以组织为中心的创新性课程体系。近年来，国外许多商学院开始审视过去根据管理职能或学科而设置的课程，强调课程设置应考虑各管理职能的关联性。有学者对 AACSB 的 143 个成员进行调查，结果表明，如表 2 所示，81.1% 的被访者认为对商业课程进行跨职能整合"非常需要"或"比较需要"；76.9% 的被访者认为课程整合"对学生的未来成功起关键作用"[1]；这些都说明提供整合性课程对提高教育质量意义重大。调查也发现，很多商学院对整合课程的设计、执行和评估进展不够迅速，主要原因是整合性课程是一个耗费时间和金钱的过程，许多商学院由于感觉缺乏足够的资源而放弃改革。

---

[1] Manoj Athavale, et al., The Integrated Business Curriculum: An Examination of Perceptions and Practices. *Journal of Education for Business*, May/June, 2008.

表 2　商学院院长对商业课程整合的认知

你认为需要对 MBA 核心课程进行整合吗?

程度	频数	百分比(%)
非常需要	69	48.2
比较需要	47	32.9
一般	20	14.0
不太需要	6	4.2
不需要	1	0.7
合计	143	100.0

若认为核心课程有需要整合的地方,你认为驱动因素是什么?

因素	频数	百分比(%)
对学生的未来成功起关键作用	110	76.9
学生认可的需要	38	26.6
来自招聘方或雇主的激励或压力	26	18.2
教职工的主动精神	29	20.3
顾问的激励或压力	24	16.8
来自现有学生的压力	7	4.9
没有感觉到整合的必要	7	4.9
其他	13	9.1
合计	254	177.6

二、美国 MBA 课程整合的具体做法

(一) 设置跨学科或跨职能课程与小组教学

近年来,很多商学院正在取消基本原理或核心课程的名称,代之以高度一体化的综合性课程。跨学科课程设置与小组教学是这种变革最前沿最显著的两项内容。例如,在美国田纳西大学,一年级的 MBA 学生只学习一门学分为 30 分的综合性课程,这门课程侧重解决实际的、内容跨学科的综合问题,而不是分别学习 10 门核心课程。印第安纳大学商学院一年级的 MBA 学员被分成四个小组(每组 65 人左右),进行为期一学期的学习,并由

一个教师团队授课。这些小组侧重于团队学习,以小组为单位分析和解决问题。期末以小组为单位提交案例学习和分析报告,体现出侧重团队建设技巧的特色。斯坦福大学减少了一些核心课程的设置,从而给学生更多的设计自身学习项目的灵活性。而哥伦比亚大学商学院最近则在核心课程上增加了一些必选课程。很多商学院在高年级课程设置上专门设有十几次研讨课、工作坊以及内容非常广泛的选修课,要求学生根据自己的兴趣爱好选择其中的5—6门进行研修。

(二)以真实生活情境为中心整合实践

案例教学法在美国工商管理及法学教育领域中一直有着重要的地位。美国各大商学院的课程教学都强调应以真实生活情境中的问题为中心,引导学生参与案例的分析和讨论,鼓励教师指导学生直接到实际商业活动中去搜集、整理案例。哈佛大学的MBA学员在两年内要分析800—1 000个来自真实企业的案例,也就是说平均每天要处理2—3个案例。

美国各大商学院都非常重视采用灵活的教学方法,培养学生学习的自主性和创新性,这与美国教育中鼓励冒险、创新、标新立异是分不开的。例如,在某些商学院高年级课程设置中的研讨课、工作坊等都要求学生阅读相关的学术期刊、参与课程讨论以及撰写论文,学生在课堂上交流和汇报各自的学习情况以及相应的研究成果,在讨论中互相启发、促进,使学生从知识运用、技能训练、语言表达和归纳总结等诸方面得到充分的表现和锻炼。针对某一具体的案例,教师引导学生以小组为单位进行头脑风暴式的讨论和分析,当然教师也参与学生的集体讨论,但是侧重于提问题、设障碍、启发思考和引导争议,而不是"抱"着学生走。这样灵活的、强调学生自主性的教学方法极大地提高了学生学习知识的主动性、解决问题的独立性以及分析决策上的合作精神。

尽管当前美国各商学院教学体现着各自的创新性和灵活性,但其具有共性的中心环节还是努力将真实的企业带入教学并将学生引入真正的企业实战领域。许多商学院拥有长期的企业实习基地,如美国南卡罗莱纳大学国际经济专业的学生必须在相关企业的外贸部门进行为期6个月的实习工作。堪萨斯州立商学院每星期都在全美范围内邀请企业界知名人士前来演讲,向学生介绍各自企业的发展、战略及竞争策略,向学生传递企业界最前沿、最真实的声音。哥伦比亚大学商学院还经常开展社区总裁项目,邀请所在社区已退休的公司总裁将他们的从业经历和经验传授给学生和教师。卡耐基梅隆大学还曾开发了一个基于洗涤剂行业的计算机模拟管理游戏软件,在操作的过程中,学生以小组为单位进行战略、营销、财务和生产上的相关决策,在游戏过程中,学生也与一些由志愿者扮演的董事长、银行经理、工会代表、工资谈判者等人群进行互动。该大学还建立了将金融理论与实际交易相结合的金融分析和证券交易项目。

三、美国 MBA 课程整合对中国 MBA 课程改革的启示

(一) MBA 课程设置必须与时俱进

第一,提高企业家的应变能力。转型时期中国企业所面临的商业环境比国外更为纷繁复杂,危机和变数更不确定,这些挑战无疑对管理者提出了更高的要求,我国需要有历史责任感、战略眼光和巨大抱负的真正的工商管理者,更需要甘冒风险、不计得失,且能在巨大压力下进行变革,寻求企业、产业的突破及发展的创业者和企业家。为此,MBA 课程设置必须与时俱进,及时整合,以帮助学员运用科学的方法分析环境,从而更好适应环境甚至创造环境,同时要帮助学员提高应变能力,以应对结构变化、制度变化所带来的机遇和挑战。

第二,要有引导企业实践而不是迎合企业的目标。值得注意的是,许多中国企业家,即使参加了 MBA 项目的培训,也不愿意雇用 MBA 人员,他们坚信"按照西方 MBA 教育模式培养出来的职业经理人无法融入中国式的商业体系"。事实上,中国人在商业上采取的很多方法跟西方公司大相径庭。最棘手的是,所有的东西都隐藏得很深,被层层叠叠的"关系"所掩盖。另外,在中国没有纯粹的商业关系,人们之间的商业关系没法不掺杂在私人关系之中。中国 MBA 教育应对这种特殊的社会文化做出反应,这里存在一个

是引导企业还是迎合企业或环境需要的问题。哈佛商学院明确提出了"影响企业实践""对企业的领导人在如何完成他们的工作上,即在如何提出与解决问题上,如何确定战略方向和采取行动上施加重大影响"的目标,可以看出,哈佛商学院对 MBA 的培养不是为了简单迎合企业的需要,而是上升到领导企业。中国 MBA 教育应通过课程整合帮助企业树立正确的商业伦理,在全球化和本土化文化碰撞中帮助 MBA 学员提高解决中国企业实际问题的能力。

(二)课程整合要考虑中国文化与制度

一方面,中国 MBA 教育应借鉴西方 MBA 教育的课程整合经验,设置跨学科或跨职能课程并整合实践;另一方面,更重要的是要整合中国文化与制度,这也许是中国 MBA 项目进行课程整合的最有效途径,也是中国 MBA 教育最具有挑战性的战略任务。为此,有人提出了中国 MBA 课程体系应融合中国的"道"与西方的"术",有人甚至提出要用中华的"道"引领西方的"术"以体现中西融通。假定这些说法正确,那么,当务之急必须加强两方面的工作。

一是加强学术研究,搞清"中国企业管理之道",即什么才是中国企业的现代管理理论体系。"中国企业管理之道"绝不是中国古代管理思想的简单梳理和总结。它应该是一种融合了东西方管理思想的当代中国企业成功经验的概括,应该具有时代性、实用性和一定的朴实性。按照上述原则,目前真正的"中国企业管理之道"还没有被系统总结出来,或者还没有形成体系。需要更多的中国学者运用科学的方法,以实证研究为主,从中国企业的实际经验中不断提炼、不断总结,逐步形成中国企业管理的理论体系。

二是加强本土教学案例的生产。虽然中国 MBA 教育在十多年的发展过程中积累了不少的教学案例,对教学质量起到了很好的促进作用,但总的说来,本土化案例数量依然不够,已积累的案例逐渐变得陈旧,不能反映现实情况,与理论发展和科技进步产生了脱节。事实上,改革开放以来,中国企业积累了大量的成功经验和失败教训,这些经营实践都体现着中国文化或制度特色,且企业类型不同,如外资企业、合资企业、国有企业、私有企业、港台企业等,管理实践会差异很大,而且既有公众公司,也有非公众公司,许多家族企业的管理经验非局外人能够了解,有的甚至被看作"祖传秘方"不愿外露。所以,搜集真实案例绝非易事,需要 MBA 院校加大激励的力度,促进更多的教师编写高水平的本土案例。

影响学生社会价值观的 MBA 课程设置

戚啸艳

(东南大学)

一、引　言

　　影响企业管理能力的因素很多,大致可分为技术层面因素与非技术层面因素,前者主要聚焦于生产、营销、财务、人力、研发等领域;后者则主要表现在以企业文化方式呈现的组织共同价值观等方面。

　　组织共同价值观的形成往往是"上行下效"的结果。管理者的社会价值观,亦即管理者的信念与使命感、对企业社会功能与责任的认同等,将会影响组织的每个角落,成为企业构筑共同价值观最主要的支持力量。在管理者社会价值观的形成过程中,管理教育扮演着关键的角色,而 MBA 教育则正是管理教育的主要内容。

　　近年来,国际上关心或进行管理教育的学术单位已开始注意到管理者价值观对于企业发展的重要性。美国 Aspen ISIB(Initiative for Social Innovation through Business)研究所于 1999 年开始了一项为期三年的调查,旨在了解国际知名商学院、管理学院 MBA 学生的社会价值观与 MBA 教育的关系。其后的三年期间,Aspen ISIB 分三次依序针对初入学的新生、就读过一年 MBA 课程的学生以及即将毕业的 MBA 学生提出相同的问卷问题,如此安排的目的一方面是获得 MBA 学生在价值观上的普遍倾向,另一方面也是了解 MBA 教育前后学生们社会价值观的变化。2008 年,美国 Aspen ISIB 研究所商业教育中心与北京大学光华管理学院联合完成的《中国 2008——MBA 学生关于商业与社会的态度调查》,得到了中国学生与欧美学生对于企业履行社会责任所获收益的看法并无显著差异的实证调查结论。

基于上述背景,本文拟根据公开信息,运用比较研究方法,分析我国主要大学商学院、管理学院 MBA 的课程设置现状,筛选其中对管理者社会价值观形成有积极作用的课程,并将之与国外知名商学院、管理学院 MBA 课程体系相比较,进而针对比较发现,提出有利于影响未来管理者社会价值观形成的 MBA 课程设置建议。

二、管理者的社会价值观

价值观是根植于人心的一种目标与基本信念。个人行为则是价值观的函数。价值观的内涵与主体的经验及探讨价值观的目的相关联。不同背景的人在讨论价值观的内涵时会产生一定差别。

基于企业发展的视角来探讨管理者的价值观,其范围必然与企业的经营相关联,这类价值观,对内主导组织文化的建立与管理活动的运作,对外影响企业社会角色的定位与社会责任的履行,因此是一种社会价值观,其内容涵盖了管理者对企业角色的认知、对企业伦理(道德)的认知、对企业社会责任的认知以及对企业与环境关系的认知等。

三、MBA 教育的课程设置

教育的功能,就是通过课程的设置与内容的安排,使学生达到学习的目的。所谓课程,则是指学生在学校安排与教师指导下的一切活动与体验,包括课内教学、课外活动、家庭作业及社会体验等。

管理教育一般包括三个阶段:基础训练(基础必修科目、一般管理课程等)、专业训练(管理工具课程、业务功能课程等)以及高级训练(管理功能课程、企业责任、企业战略等)。MBA 教育通常包括专业训练和高级训练过程,其课程定位在于使学员获得必要知识,协助解决企业遇到的问题;课程设置经由工具技术导向(如生产管理、营销管理、财务管理等)到思想观念导向(如企业伦理、创新管理、社会责任等),兼顾理论与实务,上承社会学科,下接组织与经营上的实际问题。为适应环境变化,当前的 MBA 课程设置呈现两大趋势,一是强调整合性教学,二是课程内容的安排越来越重视经营理念、职业道德、企业伦理、全球化、创业精神、社会责任、企业与自然环境以及法律环境等社会性议题。

四、国内外 MBA 教育中与社会价值观相关课程的设置比较

(一) 样本选择与数据来源

目前,国内外开展 MBA 教育的院校甚多,因此,本文以相对公认的排名作为研究样本的选择标准。国内样本依次为清华大学经济管理学院、中欧国际商学院、北京大学光华管理学院、上海交通大学安泰经济与管理学院、中山大学(岭南学院＋管理学院)、复旦大学管理学院、中国人民大学商学院、长江商学院、厦门大学管理学院,同时加入了作者所在单位东南大学经济管理学院;国外样本依次为宾夕法尼亚大学沃顿商学院、伦敦商学院、哥伦比亚大学商学院、斯坦福大学商学院、哈佛大学商学院、欧洲工商管理学院、麻省理工大学斯隆学院、西班牙企业学院、芝加哥大学商学院、剑桥大学贾奇商学院。研究数据均来自各商学院和管理学院网站的公开信息,课程设置按必修与选修分类。

(二) 相关程度的判别标准

究竟哪些课程与 MBA 学员社会价值观相关,是个见仁见智的问题。例如,在目前 MBA 教学中占最大比重的财务、生产、营销、信息、电子商务、物

流管理等课程,若说毫无关系,未免过于武断。然而这些课程毕竟是以培养技术面能力为主要目的,确实不易将其课程内容与社会价值观形成建立强相关关系。因此,本文依课程名称建立如下的主观定性判别标准:(1)将与责任、伦理、文化、法律、沟通、企业家、职业道德、组织行为、经营理念、企业与社会、企业与自然环境等概念相关的课程,定义为与学生社会价值观形成呈强相关的课程;这些课程也是本文探讨的聚焦点。(2)将与业务功能、经营技能等管理技术相关的课程,定义为与学生社会价值观形成呈弱相关的课程。(3)介于二者之间的,则归类为普通相关的课程,如企业战略、组织与管理、领导力等。这类课程涉及理性思辨,兼顾管理的决策和执行面,以及二者互相配合能力的培养,教导学生如何以全局视角与正确方式来谋求组织的永续发展。

(三)国内外与学生社会价值观相关课程的数量与内容比较

综观国内外商学院和管理学院 MBA 的课程安排,主要类型大致如下:

(1)开放式课程:除了基本必修课外,其余课程由学生自行选修安排,具体如宾夕法尼亚大学沃顿商学院、伦敦商学院、剑桥大学贾奇商学院、哈佛商学院、麻省理工大学斯隆学院、欧洲工商管理学院、清华大学经济管理学院等。

(2)专门化课程:与开放式课程基本相同,但学生必须选择某一主修领域,在主修领域中修满三、四门课后,可在其他相关或有兴趣的领域中修课,具体如哥伦比亚大学商学院、斯坦福大学商学院、中欧国际工商学院、北京大学光华管理学院等。

(3)结构化课程:课程完全由校方安排,全盘学习,不设主修领域,具体如西班牙企业学院、芝加哥大学商学院、东南大学经济管理学院等。

从 MBA 教育开设课程的数量来看,国内样本学院开设必修课最多的是北京大学光华管理学院,为 26 门,样本均值为 16 门;开设选修课最多的是清华大学经济管理学院,80 门以上,样本均值为 33 门;总开设课程数最多的是清华大学经济管理学院,约 90 门以上,样本均值为 50 门;总开设课程数在均值以上的学院有清华大学经济管理学院、北京大学光华管理学院、中山大学管理学院、中欧国际工商学院等。样本学院开设的与学生社会价值观强相关的课程（包括必修与选修）占总开课门数的平均比例为18％。

国外样本学院开设必修课最多的是麻省理工大学斯隆学院，为40门，样本均值为19门；开设选修课最多的是哥伦比亚大学商学院，约200门，样本均值92门；总开设课程数最多的是哥伦比亚大学商学院，约218门，样本均值111门；总开设课程数在均值以上的学院有哥伦比亚大学商学院、宾夕法尼亚大学沃顿商学院、斯坦福大学商学院、哈佛大学商学院等。样本学院开设的与学生社会价值观强相关的课程（包括必修与选修）占总开课门数的平均比例为23％。如表1所示。

表1　样本学院MBA教育开课数量分析表

项目	必修课	选修课	课程总数
国内平均总开课门数	16	33	50
国外平均总开课门数	19	92	111
国内强影响学生社会价值观的平均开课门数	4	5	9
国外强影响学生社会价值观的平均开课门数	4	22	50
国内强影响学生社会价值观开课门数占开课门数比例	25％	15％	18％
国外强影响学生社会价值观开课门数占开课门数比例	21％	24％	23％

从与学生社会价值观强相关课程的具体分布来看：国内样本学院必修课中开设的与社会价值观强相关课程比例最高的是清华大学经济管理学院，约为36％，均值为25％；选修课中开设的与社会价值观强相关课程比例最高的是东南大学经济管理学院，约为40％，均值为18％。

国外样本学院必修课中开设的与社会价值观强相关课程比例最高的是麻省理工大学斯隆学院，约为38％，均值为22％；选修课中开设的与社会价值观强相关课程比例最高的是哈佛大学商学院，约为48％，均值22％。如图1和图2所示。

从国内外样本学院开设的与学生社会价值观强相关课程的内容来看，国内开课最多的是组织行为学、商法、管理沟通、社会主义经济理论与实践、企业伦理；国外开课最多的则是社会责任、企业伦理、非营利组织、企业与法

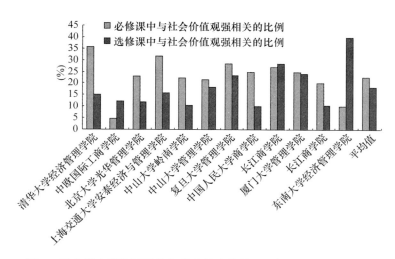

图 1　国内样本学院开设的与学生社会价值观强相关的课程比例图

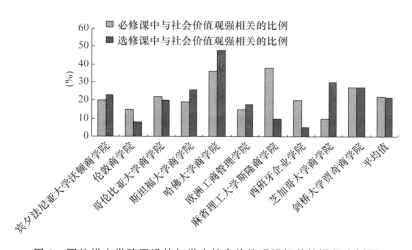

图 2　国外样本学院开设的与学生社会价值观强相关的课程比例图

律、企业与环境等。值得注意的是,国外样本学院均开设了非营利组织的相关课程,而国内样本学院则涉及甚少。如表 2 所示。

表 2 与学生社会价值观强相关的主要课程表

	课程	开课学院
国内	组织行为学	12
	商法	12
	管理沟通	9
	社会主义经济理论与实践	8
	企业伦理	8
国外	社会责任	10
	企业伦理	10
	非营利组织	10
	企业与法律	10
	企业与环境(社会、自然)	10

(四) 研究发现

通过上述对国内外样本学院课程设置的比较分析,本文获得以下发现:

第一,从绝对值看,国内外样本学院开设必修课的数量相差无几,但国外选修课的数量则远远多于国内,如哥伦比亚大学商学院、宾夕法尼亚大学沃顿商学院均开出了约 200 门选修课,斯坦福大学商学院与哈佛大学商学院也分别开出了 100 多门选修课。

第二,必修课中,国内外与学生社会价值观强相关课程数量相当,均值都为 4 门,选修课程中,国外(平均 22 门)则远远高于国内(平均 5 门)。

第三,从相对值看,国外样本学院在安排课程时对学生价值观培养的关注程度高于国内,其开设的与学生社会价值观强相关课程占所开课程总数的比例(23%)高于国内(18%)。

第四,国内必修课程中开设的与社会价值观强相关课程的比例(23%)高于选修课程(18%),国外则反之。

第五,以课程与社会价值观的密切程度来看,国外课程除了讨论企业伦理、沟通能力外,更多地聚焦于社会责任、跨文化管理、企业与法律、企业与环境的关系等,同时,样本学院均开设了非营利组织相关课程;国内课程则较偏重于对组织行为、企业沟通、法律法规等的讨论,对管理者社会价值观培养所涉及的范围相对较小,深入的程度相对较低。

五、结论与建议

基于上述讨论,得到结论如下:我国 MBA 教育单位在课程安排上已开始关注对学生社会价值观的培养,然而在课程内容上,相比国外一流 MBA 教学单位,尚缺乏丰富性。未来企业的发展,根本在于企业对社会的贡献以及与环境的和谐相处,故而建议:第一,MBA 教育单位应进一步加强对与社会价值观相关课程的重视,提高其在必修课程中的比例;第二,社会价值观培育课程应有足够的覆盖面,包含法律、伦理、社会责任、环境保护、企业与社会的关系、非营性组织等,相关课程可以以选修的性质设置;第三,社会价值观与企业实务紧密相关,因此,社会价值观相关课程应与企业实践相结合,让学生经由体验来建构其价值体系。

MBA 商业道德课程的教学目的及妨碍其普及的因素

周祖城　欧　平

（上海交通大学）

越来越多的有识之士认为,商业道德课程教学应该是 MBA 教育不可或缺的组成部分,但是,其在我国的开设远未达到普及的水平,妨碍商业道德课程普及的主要因素是什么？本文试图在一项全国性调查研究基础上对上述问题做一回答。

一、MBA 商业道德课程的教学目的

MBA 商业道德课程的教学目的是什么？我们就这个问题在一些 MBA 培养院校中进行了问卷调查。在调查中,要求受访者对问卷中所列的 8 项可能的商业道德课程教学目的,按照重要性程度打分,1 分表示最次要的目的,5 分表示最主要的目的,2 分、3 分、4 分处于两者之间。

在回收的 79 份有效问卷中,36 份来自已开设商业道德课的学院,43 份来自未开课的学院。结果如表 1 所示。

表 1　商业道德课程教学目的问卷调查结果

题号	教学目的	全部		已开课学院		未开课学院	
		均值	标准差	均值	标准差	均值	标准差
A	理解企业经营与道德的内在联系	3.83	1.17	3.94	1.24	3.74	1.11
B	理解企业的社会责任	4.24	1.00	4.11	1.18	4.35	0.84
C	掌握企业伦理学的基本概念、理论与方法	3.36	1.11	3.29	1.17	3.41	1.07
D	增强道德与否的判断能力	3.76	1.15	3.58	1.23	3.90	1.08
E	增强通过管理提升企业道德的能力	3.61	1.06	3.41	1.23	3.76	0.88
F	寻求利润与道德兼得的途径	3.90	1.20	3.77	1.28	3.97	1.14
G	增强个人的道德责任感	3.84	1.08	3.76	1.18	3.90	1.00
H	促使学生的行为更加道德	3.41	1.06	3.35	1.18	3.45	0.97

结果显示,所列目标的得分都高于3分,而且差距不大,即都被认为比较重要,"理解企业的社会责任"高居第一,"寻求利润与道德兼得的途径"位居第二,"理解企业经营与道德的内在联系"名列第三。

二、妨碍"商业道德"课程普及的因素

在调查中,要求受访者对问卷中所列的12个可能影响商业道德课程普及的因素的困难程度进行打分,1分表示最次要的困难,5分表示最主要的困难,2分、3分、4分处于两者之间。

在回收的78份有效问卷中,36份来自已开课学院,42份来自未开课学院。结果如表2所示。

结果显示,在全部78份问卷中,影响商业道德课程普及最大的前三位因素依次是:缺乏来自社会的关于商业道德课程教学的激励和压力;缺乏合适的教学辅助材料;缺乏合适的教师。影响最小的三个因素是:MBA的课程已经太多,插不进去;教师对教该课程不感兴趣;教学目的不明确。

表2 妨碍商业道德课程普及的因素

序号	妨碍因素	全部 均值	全部 标准差	已开课学院 均值	已开课学院 标准差	未开课学院 均值	未开课学院 标准差
A	教学目的不明确	2.41	1.36	2.0	1.24	2.8	1.38
B	缺乏合适的教材	3.05	1.28	2.91	1.44	3.18	1.11
C	缺乏合适的教学辅助材料(如案例、文章、录像及电影片段等)	3.54	1.19	3.39	1.30	3.68	1.10
D	缺乏合适的教师	3.16	1.40	2.56	1.37	3.63	1.26
E	缺乏合适的教学方法	2.93	1.07	2.70	1.16	3.13	0.97
F	学生对学该课程不感兴趣	2.68	1.29	2.66	1.23	2.71	1.35
G	教师对教该课程不感兴趣	2.21	1.11	1.80	0.90	2.54	1.17
H	MBA的课程已经太多,插不进去	2.15	1.24	2.03	1.05	2.26	1.39
I	学院对该课程的教学不重视	2.69	1.27	2.53	1.32	2.83	1.24
J	企业界对该课程的关注和支持不足	2.83	1.23	3.0	1.16	2.70	1.29
K	国家有关教育管理部门对该课程的教学不重视	3.0	1.25	3.26	1.16	2.78	1.29
L	缺乏来自社会的关于商业道德课程教学的激励和压力	3.58	1.26	3.64	1.22	3.53	1.30

三、促进商业道德课程普及的建议

要使中国的MBA商业道德课程教学有大的发展,尚需在外部推动和自身完善两个方面做出进一步努力。

(一) 外部推动

商业道德课程的性质决定了完全靠课程自身的吸引力来推广是不行的,还需要外部的推动力。而且从调查中可以看出,"缺乏来自社会的关于商业道德课程教学的激励和压力"是排在第一位的制约因素。因此,我们建议:(1) 全国MBA教育指导委员会对商业道德课程教学应有明确的要求,可以考虑把它列为必修课,课时不少于18学时;(2) MBA认证机构对商学院的商业道德课程教学应有更加明确的要求;(3)企业及社会团体给予商业道德研究与教学更多的理解与支持。

(二)自身完善

外部的推动是必要的,但更为重要的是提升课程教学水平,使商业道德课程更有吸引力。毕竟教学是面向学生的,学校可以把它设置为必修课,但仅仅靠这样的规定无法使学生真正地学习。而且 MBA 学生付费较高,绝大多数是利用宝贵的业余时间来学习的,他们对教学质量有较高要求是合情合理的。此外,商学院固然可以将商业道德课程设置为必修课,但它也一定会考虑学生的反应与评价,如果学生不喜欢,商学院也很难能坚持下去。

为了提升商业道德课程教学水平,除了需要进一步明确课程教学目标,加强教材和案例建设,不断探索行之有效的教学方法外,师资队伍建设是重中之重。这是因为商业道德课程横跨伦理学、工商管理两大学科,且工商管理知识本身涵盖面甚广,包括市场营销、人力资源管理、会计、财务、国际经营等学科。但实际情况是,具备扎实的伦理学和工商管理知识的教师非常少,即使在国际上也是如此,对我国来说,由于起步较晚,这一问题更加突出。伦理学专业背景的教师如果不下功夫掌握一定的工商管理知识,了解相关的实践,要给 MBA 学生讲授企业伦理学,有一定困难;而工商管理或经济学专业背景的教师如果不下功夫掌握一定的伦理学知识,同样不可能讲好企业伦理学。因此,在相当一段时间内,缺乏合格的师资将是制约我国 MBA 商业道德课程教学教学开展的一个主要因素。

为加强师资队伍建设,我们建议:(1)鼓励和吸引更多的教师加入商业道德课程教学中来,加强不同专业背景的教师之间的学术交流;(2)定期举行商业道德课程教学研讨会;(3)建立商业道德课程师资培训基地;(4)建立商业道德课程教学与研究网站,共享相关教学资源;(5)成立一个商业道德教学与研究组织,使教学与研究的交流活动能够更加正规化。

企业战略管理课程实践教学模式探究

崔世娟　谢景云　孙　利

（深圳大学）

一、引　　言

　　实践教学是指学生在教师的指导下通过实际操作获得感性知识和基本技能的一系列教学活动的组合。实践教学是 MBA 教学活动中的一个重要环节，是对理论教学的验证、补充和拓展。相对于理论教学而言，它具有直观性、实践性、探索性、启发性等特点。实践教学对于提高学生的综合素质以及培养学生的实践能力和创新精神具有特殊的作用。

　　MBA 教育的性质决定了其教学模式对实践教学更为倚重。各种实践教学模式可以充分发挥 MBA 学员的主体地位，让学员学以致用，将理论与实践联系起来，将教学内容与时代发展的要求联系起来，防止教、学脱节，学、用脱节，真正达到培养具有实际操作能力的高级职业经理人的教学目的。因此，在 MBA 教育中普遍采用实践教学，并且各高校对不同类型的实践教学模式进行了探索和尝试。

二、MBA 实践教学模式类型及比较

　　目前在 MBA 的实践教学中，各高校采用较多的教学模式主要有以下

几种。

1. 参访先进企业

这是一种比较好的理论联系实践的学习方法。参访先进企业可以让学员近距离地感知企业的管理模式和方法，对企业的管理风格、管理经验或者是管理难题有直观的认识，有利于引发学员对管理知识如何应用到实践中的思考。但是，企业参访也存在一些实际操作的困难。一是不少院校没有建立固定的教学基地，或者没有稳定的企业关系，而且现在许多企业并没有认识到学生参观的价值，因此许多院校无法给予学员足够的参访机会；另外有些企业只给学员展示表层的外在的东西，不愿对企业的实际运营深入探讨，对于有一定工作经验的 MBA 学员来说，这种走马观花式的企业参访很难学到深层次的东西。

2. 视频观看

视频观看的方式比较易于操作，而且现在国外教材都配套有相应的教学视频光盘，学生可以通过观看视频了解国外先进企业管理经验。但这毕竟是单向的、被动的教学方式，学员们无法参与其中。另外，目前大多数视频介绍的都是国外的先进企业，对中国的 MBA 学员来说，有些在西方的管理环境中产生的管理模式和得到的经验或许并不适合中国的实际环境。

3. 企业专家讲座

企业专家讲座是一种各高校比较普遍采用的方法，对于一些实务性比较强的内容，企业专家讲授会比高校教师讲授产生更好的效果，因为企业专家可以结合自己的工作经验，更加切合实际，语言也通常更加生动形象，学员更容易产生认同感，而且印象更加深刻。与企业参访一样，邀请企业专家也存在一定困难。例如，由于企业的工作繁忙，很难保证某位企业专家按照课程教学时间来参加讲座，无法保证教学计划按时进行。

4. 经营模拟实训

经营模拟又称为工商管理模拟、企业竞争模拟或企业经营决策模拟，它是利用现代计算机技术模拟现实企业经营环境，供参与者进行企业经营的训练。经营模拟实训的特点是从直接体验中学习，重在综合管理能力的提高。但是虚拟世界与现实世界毕竟还是有一定的差别，另外经营模拟实训参加多了就能找到背后的规律,引导不好的话,容易让经营模拟实训变成一种智力游戏。

5. 案例教学

案例教学是在 MBA 教学中广泛使用的实践教学模式,通过案例引入、学生研读、分组讨论、小组意见陈述、教师点评等教学过程,培养学生运用所学知识分析问题、解决问题的能力。案例本身具有真实性、典型性、实践性和针对性,能够帮助学生在课堂中积累一定的实践经验,这对 MBA 学员具有一定意义。而案例教学其实对老师的要求比较高,它要求教师有深厚的专业知识以及较广博的案例知识积淀作为依托,同时又要求教师能够有效组织和调控案例讨论,将案例与概念恰到好处地有效交织,以保证知识的概括性和具体性相结合,这往往较为困难,把握不好的话,将难以深入案例情境和案例精髓,难以有效地组织和引导案例分析,使案例教学流于形式,达不到启发学生、引导学生的效果。

三、企业战略管理课程实践教学模式

1. 企业战略管理课程的特点和要求

企业战略管理是工商管理专业的核心课之一,具有综合性强、实践要求高、应用价值大的特点,要求它对工商管理的很多课程进行全面整合。企业战略管理不是对企业某种职能的具体操作,而是对企业的经营和发展实行总体性管理,需要学员掌握战略领导、内外部环境分析、竞争优势的创建、各层次的战略和战略实施等方方面面。同时,战略管理是现代企业管理中的一种重要实践活动,在实际操作中存在许多艺术性的成分,强调一种理念或思维方式,因此很难在教学中通过传统的教学模式表达清楚。

2. 企业战略管理课程教学模式分析

企业战略管理课程有两种体系:一种以理论为导向,一种以实践为导向。理论导向的企业战略管理课程体系,通常将战略管理过程分为三个阶段:首先是内外部环境分析;其次是根据分析结果制定总体战略以及事业战略;最后是各层次战略的实施。这种体系结构清晰,而且合乎逻辑,便于学生们构建理论框架，是目前本科阶段战略管理教学的主流课程体系。然而，如果将这种决策过程应用于实际，就会发现许多不利于实践者应用、不合乎实际操作的地方，如环境分析缺乏针对性，简化的战略分类不利于企业战略创新等。以实践为导向的课程体系把战略管理过程分解成逻辑上紧密联系的三个部分——"质疑、探思、求解"。质疑的三个根本性问题是"企业的业务是什么？应该是什么？为什么？"探思的核心在于弄清战略问题所涉及的外部环境、使命目标及内部实力三个假设。求解的关键在于导出切实可行的战略的三个出路——特色、取舍、组合，为企业从"现状"向"目标"过渡提供思路、方法与途径的指导。这种课程体系强调战略管理的思维逻辑和问题导向，更多地重视实践应用的普适性，而较少考虑理论观点表述的系统性，比较适用于 MBA 教学。

另一方面，MBA 学员都有一定的工作经验，一般都是企业的中层管理人员，能对某一领域的知识有很好的把握，但他们比较少有机会进行整体决策以及从战略角度思考企业的整体问题，对各种资源进行整合的能力有待加强，对全局的把握性有所欠缺。因此，他们更需要在实际操作中提高自己战略思维和执行能力。

结合企业战略管理课程和 MBA 学员的特点，经营模拟实训和案例教学是很好的实践教学模式。经营模拟实训让学员有机会在虚拟的环境中从事经营活动，进行各种战略决策，从而使他们能切身实践战略制定和实施的全过程，并马上体验到自己决策产生的后果。这种方式可以让学员从自己的错误中学习，提高自身的能力，从而减少在现实世界中犯错的可能，因此能带来很好的教学效果。

四、深圳大学企业战略管理课程实践教学模式

深圳大学 MBA 的企业战略管理课程在教学当中引入了"Marketplace 战略决策模拟"经营模拟实训。"Marketplace 战略决策模拟"建立在信息技术基础上，以系统化的管理思想，模拟真实世界中的具有竞争性行业的企业。在激烈的市场竞争中，虚拟企业的各位老总要进行各种战略决策，涉及

整体战略、战术规划、产品研发、设备投资规划、生产能力规划、广告设计和投放、销售渠道建设、人员招聘和薪酬激励等,而这些决策都是现实生活中新投资企业所要考虑的。

"Marketplace 战略决策模拟"一般进行 6 个季度的经营,6—8 家公司同时进行竞争。假设经营团队即将进入微电脑行业,并要负责引进新的微电脑生产线到亚洲、美国、加拿大和欧洲。在公司成立之初,经营团队根据企业目标和目标市场的优先次序,制定企业使命及决定战略方向,并根据战略目标制定相应的战术规划。还需要研究竞争对手的表现,向优秀的公司学习,分析自身产品、生产、渠道、人力资源、财务、广告等各个环节的优势和劣势,寻找机会,规避风险,不断调整自身的战略和战术。"Marketplace 战略决策模拟"用平衡记分卡来衡量各个公司的表现。团队总的绩效基于其财政状况、营销效率、市场绩效、未来投资、资产管理、人力资源管理和创造的财富。在整个经营期间,企业需要在战略的引领下,整合各种因素,充分调动团队成员的积极性,发挥其特长,以取得更好的经营绩效。

在整个战略决策模拟进行到第四个季度的时候,经营团队需要向风险投资家提交商业计划书进行融资。商业计划书涵盖了企业目前的经营现状、对未来的展望,以及从市场、营销、财务、生产、人力资源、财务各个方面对企业自身优缺点的分析。到第六季度结束时,各个经营团队需要提交董事会报告,具体分析和总结团队在各个季度的决策过程中,哪些决策是正确的,哪些决策是错误的,为什么会犯这些错误,如何改进等,以及对决策模拟活动的感受和在其中学到的知识。

深圳大学的企业战略决策模拟实训还充分考虑了 MBA 学员的时间问题,采用首尾(第一、二、六季度)集中在学校的管理实验室进行、平时让学员在课余时间进行的安排,每个星期固定时间汇总决策,之后教师针对决策的结果进行点评。模拟开始时集中在实验室进行可以让学员充分了解规则,老师可以随时解答操作中的问题。模拟结束阶段集中在实验室进行,可以让学员在总结自身情况的同时,了解和参考其他经营团队和老师的不同观点。平时各季度的决策给各个小组充分的时间思考,以便他们仔细分析各种资讯,更加科学地进行决策。

"Marketplace战略决策模拟"实训是一种体验式的互动学习,每一个学员都能直接参与虚拟的企业运作,有助于理解复杂、抽象的经营管理理论。这是因为战略模拟实训集角色扮演、案例分析和专家诊断于一体,充分体现了"以学为主,以教为辅"的全新教学模式,防止了教、学脱节,学、用脱节。这种模式使学员在实训当中体验商场中的实战,体验企业经营管理中经常出现的各种典型问题,从自身和竞争对手的错误中学习,结合自身的经验和理论知识,不断地进行自我提升。此外,战略模拟实训提供了现场的实战氛围,使学员身临其境,真正感受到市场竞争的精彩和残酷。同时在进行决策时,团队内部需要运用各种管理和沟通技巧,这会让学员学会换位思考,体验团队合作精神,这些都是未来的职业经理人必备的素质。

"Marketplace战略决策模拟"受到了MBA学员的广泛好评。很多学员表示平时很少有机会参与企业高层的经营决策,战略决策模拟给他们提供了一个很好的学习机会,让其在以后的工作中能够从战略和系统的角度分析公司的各种决策,对未来的职业生涯大有裨益。也有学员表示,战略模拟决策既体现了团队精神的重要性,又体现了共赢理念,同时也让他们对自身的个性和能力有了新的认识,让自己的思维有了进一步的提升。

在"Marketplace战略模拟"实训的过程中,老师也有自己的心得体会。首先,该实训模拟是把教学的对象——学员作为顾客来看待。老师应该以顾客需求拉动教学活动,最终的目标是使"顾客满意",即学生满意。该教学理念是符合MBA这种独特的教学活动的。因为MBA与其他学科不同,它的应用性价值取向非常明显,学生是带着问题而来,而且这种需求非常强烈,同时需求具有多样性。因此作为教师,必须了解顾客,按照顾客的需求建立"牵引式"的教学模式,不断寻求改进教学质量的手段与方法,只有这样,才能使顾客满意。其次,在经营实训教学中,指导教师应该兼具"导演、导游、导师"的三重角色:教师的导演角色是指必须针对参与者的特点,进行周密的教学设计;教师的导游角色是指必须针对模拟教学的目的,引导学生对相关知识点进行学习;最好是将战略管理的课程进度与模拟实训有机结合起来,结合实训讲解知识点;教师的导师角色是指必须及时组织讨论,解答学生的各种问题,保证学习效果,在此过程中,尽量让学员自己分析和总结各种问题,老师主要是引导思维。

经营模拟课程的教学设计与效果分析

董沛武 李 军

(北京理工大学)

一、经营模拟课程的教学特点

经营模拟课程目前受到许多院校的好评和大力推广,主要是因为该课程本身具有许多普通课程所不可比拟的优势。

(一)真实性、实践性强

工商管理专业的学生一直以来都不能像其他专业的研究生那样在实验室里通过各种仪器设备来锻炼自己的知识应用、实际操作能力,而实地到企业实习的方式在人数、质量、时间上也非常难以协调。经营模拟课程仿真的竞争环境呈现了企业实际经营过程中面临的若干重要问题,学生置身于其中,既能够充分感受到激烈的竞争,也能够更加理解营销组合、战略规划的重要意义。我校参加"国际企业管理挑战赛"并获得世界冠军的队员就深切地体会到,经营模拟课程有效地把现实环境和所学知识结合起来,能够切实训练学生的科学思维和创新能力。

(二)涵盖内容广泛,形式多样,处理信息量大

一般来说,无论经营模拟仿真系统侧重于营销、战略,还是财务等方面,

整个系统在内容上设置往往都会涉及多个学科的知识,例如经济学、统计学、财务管理、管理学、金融学、人力资源、物流与供应链管理等,涵盖内容广泛。通过计算机操作,页面既可以根据模拟进程形式加以提示,也可以通过图片或录像、声音形式生动地把经营过程展现出来,使整个场景更加真实和生动;信息传递也可以采取随时调取程序和网络察看的形式,适合于分组讨论和分散学习。此外,这种仿真系统使用计算机进行处理,并且容量可以很大,能够在短时间同时处理多个虚拟公司的经营决策。

(三) 多方位训练和提高综合能力

一般课程的讲授往往仅局限于该课程内容涉及的某一领域,而学生掌握的也仅仅是老师所讲解的一部分知识点,学生的其他能力很难得到培养和训练。学生在经营模拟课程上的决策过程中既训练了在不同实际情境下运用知识的能力,也锻炼了从不同角度用多种方法解决问题的能力,还通过不断的决策培养了其敏锐的洞察力和判断力。

(四) 互动性、参与性强

该教学系统实际上是以学生实践为主,教师讲解和引导为辅,同时系统本身具有竞争性质,也具有互动性,即自己做出一种决策,系统会出现一种结果,而不像做论文或写作业只是一种单一的提交方式,因此对 MBA 学员来说有一定的游戏性和趣味性,当然系统本身也颇为复杂,它需要同学们全身心的投入,尤其首先要熟悉系统本身设定的规则才可能掌握使用要领,然后主动与组员讨论协商,做出一份高水平的决策。

(五) 培养学生团结协作、互助友爱的精神,树立责任心

学生在整个模拟仿真过程中,从一开始组建公司就需要分工协作,在分析决策中,更需要每个人尽职尽责按时完成各自分内的分析工作,如负责销售的同学就必须把广告、渠道策略等制定完成,负责财务的同学必须分析财务指标以及现有的问题,制定借贷投资策略,对整体战略的把握则需要组员认真讨论商议后共同决定,在出现争议时,要协商是按民主集中制还是总经

理负责制来进行决策。每个成员都必须按照总体战略统一制定各自分策略,这样才能促进企业长久的发展。因此在这样一个过程中,学生们培养了责任感和合作精神。

二、北京理工大学经营模拟课程的教学设计

北京理工大学以"国际企业管理挑战赛"使用的软件 GMC 为基础,完成经营模拟课程,将课程与"国际企业管理挑战赛"相结合,形成了"以赛促学,课赛并进"的模式,如图 1 所示。

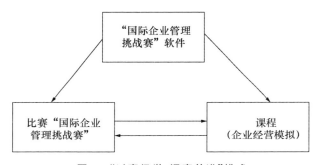

图 1 "以赛促学,课赛并进"模式

按照这种模式,北京理工大学在师资培养、课程设置、教学安排和学生管理上都狠下功夫,精心安排。

(一) 软件的选择

现有的经营模拟类教学方式大致可以分为软件操作和沙盘操作两大类。软件操作是指,软件后台仿真市场环境并提供与决策相关的信息,由学生组成团队,根据电脑数据和指令,运用所学知识进行决策,由软件程序对所有团队的决策及相互关系做出评定和判断。一般软件能够在团队间构成虚拟竞争的环境,激发学生的积极性,并且参加人数不受限制。沙盘操作是指,运用一些道具直接进行操作,如银行货币用塑料硬币代替,经营过程更为生动和形象。这种方式虽然直观,但很难反映出市场的复杂性,仿真效果不强,不利于训练学生对真实环境的反应。北京理工大学曾经对这些软件

进行过综合评比,如比较知名的 Marketplace、GMC、Markstrat 商战模拟等。经过认真考察和综合比较后,我校教师普遍认为 GMC 软件具有数据更新快、复杂程度高、可靠性高、竞争性强、信息量和计算量大的特点,比较适合理工类的 MBA 学生,其具体运行模式如图 2 所示。

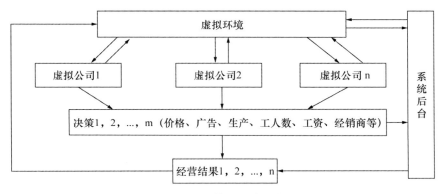

图 2　GMC 模拟系统示意图

（二）师资培养

教学的开展与执教的教师密切相关,因此教师的培养是引入经营模拟课程的根本前提。经营模拟课程的主讲教师不但要具备丰富的专业知识,而且要有较高的引导和组织能力。一方面,由于在讲授该课程和解答学生问题时,可能会用到计算机、管理学、经济学等多种学科知识,尤其是数理统计、市场营销、战略管理等,所以要求该课程教师拥有整合多种学科知识的综合能力;另一方面,因为课程为计算机仿真,在数据发布、数据分析和数据处理等方面都要使用计算机,所以也要求教师有较高的计算机操作水平。在整个过程中,教师扮演的角色可用"三导"来形容——"导师、导演、导游",即讲授知识、建设场景与分配角色、引导步骤和检测过程。

北京理工大学特别培养了一批优秀青年教师作为此课程的任课教师,他们积极参加国际企业管理挑战赛软件的培训,并实际操作,熟练掌握整个仿真系统的运行规律,同时可以结合企业决策的基本理论进行教学。

(三)课程设置

经营模拟的课程设置基本情况如表1所示。

表1 经营模拟课程设置基本情况

类别	选修课
考核方式	考勤+比赛成绩
学时	36学时
授课方式	理论+实验

1. 选修课为必修课打下基础

目前无论对老师还是学生,企业经营模拟课程还是一门崭新的课程,需要探索和创新的地方还很多,老师和学生都需要一段时间的适应和调整。它不同于传统课程,不仅要按照既定的大纲教学内容传授知识点,而且要根据学生的实际操作情况,进行分析、讲解和指导。因此我校初期将此课程作为选修课来开设,控制在一定规模,在教学过程中根据任课教师和学生的反映来调整教学大纲和教学方式,为时机成熟时开设成为必修课打下良好基础。

2. 考核方式

此课程的教学目的在于培养学生的应用能力、解决实际问题能力和创造性。因此在判定学生成绩时,不但要根据预设的标准对学习结果进行评定,还要更注重对学生学习过程的考查,有意识地监督学生在模拟经营过程中所体现出的对环境的把握、考虑问题的角度、解决问题的方法以及角色的胜任程度等,而不仅仅依据其所在虚拟公司的运营结果来判定学习成绩。

我校在此课程中按照考勤与比赛成绩各占总成绩50%的比例综合考察,尽可能全面地考虑学生平时的表现和学习成效。

3. 学时

企业经营模拟课程涉及内容广泛,知识点复杂,教师要全方位地深入讲解这些知识可能需要花费很多教学时间。如果尽量充分利用课上时间启发和教导学生分析和解决问题的方法,分析和评定决策结果,而把知识点自学、小组讨论和经营决策等放在课下进行,既能够让同学掌握分析问题的思路和解决问题的方法,也可以充分利用小组组员业余时间的灵活性和充裕性,不必占用过多的课堂时间。

4. 授课方式

企业经营模拟课程作为一个以仿真软件为核心的课程,授课的方式就不能仅限于理论课,还必须给学生们充分实践的条件和机会。因此我校特别建设了仿真实验室便于相关课程的开展。

(四) 教学安排

结合企业经营模拟课程本身基础理论的需要和比赛的赛程,我校制定了相应的课程安排,如图3所示。

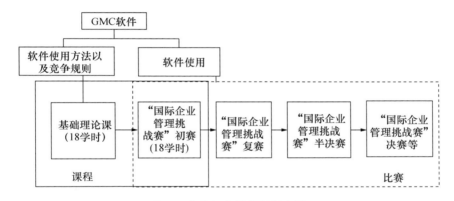

图 3　企业经营模拟课程安排

1. 基础理论课

基础理论课是企业经营模拟课的基本内容,也是使用 GMC 软件参加比赛的前提。主要内容包括相关理论知识(战略管理、市场营销、经济学)、软件使用方法、竞争规则等。

2. "国际企业管理挑战赛"比赛

"国际企业管理挑战赛"比赛目前包括初赛、复赛、半决赛、决赛以及国际决赛几个环节。其中,初赛是自由参加,之后的比赛是通过比赛结果选拔产生。北京理工大学利用"国际企业管理挑战赛"初赛,主要是借助于 GMC

软件,完成模拟教学,并利用比赛的竞争机制激发学生的学习兴趣,初赛后课程结束,择优选择学员继续参加比赛。

三、北京理工大学经营模拟课程的教学效果分析

北京理工大学自开设企业经营模拟课程以来,每次课程结束时都向学生们发放课程评价问卷调查,经过对213份问卷的统计分析得到以下结果:95.5%的学生认为这门课程的实践性非常强,92.5%的学生认为能够在该课程中运用所学的知识,81.6%的学生认为课程仿真程度较高,83.2%的学生认为该课程提高了自己的沟通能力,93.4%的学生认为该课程提高了自己的团队建设能力。这说明这门课程的开设基本上取得了既定目标。对于课程的建议,学生们普遍认为课程的学时比较紧张,希望时间更加充裕,有利于更好地掌握知识。

四、经营模拟课程的教学方法建议

(一) 与基础理论结合

经营模拟本身是建立在一定管理科学基础上的,也是为了让学生更直观地认识到科学管理的重要性,并进一步在实际环境中运用这些科学方法,因此教师在教学的过程中,应充分与基础理论相结合。在模拟经营伊始,可以与战略管理理论相结合,也可以在销售(渠道、价格、广告)中结合市场营销、微观经济学的知识,在财务报告中结合会计学、财务管理相关知识等,这样才能够充分发挥经营模拟课程巩固知识、提高运用能力的优势。

(二) 与案例分析结合

案例教学法是一种让学生理解消化科学知识的有效方法,在许多课程的引入中效果十分明显,尤其对于管理学知识,一个看似晦涩的道理往往通过一个案例就变得十分清晰,也通过一个案例加深了学生的印象。在经营

模拟课程中本身就存在各种与现实情况相当的情形,这些情形往往是同学们自行决策的结果,因此把这些情形与现实中已经发生的案例相结合,配合一定的科学知识,就会达到事半功倍的效果。

(三) 学生组织与管理

MBA 学生一般具有较高的自学能力,也掌握了相当的理论知识,他们能够在课程中充分发挥自己的主动性和积极性。在学生组织与管理中应注意以下问题。

1. 学生团队建设与管理

经营模拟课程中的学习与竞赛是以小组为依托的,因此团队的建设与团队管理在教学过程中显得尤为重要。在团队建设与管理中,应该注意培养学生的团结协作能力。

2. 深入了解学生特点,做好角色分配工作

在经营模拟中,每个学生担任不同的角色。学生的实际情况与每个角色所要求具备的能力和素质之间的匹配情况,直接关系到虚拟企业的运行成败。例如一个缺乏果断决策能力的学生就很难胜任总经理一职,一个没有财务理论基础的学生也无法担任财务方面的职务。当然另一方面,学生的兴趣也尤为重要,是角色全心投入的重要前提。为了保证每个学生各尽其能,并且帮助虚拟企业尽快正常运营,指导老师有必要深入了解每个学生的学习背景和性格特征,及时给出角色建议。

微信协作学习在 MBA 教学中的应用

李振福

（大连海事大学）

一、微信协作学习

（一）协作学习

协作学习是一种通过小组或团队的形式组织学生进行学习的一种策略。小组成员的协同工作是实现班级学习目标的有机组成部分。小组协作活动中的个体（学生）可以将其在学习过程中探索发现的信息和学习材料与小组中的其他成员共享，甚至可以同其他组或全班同学共享。在此过程中，学生之间为了达到小组学习目标，个体之间可以采用对话、商讨、争论等形式对问题进行充分论证，以期获得达到学习目标的最佳途径。

社会建构主义理论把个体的学习看成是个体建构自己知识和理解的过程，强调学生掌握知识的途径是通过与其他人的交互实现的，学习中的协作活动有利于发展学生个体的思维能力，增强学生个体之间的沟通能力以及提高学生个体之间差异的包容能力。此外，协作学习对提高学生的学习成绩，形成学生的批判性思维与创新性思维，对待学习内容与学校的乐观态度，以及小组个体之间及其与社会成员的交流沟通能力、相互尊重关系的处理等都有明显的积极作用。

协作学习的核心是学习者分组去共同完成某项学习任务，小组成员可以通过交流讨论解决问题,合作进行专题研究,分享学习材料和体会,互相评价学习成果等形式,以达到提高学习效率、完成知识建构的目的。协作学习通常由四个基本要素组成,即协作小组、成员、辅导教师和协作学习环境。

(二) 微信协作学习

信息技术环境,尤其是网际网络的发展,为协作学习提供了良好的条件。可以说,协作学习目前已经成为互联网络环境下一种除课堂教学外非常重要的教学模式,它对于培养学生的创造能力、求异思维、批判思维、探索发现精神、与学习伙伴的合作共处能力等非常重要。许多国家在教育实践中非常重视协作学习的教学模式。

微信作为一种网络媒体形式正呈现出蓬勃发展的势头。微信是通过网站链接进行个人化信息发布和思想表达的一种方式,它充分利用了网络双向互动、超文本链接、动态更新、覆盖范围广的特点,可以将使用者的工作过程、思路经历、思想精华、闪现的灵感等及时记录和发布,同时使用者可以选取并连接全球互联网中最有价值、最相关、最有意思的信息与资源。它的出现可能影响我们的学习方式、教学模式甚至是教育的理念。

微信协作学习具有潜在的优势,具体表现在:微信提供了协作学习所需的丰富学习资源;微信提供了协作学习要求的教与学的平等;微信能够实现对网络信息的过滤和评价;微信能够实现个性化教学;微信可以记录协作学习者的思考过程等,可以说,利用微信形式开展协作学习有巨大的潜力。

二、微信协作学习应用于 MBA 教学的可行性

从英美等国家看,协作学习已成为其 MBA 教学的重要方式,如在美国 MBA 教育中,大多数课程的内容都会涉及如何发扬团队精神的专题。而以我国目前的情况分析,微信协作学习广泛应用于 MBA 教学也有其必要性与可行性。

(一)微信协作学习符合MBA学生的特点及其学习要求

MBA学员具有多元化背景,其知识背景和工作领域各不相同,年龄和阅历各异,既有富有管理经验的经理人,也有才踏出校门不久的年轻人,这决定了各个学员的知识结构、认知能力、认知方式等各方面都会有差异,这使得结合微信形式的协作学习成为最佳的学习方式。

第一,MBA学员把时间看得更为宝贵,在达到短时间内获得大量实用信息目的的同时,他们更愿意使用网络和微信技术实现远程学习。而微信协作学习,利用了各个学员的互补特性,构建了有效的学习团队,可实现学员间的良性互动和师生互动,达到最佳的学习效果。

第二,MBA学生因为有工作经验,因而大多讲求实务,要求所学知识与原理具有即时的实际应用价值,同时他们更要求学习方式的多样化和趣味性。更不可忽略的一点是,他们不仅把读书当成一种学习的途径,也当成一种结交朋友、发掘新机会的途径。因此,结合微信形式的协作学习无疑是适用性强的最受欢迎的学习策略之一。

(二)微信协作学习符合MBA教育的特点

MBA教育的目标是培养企业家和职业经理人,使之具备良好的商业伦理和社会责任感、国际化的战略意识和竞争观、合作进取的团队精神、敏锐的市场分析和科学的决策能力、创新务实的管理技能。而在教学过程中,MBA教育提倡案例教学及其他多样的互动教学方法,MBA论文写作上也要求注重于解决实际的微观问题。这些都要求MBA教育要打破传统的研究生教学模式,即打破传统的注重理论概念而不注重培养学生分析问题和解决问题能力的教学模式,转而强调培养学生的创新能力、综合运用各种知识的能力及团队合作精神,从而全面提升MBA学员的素质,这一观点也是与国际教育技术发展趋势及国内教育改革的方向相吻合的。这决定了协作学习应成为MBA教学的重要方式。结合MBA学员时间宝贵的特点,在MBA学习阶段进行基于微信形式的协作学习有助于学员各种知识和技能的掌握。

（三）微信协作学习是提高 MBA 教学质量的需要

教师的角色传统地讲就是传授知识，所谓"传道解惑"即为教师的天职，但是我们必须看到传统的基于知识传授的教学模式在 MBA 教学中受到挑战。教师要善于利用学生的知识与经验，把过去那种简单把教师的知识传给学生的单通道知识传输模式转变为教师把知识传给学生、学生之间的经验转变为全部学生的知识的网络化知识传播模式。MBA 教师的角色定位应为"导演、导游、导师"。这种教师角色的转变，使教师从花大量时间去寻找资料备课，转变为策划学生自主学习、互相学习、共同学习的新模式。因此教师需要像导演一样组织学生学习，像导师一样启发学生学习，像导游一样带领学生吸收先进管理经验。而要满足上述要求，微信协作学习无疑可以发挥一定的作用。

（四）MBA 教育所提供的教育环境使微信协作学习成为可能

我国 MBA 教学的协作学习软、硬件环境都已基本具备。根据有关调查与评估，我国已批准的三批具有 MBA 教学资格的大学管理学科都有多媒体网络教室、多媒体报告厅、电子图书馆、各种标准和非标准的案例讨论室等设施。在案例教学实践中，我们既翻译了国外的案例，又建立了具有国内特色的案例库，如清华、北大的全国性案例库，而且很多学校都结合实际科研经验编写了自己的案例集。教师也在教学和科研中积累了一定经验，这使传统的基于教室班级的协作学习方式的推广成为可能。实际上，各个学校的 MBA 教师已或多或少地在教学中运用到某些协作学习的技巧，具有这方面的意识。而计算机及网络技术的普及又使计算机支持的协作学习、基于微信形式的协作学习大有发展前景。

三、微信协作学习的实施策略

微信协作学习是对传统 MBA 教学方法的挑战，对 MBA 教师提出了更高要求。MBA 教师应准确定位，保证这一教学形式的有效实施。

(一) 做好协作学习的组织和准备工作

协作学习的小组就是一个小社会、小集体，因此，开展协作学习需要一定的社会技能，所以教师在落实协作学习的活动时，要全面掌握协作学习的特点，做好协作学习活动的组织和调控。

首先，教师要组织开展协作学习的准备工作，对学生进行必要的训练。例如，教师应当讲述协作学习的目的，介绍其优点，呈现协作学习的开展方式，指出教师以及网络教育的育人期望并教给学生必需的合作技能，以便学生在以后的学习过程中有明确的目的，使小组活动健康发展。

其次，教师要构建协作学习的组织环境和空间环境。教师要结合远程教育的教学大纲、教学目的、学习内容、网络环境及网络资源等要素确立学习目标和小组活动目标，组织学生根据个人爱好、兴趣、学习成绩、认知能力等因素根据优势互补的原则组建学习小组或团队；然后依据学习目标组织学生在小组内开展讨论，制定个人及小组共同的学习计划，帮助小组成员合理分工，建立个性化网页和个人学习的微信，为协作学习的开展做好组织环境和空间环境的准备。

最后，教师要构建协作学习所需的资源环境。基于微信的协作学习强调学生的个性化学习与小组协作学习的交互。教师应当根据协作学习需要的硬件环境、软件环境的要求，对每个单元的学习资源做好整理，建立协作学习的班级资源环境，为小组协作学习提供必要的技术支持，保证学生及学习小组可以召开会议、下载信息、交换观点、在线讨论、发布公告、张贴研究报告、记录学习过程和学习日志等。例如，在我们运用头脑风暴的协作学习方式让学生对所学材料提问时，学生很容易仅就表面事实提问，使得问题过于简单，这就是学生对所谈话题缺少足够的相关背景知识而导致讨论的话题起点较低，因此，足够的相关背景知识的组织准备是十分必要的。良好的资源环境的建立将使学生获得学习的自信心，同时也会帮助学生学会提出更好的问题，以便获得更多有价值的信息。

（二）做好协作学习过程监控

协作学习的教师角色在某种程度上可以说是一种"放手"。在协作学习环境中，协作学习已经转变为以学生为中心的自主学习模式，学生要在师生、生生交流过程中学习，对他们自己的学习过程、学习成果负责，教师则已经从传统的课堂主体退到"后台"，成为协作学习的引导者和监控者。教师作好协作学习的导演，在必要的时候给学生提供咨询，而不参与小组学习活动的管理。这并不是说教师在协作学习中的作用不重要，而是对教师提出了更高的要求，教师要监控过程，提供理论基础，帮助学生深入理解学习内容，及时诊断和处理问题，对学习成果给予反馈，对公告板、虚拟会议等网络环境负责，随时保持与学生的联系。因此，教师在基于网络的协作学习过程中，要随时进行多角色的转变，随时监控学生的个性化学习与小组协作学习，成为网络教育的设计者、引导者、监控者、咨询师、联络员与资源中心。

（三）做好协作学习的多元评价

首先，教师要对学生的学习过程做出评价。教师根据学生学习过程中协作学习状态的记录对他们的学习进行反馈和建议。学生的个人微信是记录学习过程、展示学习成果的阵地，教师应随时监控这些微信并就学生及小组报告、反思、日记、虚拟会议记录等给予反馈、提出建议，及时对小组的合作学习情况做出评价，这些反馈不仅能够指导学生继续开展下面的学习活动，而且可以激励学生不断改进自主学习的方式，确保协作学习有效进行。

其次，教师要对学生的学习成果进行评价。学习成果与学习成绩的综合评定为学习者的自我完善提供了有效的依据。网络教育学习成果的展示不同于传统的课堂教学，可以利用微信对其进行展示。一方面，教师组织班级、小组成员以讨论、互评、自评的方式对学习成果进行讨论，提出建议，并就评价结果进行反思，为他们将来的学习奠定基础；另一方面，教师利用形成性评价和终结性评价的实施过程中收集的数据进行分析整理，并根据分析结果提出反馈意见，把结果和反馈意见通过网络呈现给每个学生，使学生对自己的学习状况有客观的了解，同时进行自我完善。网络教育的评价机制能够对学生的协作学习提供必要的指导和激励,因此教师应该做一个成功的网络教育的评价者,这对于大力发展网络教育,促进学生终身学习能力的提高是非常重要的。

四、结　　论

微信作为继 E-mail、BBS 和 QQ 之后的第四种网络交流方式,以其在教育应用中的巨大潜力,随着大家对它了解和应用的进一步深入,终将在教学中发挥更大的作用。同时,由于微信能够打破时空的限制,实现更加广泛的交流和协作,非常适合 MBA 的学员和教学的特点,所以如果教师有效组织,相信结合微信的协作学习策略在 MBA 教学中的应用也会逐步得到认可和重视。通过与其他网络沟通形式的整合,微信协作学习在促进 MBA 教学以及提高 MBA 学员自主学习能力方面将得到更有效的应用。

模拟教学中的体验式策略研究

陈福军　孔　文　李秋影

（东北财经大学）

一、课程特点分析

虽然目前国内高校开设的模拟课程名称不尽相同，如决策模拟、管理模拟、商业模拟、企业竞争模拟、企业经营模拟、企业经营决策模拟（仿真）以及战略模拟、市场营销模拟、电子沙盘模拟等，但其实质都是利用一套计算机软件来模拟企业的市场运行机制。以北京大学光华管理学院的 BUSIMU 软件为例，在由多个虚拟企业（最多可达 16 个）组成的特定行业中，学生要担任相应企业的营销经理、生产经理、财务经理、人力资源经理和 CEO 等角色，在多个不同市场（2—4 个）的竞争环境下，进行多种不同产品（2—4 种）的模拟经营（分为 1—9 级不同难度）。在每一期（季度）决策中，学生需要在分析自己和竞争对手的基础上，将企业经营决策参数（企业实际经营面临的问题）输入计算机，经过软件运行后，得到经营结果。然后再分析其经营结果，进行下一期的决策，依次可进行多期决策。其中，企业经营决策的参数主要包括各个产品在不同市场的价格、广告和促销费用、供货数量、产品规模、生产排班、人员工资以及购买机器数量、原材料、贷款、分红、国债等变量；经营结果包括企业生产状况、市场份额、财务状况和行业综合排名等市场竞争结果。

通过这种虚拟的"实践",学生可以在短短的一学期之内,亲身"经历"企业实际工作中若干年的经营过程(可根据教学情况调整),这不仅可以给学生提供将理论应用到实践的机会,巩固和加深其对所学知识的理解,并进行全面系统的学习,而且还可以使其切实体验到企业实际经营中的酸甜苦辣,体验到团队精神和思想交流的重要性。

根据我们多年的教学体会,与其他 MBA 课程相比,模拟课程具有以下的突出特点。

第一,多学科知识的综合应用。模拟过程一般要涉及企业的战略、营销、财务、生产和人力资源管理等多个职能领域,因而要涉及战略管理、营销管理、生产管理、财务管理、组织行为学、数据模型与决策(运筹学)、决策支持系统以及管理学、管理经济学和计算机基础等多个学科的知识,并需要将之综合运用于企业经营的每一期决策之中。这就要求学生在总体战略的指导下,建立起相关的决策模型,完成企业的各项职能决策,综合性强远超出其他课程。

第二,完整的决策过程循环。对经营决策过程而言,一般可分为发现问题、诊断病因、拟订方案、权衡比较、制定决策、贯彻执行和检查总结等环节或步骤。在其他课程的学习过程中,由于决策过程的最后两个环节(贯彻执行和检查总结)难以实践,因此学生的决策过程是不完整的,教师也就无法客观判定学生做出决策的实施效果。而模拟课程的连续决策特点,则从机制上保证了决策过程的完整性和连续性,可以更真实地反映市场中的企业实际情况。

第三,连续、动态的博弈训练。竞争是针对对手的互动行为,是企业的活力所在,因此,为了根据竞争对手的变化来制定有针对性的竞争策略,"光有《孙子兵法》是远远不够的,还应有博弈的训练过程。这是一种长矛与 M-16 的差别"。但非常可惜的是,在传统 MBA 课程中,各种竞争策略的教学却只能讲授竞争的技术性,无法让学生在与竞争对手进行直接、连续的博弈中体验竞争的艺术性。而模拟课程中则提供了解决这一难题的途径。

综上所述,我们把模拟课程定位为综合实验课。从教育学角度看,该课程属于典型的情境学习过程,是一种"干中学"的体验式学习模式。在教学过程中,精心设置的不同经营场景可以让学生在进行企业经营决策时心理受到挑战,思想得到启发,然后在教师的引导下,学员共同讨论总结,分享经验教训,感悟管理内涵,从而提高其分析问题、解决问题的综合素质和能力。

二、MBA 学习方式调查

学习类型是一个人在学习过程中所表现出来的主要行为倾向,可以作为学习方式的近似度量。根据 Kolb 学习模型,综合性学习包括四个循环阶段:积极参与新实践、对实践进行检测(反思)、将实践所获得的结论融入工作之中(理论化)、将新理论应用于新实践(计划)。相应地,学习类型也可划分为四种:(1)行动型:思维开放,愿与他人交往,常对新鲜事物产生热情,能很充分且毫无偏见地参与新的经历;(2)反省型:喜欢在行动之前考虑到所有可能角度及牵连问题,缜密地收集和分析相关资料,尽量推延做出确定结论的时间;(3)理论型:强调理性和逻辑,善于分析,喜欢基本假设、原则、理论模式及系统思维,将不同事实同化入统一的理论当中;(4)实际型:渴望尝试新的想法、理论及技术以证明它们在实践中是否可行,头脑中充满了想在实践中加以应用的各种新奇想法。

由于人们有着各自偏爱的学习方式,为了使教学更符合不同学习者的特点,需要进行学习者学习类型的分析,并在此基础上设计适合其特点的学习计划、学习资源和学习环境,即教学策略。根据彼得·哈尼和阿伦·芒福德设计的调查问卷(一共80道题,各种学习类型划分为极强、强、一般、弱、极弱5个等级),我们对某校新入学的脱产 MBA 学生(有效问卷 56 份)、工商管理专业的研究生(有效问卷 55 份)和大三本科生(有效问卷 53 份)的学习类型进行了调查比较。其结果如图 1 所示。

从图 1 中可以看出:脱产 MBA 学生在学习方式上总体状况一般(行动型:7—10;反省型:12—14;理论型:11—13;实际型:12—14),处于均衡状态。但在个别学习方式上则明显地弱于工商管理专业的研究生和三年级本科生。具体体现在以下两方面:

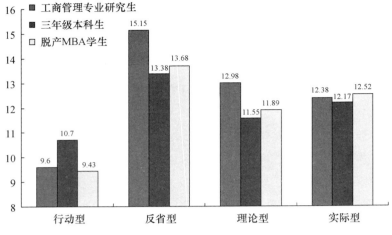

图 1 学习类型调查结果

第一,在学习第一阶段,即积极参与新实践、获取经验的阶段,脱产 MBA 学生在行动型学习上弱于本科生(10.7,强),其间的差距(11.9%)与 MBA 教育所强调的应用导向明显不相配。如何能够让 MBA 学生充分且毫无偏见地参与新的经历,对新鲜事物产生热情,愿与他人交往,是 MBA 教育应该加强的内容。

第二,在学习第二阶段,即回顾经验,对实践进行检测(思考)阶段,脱产 MBA 学生在反省型学习方式上弱于工商管理专业研究生(15.15,强),其间的差距(9.7%)说明 MBA 学生在缜密地收集和分析相关资料并从不同的角度审视它们的技能不足。为此,需要加强其系统思维训练,使其在行动之前考虑到所有可能的角度及牵连的问题。

由于上述学习的第一、二阶段主要对应于"做",因此,在教学中如何最大程度地突出实践教学特点就成为保证 MBA 教育质量的关键。

三、体验式策略

根据上述模拟课程的特点和脱产 MBA 学生在学习方式上的不足,我们结合建构主义学习理论和多年教学经验,设计并完善了一种三维的"干中学"体验式教学模型,具体如图 2 所示。

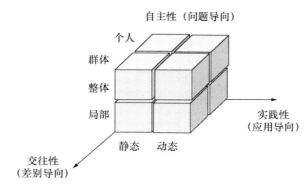

图 2　三维立体的体验式教学模型

按照上图中的体验式教学模型,教学策略也相应地分为三个纬度:

(1) 引导学生由局部(点)到整体(面)地复习理论,这与模拟课程多学科知识的综合应用特点相对应。由于模拟过程要涉及企业战略、营销、财务、生产和人力资源管理等多个职能领域和多门课程的知识,学生在短期内难以融会贯通,面对看似杂乱无章的数据不知该如何运用已经学过的有关知识,因此在课程开始阶段,教师应为学生提供相应的概念框架,由点到面地引导学生逐次复习相关知识。教师根据模拟情境中可能出现的问题,帮助学生搭建相关知识的"脚手架",建立起相关的决策模型,逐步提高其决策精度,让学生体会到"知识就是力量"的内涵。按照我们多年的摸索,"生产安排—营销组合—财务分析"的循序渐进顺序比较适合 MBA 学生的学习特点。

(2) 组织学生由个人掌握决策技能转变到群体制定竞争策略,这与模拟课程完整的决策过程循环特点相对应。企业经营是一个群体决策过程,需要生产经理、营销经理、财务经理、人力资源经理和 CEO 共同制定出企业的竞争和发展战略,然后各自确定自身部门的职能决策参数。在这一过程中,由于各个经理的出发点、思路或思维特点很大差别,其决策参数经常会发生冲突,例如,如何解决成本最小化、利润最大化与销售额(市场份额)最大化的问题?如何平衡好生产规模快速扩张与财务状况恶化的矛盾?等等。教师可以根据学生的差别状况,由浅到深地设置不同难度的模拟场景,让学生慢慢体会到"团结就是力量"的重要性。

(3)指导学生由静态边际分析上升到动态博弈竞争,这与模拟课程的连续、动态博弈训练特点相对应。一般来说,企业经营决策模拟是以企业长期计划为指导,以销售预测为起点,根据市场总体趋势,在企业能力、现金支持下,进行总边际贡献最大化的营销组合过程。但是,由于各期决策之间相互衔接,相同决策在不同的对手策略下会有非常不同的后果,因此动态的博弈竞争是该课程的灵魂所在。学生根据对自己企业和竞争对手的分析所制定出的决策成功与否,是由多个企业共同博弈决定的。换句话说,即使没有最优的结果,教师也应该指导学生树立起"实践是检验真理的唯一标准"的应用导向意识,逐步了解、掌握管理的科学性与艺术性之间的关系。

值得说明的是,上述三个维度的应用是动态的,虽然其模型的起点(个人、局部、静态)和终点(群体、整体、动态)相同,但由起点到终点却有多个不同路径。对 MBA 学生来说,其主要不足之处在于难以充分且毫无偏见地参与模拟决策(行动型)以及收集和分析相关资料技能不足(反省型),因此,对应的教学策略可以考虑按照(个人、局部、静态)→(个人、整体、静态)→(小组、整体、静态)→(小组、整体、动态)的顺序。其基本思路是先强化其反省型学习,让其认识到自己个人知识的不足,不得不依靠别人的力量,然后,再利用博弈的不确定性,使其不得不参与企业的决策之中,即进行行动型学习。

复旦大学国际 MBA 项目的体验式学习

付克勋

(复旦大学)

体验式学习是指学习的主体通过完成特定任务而获得经验,从经验中自省和提炼,并能够在其他环境或条件下重复运用前期经验的学习方式。这是一种"干中学、学中练"的学习过程。大卫·科尔是早期开展体验式学习方法研究的学者,他提出了体验式学习的四个关键因素:(1) 实际经验;(2) 观察及自省;(3) 概括并形成概念;(4) 在新的条件中尝试。[①]

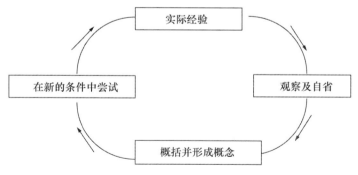

图 1　大卫·科尔的体验式学习模型

体验式学习被广泛运用于医学(医学生临床实习期)、法学(律师的见习

---

① Smith, M. K. David A. Kolb on Experiential Learning. *The Encyclopedia of Informal Education*, 2001. Retrieved Sept. 26, 2008 from http://www.infed.org/b-explrn.htm.

期)、农学(田间地头的科研种植)等具有较高实践操作要求的学科。考察管理教育本身,案例教学和商业模拟的运用也具有部分体验式学习的特点。案例教学具有针对性、实践性及示范性等特点。尽管案例以真实的管理实践为蓝本,但它毕竟不是真实的,起码在案例被使用的时候,案例描述已经成为过去。在经济环境高速发展变化的今天,这种"时差"极大地妨碍了学生的学习效果。另外,教学对象在虚拟环境中决策时所感受的压力与现实中完全不同,所以案例教学可能使学生的习得变得僵硬,这就也可能使案例教学对今后管理实践的指导意义大打折扣。况且案例开发所需的成本也极大地制约了管理教学案例的更新和扩充。商业模拟是以数学模型或计算机程序的形式将管理决策过程高度抽象化而形成的教学工具,对于学生熟悉管理理论和工具具有价值,但是对于管理工具的选择、改进和完善则作用相对薄弱。

一、复旦大学国际 MBA 项目体验式学习实例

中国商学院近几年吸引国外学生的根本原因是中国经济的持续高速发展。越来越多的国外 MBA 学生关注中国经济的发展,希望通过留学交换、企业参访等形式获取自己的中国经历。他们也希望中国之行能给他们提供更深入了解中国企业管理实践和中国商业思维方式的机会,但这两点都是传统教学模式无法达到的。

复旦大学管理学院将体验式学习植入诸多学生活动的设计、组织中,比如迎新会、文化之夜、学生案例大赛、商业策划大赛等。我院国际 MBA 项目学生体验式学习的特点在于国际化的氛围。复旦大学管理学院每年接收MBA 国际交换生约 50 人,接待海外院校的各类 MBA 参访超过 30 个团,我院与 MIT 斯隆管理学院合作的 China-Lab 项目,双方的学生都申请踊跃。而且企业对学生咨询团队最后的工作表现也表示出认可,认为的确能帮助企业解决实际问题,而且成本比寻求管理咨询公司的服务要低廉很多。下面以复旦与 MIT 合作的 China-Lab 企业咨询项目为例,剖析体验式学习设计的运用。其核心环节如图 2 所示。

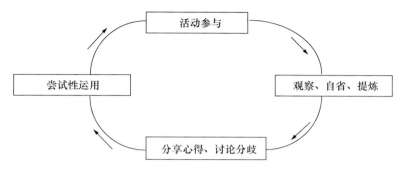

图 2　复旦大学国际 MBA 项目体验式学习模式

1. 活动参与
- 活动动员

邀请参加过类似活动的校友或高年级同学分享经历,进一步提高学生对跨文化能力和国际化体验的基本认识,激发学生对活动的参与热情。

- 设立咨询项目

选取跨国企业或有意拓展海外市场的本土企业,针对其需求和学生所能投入的时间设立相应咨询项目。

- 组建学生咨询团队

根据学校现有留学生、国际交换生的规模,基于学生的教育背景、工作背景、能力特长及文化和语言背景,结合项目任务组建 5—8 人的团队,其中国际留学生的组合可以采用留学交换的形式补充。

- 选定导师

可以根据项目内容从学校教师、企业管理者和已经毕业的 MBA 学生中选择导师,导师的任务不是授课,而是在项目讨论中给予学生引导和协助,并评定学生表现。

2. 观察、自省、提炼

学生成员以管理日志的形式记录自己经历或感受到的文化差异性管理实践,并尝试自己思考其合理解释和解决方案,必要时可以与同学或导师沟通。

3. 分享心得、讨论分歧

在项目开展过程中定期组织分享会,除讨论项目工作任务外,还鼓励学生畅谈自己在文化差异方面的感受和理解,由小组总结后可在更大范围分享。复旦大学管理学院在中国学生和国际学生之间设立的携手计划、Buddy Scheme等活动,不仅极大地缓解了学生在留学交换初期的文化不适,而且把分享和讨论从官方、定期的活动安排分散到日常的课余饭后。学生的反馈充分证明了这些举措的有效性。

4. 尝试性运用

鼓励学生将项目经历或其他活动经历之后的理论性总结运用到更大范围的实践中。复旦—汉大合作项目的学生在评价体验式学习模式时表示:"在咨询项目中体会到的中国商人的价格谈判特点,让我在本地市场的购物中也能加以运用"。这样,在体验式学习中,国际留学生对中国文化的体验得到极大提升,而他们也作为国际化元素拓宽了中国学生的国际视野。

5. 除了上述核心环节外,学校也需要考虑管理系统的变革

体验式学习的配套管理涵盖教学教务和学生事务两个方面。根据项目任务的长短和难度,教学教务管理上应给以相应学分和学时安排,并对整个项目过程的教学质量和要求予以调控。自2007年开始,复旦大学管理学院每学期给学生安排两周实践活动,并针对咨询项目安排相应学分。

6. 经费支持

China-Lab企业咨询项目的费用由学校、企业和学生三方共同承担。部分企业乐于给能够解决自己实际管理问题的学生支付报酬,但是学校也要考虑有些情况下预算控制严格的企业很难支付相应费用。

二、体验式学习成功的关键因素

体验式学习的实施涉及多方参与者的努力:学校需要安排有理论基础的指导教师,提供实践机会的企业需要接待学生并承担一定的费用,国际化学生咨询团队的组建还需要考虑国际学生对中国语言和文化的接受程度。对于管理教育领域的体验式学习的成功关键因素分析,尚未在文献检索中找到相关研究。根据复旦大学管理学院的初步探索,针对体验式学习的企业咨询项目,成功的关键因素可总结如下:

1. 企业选取

企业的选取需要考核多个因素,行业与教学目标的一致性当为首要因素,同时企业的经营状况和投入程度也与咨询项目的成功实施高度相关。企业的诉求与学校及学生的目标三者间可能发生很大偏差,例如,企业的短期利益导向可能会扭曲学生的学习过程,而学生在项目过程中也可能因项目进展缓慢、学习收益不明显等原因产生消极情绪。

2. 学生团队搭建

结合 MBA 学习小组的组织经验,一个高效、稳定且能高度自律的负责任团队的组建,需要成员间能力和性格的搭配,因而不建议学生根据喜好自由组合,而应根据企业和任务类型,综合考虑各方面因素来搭建,作为国际化的一个切入点,其间可以有意识地增加跨文化沟通的元素。

3. 导师的选择和职责设计

根据我国实情,因企业管理层的各种局限(对 MBA 教育体系和目标不熟悉、自身管理能力不足等),现有条件下导师最好还是从教学师资中选择,要求导师具备相关学术指导能力和良好的沟通技巧,还需要导师具有很强的责任心。有条件的学校也可以考虑从国外合作院校或本校的 MBA 校友中择优选择导师,但是对其职责设定一定要考虑其工作安排,并设定相应考评体系,充分调动导师的积极性。

4. 学生的自我总结和同学间的心得分享

作为体验式学习的一个重要环节,经验概括可以通过相互分享、讨论、辩驳的方式来放大效果,可以由导师定期组织,也可以鼓励小组成员不定期自发组织。

三、结　语

经济全球化背景下,在 MBA 教育中引入国际化与体验式学习相结合的模式,不仅能让学生的学习更贴近管理实务,还能使学生在学习、生活中的磨合和碰撞中提升国际视野和跨文化能力。为此,我们建议各院校开展对体验式教学方法的研究,推广体验式学习模式,深入研究体验式学习模式在中国和国际文化背景下的有效性。

MBA 管理实践能力培养

吴世农　翁君奕　李常青　郭　霖　程文文　王志强
（厦门大学）

MBA 教育是一种以培养复合型、应用型经营管理人才为目标的硕士研究生教育模式，学生在学习标准化课程体系的基础上，更注重提高自身发现、分析和解决实际管理问题的能力。因此，在理论学习的基础上探索培养 MBA 研究生的管理实践能力成为 MBA 教育成功的关键。

原有的 MBA 教育模式可以简单概括为图 1 所示：

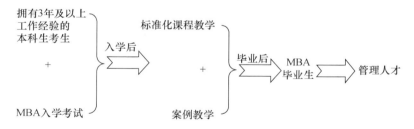

图 1　原有的 MBA 教育模式

这种模式培养的 MBA 毕业生能否胜任企业中高层管理工作呢？我们在相关研究中发现，现行标准化的 MBA 课程体系设计和教学方式更多地关注了管理知识或课程知识的传授，又由于 MBA 学生（尤其是全脱产学生）趋于年轻化，仅仅通过管理理论知识的学习，不足以使其胜任将要承担的中层职业经理人的重任，必须在课程中适当增加管理实践能力的培养内容。

厦门大学管理学院 MBA 教育中心借鉴国际上 MBA 教育改革的经验，结合工商业界经营管理的实际需要，积极探索和实践 MBA 研究生管理实践能力的有效培养模式。该模式的具体内容包括：(1)建立一支理论联系实际的"两栖""两翼"和"四合一"的师资队伍；(2)建设具有公司化环境的体验式教学设施；(3)进行课程体系改革，采用模块化设计"管理技术与实践"课程，以弥补标准化 MBA 课程体系的缺陷；(4)通过案例分析、项目研究、管理实习、管理模拟竞赛、多元互动训练培养学生的管理实践能力；(5)建设适合 MBA 研究生教育的文本和影像案例库、系列教材及课件；(6)为提高学生应对国际化挑战的能力，积极探索 MBA 国际化的教学新思路。

一、确立和创建 MBA 管理实践能力培养的理念和模式

现代职业经理人不仅需要掌握现代管理理论知识，而且更需要善于熟练应用管理技术解决管理问题，即具备管理实践的能力或执行能力。而现有大多数 MBA 课程体系的设计和教学方式更多地关注了管理知识的传授，又由于 MBA 学生(尤其是全脱产学生)趋于年轻化，其经由管理实践积累的管理技能相对不足，仅仅通过 MBA 管理理论知识的学习不足以使其胜任将要承担的中层职业经理人的重任，因而必须在课程系统学习的基础上，增加管理实践能力的培养。为此，厦门大学管理学院将 MBA 的培养目标归纳为"5C＋L"，即培养 MBA 研究生的竞争力(Competition)、创造才能(Creation)、合作精神(Cooperation)、诚信(Creditability)、自信心(Confidence)以增强学生的领导力(Leadership)。

基于上述理念，我们通过加强"五大教学要素"，即课程体系、师资队伍、案例库—教材—课件、管理实践能力平台、教学设施，同时建立"三大课程模块""七大教学手段"和"四大保证措施"来保证 MBA 研究生的培养质量，并探索提高 MBA 学生管理实践能力的有效模式。

如何提升 MBA 教育质量

二、围绕提高 MBA 管理实践能力的五大教学要素改革

1. 课程体系

针对标准化 MBA 课程体系存在的问题,改革传统标准化的 MBA 课程体系,采取"精中间,延两边"的思路,即适当精简传统 MBA 课程教学内容,增设经理人素质训练课程和管理技术与实践课程系列模块,从而将 MBA 课程体系分为三大课程模块:经理人职业素质训练模块(包括经理人团队精神、创新意识和职业操守等培养)、管理知识学习模块和管理技术与实践模块,全方位培养学生掌握现代职业经理人的必备技能。

2. 师资队伍

根据 MBA 的培养目标,建立一支理论联系实际的师资队伍是提高 MBA 管理实践能力的第一要素。我们积极构建一支"两栖"型和"两翼"型的师资队伍。所谓"两栖",即教师既要从事学术研究,又要从事企业研究。一方面,推动管理学院的教师提高学历水平和学术研究能力,鼓励、资助 MBA 中心的老师到国外著名的商学院留学或短期访问学习;另一方面,要求教师承担企业横向课题、管理咨询、行业发展和企业管理研究等,以提高教学水平。所谓的"两翼",就是建立一支"专职为主、兼职为辅"的"四合一"(本中心专职教师+校内非本中心教师+短期外国专家+校外企业管理专家)MBA 师资队伍。通过聘任 30 多位具有丰富管理实践经验、高级职称和较高学历的兼职教授,通过他们参与课堂案例讨论、开设专家论坛、指导论文、参与论文评阅和答辩、接纳学生实习等,进一步提高了 MBA 的管理实践能力。

3. 案例库—教材—课件

厦门大学管理学院已在网络上构建了文本和影像二类案例库。组织师生参加全国案例库建设和案例编写工作,并承担了加拿大国际开发署案例研究项目。积极选派教师参加全国 MBA 教育指导委员会举办的案例写作、案例讲授和课程交流等方面的培训。组织多次全院教师案例教学研讨班和哈佛案例教学培训班,培养教师编写案例的能力和技巧。目前,MBA 中心

的部分课程已经按照哈佛大学商学院的模式来开发标准化案例,并按哈佛大学商学院的模式进行全案例教学。我院还组织教师编写了国内第一套MBA教材,并制作了所有课程课件。

4. 管理实践能力平台

为了提高MBA的管理实践能力,我们形成了MBA参加"两大赛"(国际企业管理挑战赛、全国大学生创业计划大赛)制度;建立MBA实习基地;聘请国内外企业的CEO为MBA开设管理实战讲座。

5. 具有公司化环境的体验式MBA教学设施

案例教室是MBA教学的基本条件和典型特征之一,由于案例教室用于情景模拟等特殊需要,所以它是普通教室甚至多媒体教室无法替代的。厦门大学管理学院拥有完全按哈佛标准建设的教学实验设施,有标准的案例教室、小组讨论室、体验式教室和实验室,安装了网络和多媒体教学设施,为教师和MBA学生营造公司化的体验式教学环境,提高了教学质量和效率。

三、提高MBA管理实践能力的七大教学手段

1. 多元互动教学

教学方法上倡导多元并重和追求互动。多元并重是指在提高课堂讲授效果的基础上,根据不同课程的特点,切实减少教师课堂讲授时间,更多地采用案例教学、体验式教学、角色扮演、实战模拟、辩论等教学方法模拟市场交易和经营决策情境,直接面对实际难题。追求互动是指在教学过程中最大限度地展开四大互动:教学互动、同学间互动、人机互动以及与师生与产业界的互动。

2. 案例教学

强化课堂案例教学,通过案例讨论、案例书面分析报告、案例角色模拟、案例课堂演讲、案例辩论等,提高案例教学效率,让学生通过案例教学的体验式和互动式学习,学习理论联系实际,培养团队工作精神,感受、体会和把握管理的真谛,提升发现、分析和解决实际管理问题的能力。

3. 管理问题分析报告

为了加强学生管理实践能力的训练,让学生掌握若干管理技术并能够实际应用,学院增设 10 门应用性强的管理问题导向型的课程模块:教师讲授 1 项实用性的管理技术(8 课时),解剖 1 个案例(4 课时),学生经过讨论、分析,提交 1 份解决实际问题的研究报告(4 课时)。

4. 企业家论坛

设立企业家论坛,邀请具有丰富企业管理经验的企业 CEO,针对经济管理实践中的前沿问题、热点问题进行讲解和评述;通过课程讲座,邀请实际部门的专家就课程的某一部分到课堂做专题讲座、案例背景讲解并参加案例讨论;组织 MBA 学生和 EMBA 学生开设讲座,介绍和探讨自己以往的管理问题、经验与教训,以实现学生间的知识与经验分享。

5. 管理决策模拟和竞赛

开设管理决策模拟课程,建立学生参加国际企业管理挑战赛和全国大学生创业计划大赛两大赛制度,将企业实际经营管理系统或某些管理业务简化,让学生扮演不同角色,模拟实际经营情景进行决策,整合管理理论知识,增加学生的感性认识和参与意识。

6. 管理实习

学院设立"福特(中国)企业 MBA 实习项目",与飞利浦、戴尔、厦华、国贸等国内外公司合作建立实习基地,每年暑假选派 MBA 学生到企业进行为期两个月的实习;设立案例调研基金,由相关教师带队,组织 MBA 学生赴企业进行深入的调研。

7. 国际交流

厦门大学管理学院与德国、新西兰等国家的大学商学院建立了 MBA 常年合作交流项目,每年互派学生到对方的学校学习,以提高 MBA 学生应对国际化竞争环境的能力。厦门大学管理学院还与韩国、美国、法国高校的一起举办 G(global)MBA 项目,每年都组队参加在加拿大举办的 John Molson MBA 全球案例竞赛。

MBA 企业实践教学的设计、实施与改进

张富春

(山西财经大学)

一、引　言

本文所讨论的 MBA 企业实践教学,是决策型问题导向的实践教学。它是 MBA 学生通过对来自真实企业实际面临的管理问题进行学习和讨论,最终拿出解决问题的办法或进行决策的一种教学实践,具有管理咨询性质。这一教学模式是基于以下两方面的需求而设计的:一是 MBA 学生真实企业管理过程与决策体验的需求;二是大量企业面对经营决策难题而寻求解决方案的需求。企业实践教学的目的是在课堂教学和案例教学的基础上提高 MBA 学生解决真实企业决策问题的能力,提高教师对企业管理实践类课程的管理教学水平,同时也可以帮助很多中小型企业解决经营决策的难题,具有重要的教学应用价值和实际意义。

二、MBA 企业实践教学的主题与设计

MBA 的企业实践教学不同于一般的企业实践参观或学习,它是一种专业的管理咨询活动,首先要对实践教学内容和环节进行认真的设计,以达到 MBA 企业实践教学的目的和实现企业的愿望。

(一)MBA企业实践教学设计的指导思想

MBA培养的过程有很多环节,它只能是在理论知识学习的基础上,通过不断的真实案例讨论和学习,来提高学生的综合能力。在企业的实践教学设计中,要基于实现MBA培养方案的规定和提高学生的管理能力的目标,根据企业实际要求解决的运营管理问题来确定实践教学内容,并能够根据市场的变化及时调整教学内容。要创造一种真实的决策情境,突出对学生能力和创新意识的培养,如判断能力、沟通能力、合作能力、决策能力、创新能力、适应能力等。同时教师也能从中体会企业实际决策过程,丰富其企业实践工作经验,提高管理实践水平。企业实践教学需要多方互动,有效融合理论与实践知识、有效融合知识与能力、有效融合企业需求与学生学习,最终实现双赢。

(二)MBA企业实践教学的主题设计

因为本文讨论的企业实践教学具有教学目的,也具有咨询目的,其主题要求二者有机统一,即学生通过将管理理论与方法运用于企业管理实践而提高自己,企业通过将管理问题运用于MBA教学案例而得到咨询。

1. 主题之一:提高MBA学生综合管理能力的实践

MBA学生不同于普通硕士研究生,都具有工作经历和一定的管理实践,但从培养职业经理人的高度来衡量,除了学习系统的管理理论与应用技能,他们还需要通过真实的决策管理操作、搜集与处理信息、表达与交流等探索活动,获得知识水平和技能的提高、探索精神和创新能力的发展、角色与定位的转变。这种探索性实践教学与课堂上的案例教学相比,更具有真实性、实践性、参与性和开放性。这是MBA企业实践教学设计中要围绕的主题之一。

2. 主题之二:满足企业管理决策难题的咨询

很多企业经常面临需要解决的管理难题,但因为信息不充分或咨询成本过高,管理决策往往在内部解决,又由于国内大量企业管理层的知识和能力制约,他们决策的科学性与针对性往往较弱。这种状况使大量企业,特别是中小企业迫切需要专业的管理咨询服务。企业的管理咨询需求,正是MBA需要的真实、现实的本土教学案例。企业管理咨询案例的解决正是MBA将成熟实用的管理理念和管理工具方法运用于企业,变成对管理实践有指导意义的、可操作的方案,这既是管理咨询的价值体现,也是我们理论与实践融合、知识与能力融合、企业管理与学习融合的实现方式。

(三) 校企间的有效沟通与问题确定

本文所讨论企业实践教学事实上是MBA学生的管理咨询活动,校企双方都有各自的需求,如何满足校企双方的需要是企业实践教学成功的关键,在沟通中确定管理咨询项目,更有利于实践教学主题和企业咨询问题的统一,因此做好校企之间的沟通非常重要。通过沟通,让企业感觉到他们遇到的管理难题或针对管理难题的解决办法还可以改进,感觉到我们的MBA教学有能力帮助他们完成这项任务,并且了解到参与咨询式实践教学活动,是一个成本低、收效大的行动。

(四) 目标企业的真实管理素材提供

在进行实践教学之前,目标企业需要进行相关管理问题的材料收集与整理,并与MBA师生进行较充分的交流。我们一般是通过以下几种方式来接受企业管理素材:一是根据企业咨询问题列出需要企业提供的文件目录,由企业整理提供;二是选派有较好基础的MBA学生帮助企业整理相关资料;三是由企业高层经理直接面向学生讲授企业状况和面临的管理难题。在企业素材提供中,我们发现,由于企业管理层认识的局限性,往往只是提供局部问题、局部资料,不能系统性地提供材料或没有系统资料。这就需要教师和企业高层管理者从整体出发,进行针对性的把握。

三、MBA企业实践教学的组织与实施

(一) MBA企业实践教学组织的基本思路

我们认为,MBA企业实践教学只是MBA培养的一个组成部分,本质上

讲，实践教学组织方式仍然包括两个方面的内容：一是知识的教学，二是知识的实践。这两者的划分也不是机械的，第一方面的教学内容有助于达到第二方面的目的，而第二方面的教学内容也有助于达到第一方面的目的。MBA 企业实践教学的组织与实施过程，也要遵循基本的 MBA 教学组织规律和指导思想，将学生熟悉的案例方法应用到实践教学中，同时辅之以管理咨询方法，帮助学生建立起必要而合理的知识结构与能力结构。

（二）MBA 企业实践教学的组织与实施过程

由于 MBA 的企业实践教学具有双重性质，涉及的方面多，内容较为复杂，因而需要精心的组织与严谨的实施过程。我们进行的企业实践教学共两周，分为三个阶段：第一阶段是一周的熟悉材料和知识准备；第二阶段是一天的企业参观和实践教学案例讨论；第三阶段是一周的案例报告撰写和提交。具体组织实施过程如下：

1. 理论学习与知识准备阶段

在确定了实践教学的目标企业后，组织安排教师和相应的 MBA 学生，在一周内了解目标企业的状况。了解的渠道有：(1) 查看企业提供的企业内部资料、企业公开资料和相关行业资料；(2) 请目标企业管理人员向师生讲授企业的现状与管理问题；(3) 就目标企业的管理问题进行相关 MBA 管理理论和知识的学习与归纳，为下一步的实践学习做好知识准备。

2. 现场参观企业和案例讨论阶段

在第一阶段学习的基础上，由目标企业安排师生到企业进行实地参观考察，并听取企业管理人员的现场讲解。由于学生已经对企业和行业有一个大致的了解，因而很快能形成对该企业的市场能力判断和管理问题判断。学生能够直接感受或提出第一阶段学习中的问题和疑问，针对性非常强，因此学生参观的学习效果非常明显。在接下来和目标企业管理人员的交流中，学生可以做到全面了解企业状况、深入识别管理问题实质、系统感受企业问题。

MBA 的案例小组讨论是学生熟悉的学习过程，在企业参观和汇报结束后，随即进行 7—8 人、长达 2 小时的小组案例式讨论。讨论主要针对目标企业拟解决的问题展开,且结合管理层决策环境。目标企业有一名管理人员旁听或参与小组的讨论,引导学员深入讨论,各抒己见,并且让他们身临其境,设身处地去当一个管理者。小组讨论要求学生们根据企业实际管理问题阐述自己的看法和分析,提出解决问题的手段,或者指出实现公司目标的方法和途径,最后总结成为小组咨询结论。

小组讨论结束后,随即在目标企业现场组织小组讨论成果汇报会,现场展示各小组讨论的企业咨询与决策成果。成果汇报由教师主持,并有企业管理人员参加。小组讨论的成果是学生们针对企业的管理问题而提出的解决方案,相当于有多个管理咨询小组,从不同的角度和不同的环境评判对企业管理问题提出的多个决策方案供企业管理层参考。对小组讨论成果的评价由两个层面做出,一个层面是企业管理层面,他们会从企业应用角度对学生的问题解决方案进行评论;另一个层面是教师,和在教室的案例讨论评价一样,教师主要是对小组讨论报告进行管理理论与方法的评价,说明各小组讨论的优点与不足。然后教师会要求学生对两个层面的评价进行综合和回应,写出企业管理咨询报告。

3. 向目标企业提交管理咨询报告阶段

结束企业参观考察后,学生根据企业管理层和教师两个层面的评价,对小组的咨询报告进行修改,时间是一周。学生的管理咨询报告完成后,一份向企业提交,完成预期的企业咨询成果,另一份交由教师评价,作为企业实践教学成果。

四、MBA 企业实践教学存在的问题与改进

本文讨论的是山西财经大学 MBA 实践教学环节中的一个尝试,事实上是具有管理咨询特征的企业实践教学。从企业来看,作为管理咨询,它要求提供的咨询方案具有科学性、创新性、针对性和决策可参考性。从学校来看,作为实践教学,它要求课程具有学习性、技能性和综合性。两者的有效的结合才能达到校企双方均满意的效果,这就要求双方在实践活动设计方面有良好的沟通、在实践活动实施过程中有严密的组织、有效的激励。从近

五年的实际操作来看,该课程取得了很好的效果,学生也乐于参与这样的活动,但也存在一些待改进的问题。

一是在这种"干中学"的过程中,实践的主角也已经是学生,教师的作用由课堂上以传授为主变为以引导、指导为主。表面上,教师只是充当组织者或教练的角色,但实际上则是整个学习过程的导演和督导,需要从全局上把握整个过程。因此,这种学习模式的效果在很大程度上取决于教师。指导教师不仅必须有较高的理论和实践水平,而且还必须有较高的组织和沟通能力。在这方面,我们的教师还有较大的差距,是有待提高和改进的地方。但是另一方面针对性强的企业实践教学,过程较长,要求较高,而教师的精力和激励有限,这也值得我们关注。

二是在实际的教学过程中,很多学生在面对企业的管理问题和大量看似杂乱无章的数据时不知如何运用已经学过的有关管理知识,也许为了图省事,学生们的决策方案拍脑袋拍出来的较多,缺少有针对性地分析。这表明我们的学生在从管理知识到实际企业管理决策之间还存在一定的距离。如何提高学生的实践能力,不仅是教学方法的问题,更多地是我们的教育思想和教育机制如何改进的问题。

三是创新性是管理咨询性企业实践的根本,在提供管理咨询服务时,要求不断地运用新的思维方式、新的观点,采用不同的方法和工具分析企业存在的问题及原因,以创新精神去提供切实可行又有所突破的咨询方案,因而创新性也是MBA企业实践教学有待改进的问题。

MBA 商务英语教学创新

王漫天

(上海交通大学)

一、背景介绍

商务英语是专门用途英语的一个分支,内容涉及普通英语语言知识和技能与商务管理专业知识和技能的共核部分。在近年来经济全球化的背景下,商务英语教学在世界各地得到迅猛发展,在许多英语国家也都开设有"商务英语课程"和"商务英语沟通课程",如美国哈佛大学、斯坦福大学、伯克利大学均开设了商务英语课程,在英国,开设商务英语课程的学校多达100多所。英语国家普遍开设商务英语课程这一事实说明,商务英语是一门相对独立的课程,不能简单地看成是"作为外语的英语教学"的延续,这门课程应有与其目的和特色相符合的独特教学理念和方法。

随着时代的发展和环境的变迁,在中国人们对英语教学的要求也发生了变化,学习者的情况发生变化,英语教学工作当然也应该做出相应的调整。随着改革开放的深入和中国加入世贸组织,中国企业面临的外部商业环境发生巨变,社会对商务英语的需求越来越大。目前至少在大学英语教学中,已经出现了一种淡化普通英语教学,强化专门用途英语教学的趋势。很多高校,尤其是经济管理类学院普遍采用的大学英语教学方法是,大学低年级开设普通英语,为学生打下扎实的英语语言基础,三、四年级或研究生阶段在继续巩固英语语言知识和技能的同时,开设强调英语应用能力、与系统的国际商务管理理论相结合的商务英语或其他专业英语课程,旨在培养既有知识又有技能的高素质复合型人才。

在形形色色的商务英语教学和培训中,MBA商务英语教学是专门用途英语教学中有领头羊地位的一支,虽然它也处于发展的初级阶段,但与其他形式的商务英语教学形式相比,比较具有代表性,且具有系统化、规范化发展的潜力和趋势,因而也更有研究价值。

二、MBA商务英语教学的定位和现状

1. MBA商务英语教学的定位

MBA英语教学旨在提高学员在实际工作情境中综合运用英语进行交流的能力,该能力具体体现在能以英语为工具进行本专业的学习和研究,能顺利地阅读本专业的英语材料,获取所需信息,了解和熟悉当代社会经济、管理和科学技术发展的动态,并能在实践中运用英语进行基本的商务交际。

MBA英语教学可由基础英语和商务英语两部分组成,但现在因为MBA学员入学前经过英语考试的选拔,学员有一定的英语基础,加上学时有限以及MBA生源的特殊性(有过数年工作经验再进入研究生阶段学习),所以MBA英语教学普遍都以商务英语教学为主。

具有MBA商务英语特色的教学方法应建立在对MBA学员特点进行分析的基础上。上海交通大学安泰经济与管理学院MBA办公室曾对10个MBA班级的学员的商务英语学习情况进行了问卷调查,从他们的工作背景、工作中使用英语的情况、对MBA阶段英语学习的期望、对商务英语课程及使用教材的反馈等进行了全面的调研。调查显示,有超过一半的学员在外资企业工作(见图1),50%的学员在工作中主要或经常使用英语(见图2)。

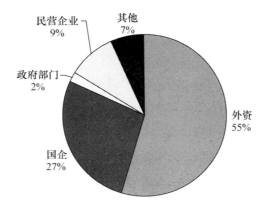

图 1　被调查学员从事行业的性质

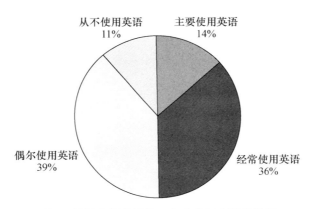

图 2　被调查学员日常工作中使用英语的情况

基于该问卷调查，本论文对教学对象——MBA学员的情况具体分析如下。

首先，MBA学员是有工作经验的语言学习者，不同于针对本科生以及其他没有工作经验的学习者开设的英语课程，MBA学员商务英语学习的目的性和针对性更强，他们学习的重点在于应用语言而非语言研究，而且也已经超越了希望通过获得某一个英语证书来获得更好工作和升职机会的阶段，其商务英语学习应重在能力培养，而不是考试培训。

其次，MBA学员英语学习学时有限、精力有限。英语是他们目前学习专业知识和日后工作沟通的工具，他们希望在有限的时间里进行实用英语的速成,并打下商务英语的基础,到工作中再有针对性地学习,边用边学。对他们的商务英语教学不可能如基础英语教学那么具有系统性和全面性。高质量的MBA商务英语教学只是建立一个平台,让学员打下一定基础,掌握一些学习的工具,培养一定的自我学习意识,以利于其之后进行与工作和专业相结合的终生英语学习。

最后,MBA学员之间的英语基础差别很大。MBA学员来自各个行业,入学前工作年限长短不一,有些学生毕业后从未接触过英语,大学期间所学习的英语已经遗忘很多;而有的同学在外资企业工作,经常出国,英语是主要的工作语言。但MBA学员班级的划分并没有以学员英语基础的差别为依据,在这种情况下,商务英语教学更要强调与经济管理类专业知识的结合,以英语为载体,以学员共同需求的商务管理专业知识为内容展开教学。

2. MBA商务英语教学的现状

目前在中国大多数院校商务英语还没有被真正作为一个专业来对待,其发展还是停留在自发性质的教学阶段,对商务英语的科研投入很少。而且国内各个学校MBA商务英语教学方法、课时安排、教材选用各不相同,质量良莠不齐,没有一个统一的教学思路和评价考核体系。不过目前国内MBA商务英语教学这种百花齐放的局面也给了教学实践者一些探索和实验的机会,让大家积累了一些宝贵的经验。本文作者基于自己在MBA和EMBA商务英语教学中的一些经验和感想,对MBA商务英语教学创新做了一些努力。

三、体现MBA商务英语教学特点的教学创新

国际著名的MBA学府哈佛大学商学院有一个很著名的MBA培养理念:"MBA教育是一种能力教育,只造就'能力分子',不一定培养'知识分子'"。这种思想也应该体现在商务英语教学中,即MBA的商务英语教学应该重在提高MBA学员在商务实践中运用好英语这个工具的能力和综合素质,以达到完全沟通的目的。

本文提出针对MBA商务英语教学以下几个方面的创新。

1. 课程定位

商务英语教学在英语为母语的国家也是一门相对独立的、普遍开设的课程,不应简单地被看作"作为外语的英语教学"的延续,而是一门独立的课程,有与其目的和特色相符合的独特教学理念和方法。MBA 商务英语的定位应该是一种工具性、辅助性的课程,目标是为学生打下较扎实的英语语言基础、培养其英语交际能力和以英语为工具接触广泛的商贸知识的能力。

2. 课程宗旨

MBA 商务英语学习的价值在于商务英语学习方法的掌握和学习意识的培养,同时提升学员商务背景下的英语语言思维模式和运用能力,以达到完全沟通的目的。授人鱼不如授人以渔,除了语言应用能力之外,MBA 商务英语教学还应包括商务沟通交际能力和文化能力的培养,应体现出语言作为交流工具的本质特点,重点是培养学生在不同背景下得体地运用语言的能力。例如,文化冲击是良好沟通的障碍,商务英语从某种程度上说是包含在文化概念里的,在 MBA 商务英语教学中应包括对不同国家的商务文化、对不同文化中的企业管理理念和工作方式方法以及生活习惯等的介绍。另外,商务沟通交际能力并不只是指语言能力,还包括对自己所获得和所要表达的信息进行组织筛选和展示的能力,正是基于这样的原因,很多商务英语考试对写作的字数不做要求,因为学生对达到沟通所需要的文字篇幅的正确判断也被认为是学生沟通能力的一部分,因此也是被考核的内容之一。

3. 教学内容

MBA 商务英语教学应与专业课内容相结合,但与专业课的双语教学或用英语开设的专业课相区分。商务英语课应是以"商务"为核心的一个语言培训过程,让学员在吸收商务管理知识的过程中习得语言。例如专业课所用的英文原版案例就可以作为商务英语教学中的部分内容。很多学生反映,他们在专业课中被要求阅读大量英文原版案例,但感到语言上的难度阻碍了他们对这些案例材料的理解,更不用说深入研究和快速阅读了。因此,将专业课所用案例作为商务英语教学的补充内容是一举两得的事情,因为这些案例本身就是很好的商务英语语言材料,而英语老师又可以帮助学员攻克案例阅读的语言关。但是,MBA 商务英语教学应与专业课的双语教学或用英语开设的专业课相区分,MBA 商务英语教学一定会涉及专业课的内容,但应该是从语言、词汇角度对专业内容进行浅层次的介绍,不能上成用英语讲授的专业课,所涉及商务知识范围以够用为原则,以宽广为目标。而专业课虽然常采用原版教材或以原版读物及案例为补充,但这些并不能取代商务英语教学,反而更加突出了商务英语教学的重要性。

4. 教学方法

MBA 商务英语教学应通过与基础英语的比较来强化,要突出并利用基础英语与商务英语的差别来达到更好的教学效果,并充分利用母语以使学生在课堂的每一分钟都得到有效学习。这是因为在商务英语学习中,英语与母语有了共同的背景,那就是专业知识,学员可以利用母语、已有的专业知识以及对专业知识的理解来帮助其专业英语的学习。

5. 教材

在教材设计上,要兼顾内容的专业性和时效性。首先要和专业紧密结合,否则无助于学生专业知识的学习,并要具有一定的难度,否则不利于学生英语水平的提高。其次时效性要强。MBA 商务英语学习是一种语言学习,教材中要有一些经典的文章,作为主要的教学材料,但也要有一定比例的具有时效性的学习材料,要根据社会经济的发展不断更新。过时的材料会打消学员学习的兴趣,并干扰他们专业知识的学习。上交大 MBA 办公室的问卷调查也表明,有 36% 的学员认为需要更新教材的部分内容,以适应当前商务环境的变化(见图 3)。本文作者认为应该分不同教学版块,采用开放

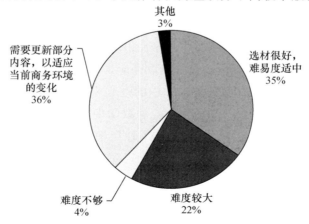

图 3　被调查学员对商务英语读写课程选用材料的反馈

式、活页式材料对MBA商务英语教学内容进行组织,以便教师及时更新并针对MBA学员的不同需求进行微调,如亚洲金融危机爆发、中国加入世界贸易组织、美国对从中国进口的木制卧室家具立案进行反倾销调查、人民币升值、美国次贷危机等事件发生后都可以及时补充相应内容的材料。活页式材料的另一特点是有利于根据不同班级的特点和学员英语水平以及专业课程设置的不同进行调节,例如当授课对象主要为经贸行业学员时,可以适度增加经贸方面的内容。

6. 师资方面

MBA商务英语教学应该说对教师提出了较高的要求,MBA和EMBA学员中不乏各专业领域或管理方面的经验丰富者,甚至一些学员本身就是某些领域的专家,而商务英语教学涉及范围广、领域多,商务英语教师不可能是各个方面的行家,虽然教学也可以是一个教学相长的过程,但商务英语教师首先一定要有较宽的经济管理知识面。比较理想的商务英语教师人选需要具有英语和经济管理知识双重背景,扎实的英语语言功底和完备的经济管理基本知识是优秀MBA商务英语教师必须具备的条件。

基于以上商务英语教学改革创新的思路,本文作者认为应以商务英语语言的应用为经,以专业知识的介绍为纬,对MBA商务英语教学按以下方式来组织:

(1) 商务背景下有特殊意义的词和词组是教学中的点,通过这些点的学习,让学员掌握商务背景下有效沟通的第一要素:在一定的上下文中理解词和词组的意义,语境决定了词和词组的意义。

(2) 训练学员表达出不仅仅是语法正确,而且能够达到完全沟通效果的句子是教学中的线,通过这些线的学习,让学员掌握商务背景下有效沟通的第二要素:以经过润色的、专业的方式表达自己。在现实的沟通中,我们没有第二次机会给别人留下第一印象。

(3) 思维的分析和组织是教学中的面,通过这些面的学习,让学员掌握商务背景下有效沟通的第三要素:有条理有组织地表达自己。对已有一定英语基础的学生来说,有时候怎么说比说什么更重要。

总而言之,MBA商务英语课所教授的并不只是英语,经济管理学院提供的商务英语课是要教会学员在商业背景下,如何以专业的经过润色的方式表达自己,以达到有效沟通的目的,以促进而不是阻碍工作的进展。不管是英语为母语的同学还是英语水平不高的同学,都可以经过该课程的学习,掌握该课程介绍的方法,举一反三,使自己商务背景下的沟通能力得到加强。

四、总　　结

作为专门用途英语的一个分支,随着社会对商务英语人才的需求越来越大,商务英语的教学也得到越来越多的重视。商务英语是一门有着自身特色和定位的相对独立的课程,应有与其目的和特色相符合的独特教学理念和方法。MBA商务英语教学对象的特殊性决定了其旨在培养学生的英语应用能力、商务沟通交际能力和文化能力;教学内容涉及沟通、专业和语言各个领域,教材更新应体现时代脉搏,与时俱进;教师也需具有英语和经济管理知识双重背景。

本文介绍的教学理念被运用于上海交通大学安泰经济与管理学院的MBA商务英语读写、EMBA商务英语教学中。学院要求所有MBA学员在经过本课程的学习后都必须参加国际性考试机构英国伦敦工商会考试局(LCCIEB)组织的商务英语考试。该考试是世界范围内举行的面向包括英语国家和非英语国家的权威性考试。上海交通大学MBA学员在全球100多个参加考试的国家和地区中通过率一直名列第一,超过德国、马来西亚、新加坡等国家的参考学员,学员经过商务英语课程学习后商务背景下的英语沟通能力得到认可。上海交通大学安泰经济与管理学院也是全国唯一一所要求所有MBA学员通过第三方商务英语考核的学校。

职业发展规划课程的定位与设计

马绍壮

(广东外语外贸大学)

一、前　言

广东外语外贸大学在全日制 MBA 班中开设了"个人发展"(People Development，PD)课程供学生选修，旨在引导和帮助 MBA 学生进行人生和职业发展规划。本文就该课程的课程定位、课程内容和教学方法等进行总结和探索。

二、课程定位

个人发展课程定位为"引导学生开展自我探索，提高自我认知；激励学生建立正确的价值观和远大的职业理想；帮助和推动学生努力发展自我，提高职业竞争技能"。课程名为"个人发展"而不是"职业发展"或"职业规划"，主要是为了突出 MBA 职业发展中"个人发展"的核心理念，试图探讨 MBA 职业发展中的"认知、目标和能力"三个核心问题。绝大部分 MBA 学生读 MBA 的目的在于提升职业竞争力，从而寻求职业上的发展和突破。但是，中国 MBA 学生在职业发展上普遍存在三个问题：自我认知不清、职业目标迷茫和自我努力不足。由于自我认知不清以及缺乏清晰的人生目标和职业目标,所以很多MBA学员在学习和工作中表现得浮躁而急功近利。由于自我努力不足,结果很多MBA学员过于依赖学校去解决就业问题,而未能在MBA教育和职业发展中尽到自己的职责。另外,欧美MBA教育中的职业发展或职业规划偏重功能性的职业指导和设计,而缺乏对人生价值和目标的思考,容易导致学生功利性地对待该门课程和MBA教育,使学员改变和提高自己的努力。个人发展课程试图摆脱MBA职业规划中以职业论职业的功能性指导,增加有关人生价值、职业理想和社会责任的内容,引导学生思考"作为一个人,如何更好地发展自己,使自己的人生过得有意义有价值,并有益于社会",突出个人道德修养在职业发展中的重要性,并激励他们付诸行动去发展自己。另外,个人发展课程希望激发学生的学习主动性和行动力来发展自己,引导学生根据职业目标和规划积极地参与到MBA教育中,更好地利用好MBA教育价值,从而有效地提高职业竞争力。因此个人发展课程相当于提供一个机会让学生去构想自己的人生和职业蓝图,然后通过自己的学习和实践去实现自己的目标和理想。这门课程相当于整个MBA课程中的一个引擎,引导学生建立远大职业理想,树立正确职业道德,激发他们的学习动力,引导他们主动地学习,把MBA教育价值最大化。

三、课 程 设 计

确立了课程的定位和方向,个人发展课程教师要从编剧、导演、演员和观众等不同的角色进行教学目标设定、教学内容选编和教学活动执行等方面进行课程设计。

(一) 教学目标设定

个人发展课程的教学目标在于引导和帮助学生进行有效的自我认知、自我发展、自我管理、个人营销和自我实现,从而实现自己有意义的事业和人生。

在实现这个教学目标的过程中,教师的角色是引导者、帮助者和辅导者,重点在于引导和帮助学生探索自我,确立人生和职业目标,并致力于发展自我。学生则在教学过程中扮演关键角色，他们在教师的引导下开展自我对话，进行深入的自我认知、自我定位，努力发展自己、管理自己和营销自己，从而实现目标和梦想。

(二) 教学内容选编

个人发展课程内容主要包括"宏观的社会背景和职业环境""职业规划基本理论""职业竞争力""情商与职业成功""商务礼仪和形象管理""简历写作""面试技巧"和"专业演讲"等。另外，课后教师给学生提供一对一的职业辅导，辅助学生处理个性化的职业问题。

个人发展课程以介绍经济全球化与中国社会转型所带来的职业挑战和机遇开始。经济全球化带来了职业竞争的全球化。《世界是平的》的作者弗里德曼认为自2000年起，人类进入了个人层面全球化的时代，这在学生的职业发展中体现为职场上的国际竞争。中国原来计划经济所遗留的人事体制和社会转型中不完善的社会保障体制也给当代青年的职业发展造成诸多挑战。这部分内容在于让学生了解其职业发展面对的当今时务和社会环境，从而更清晰地认识外部环境的机会和挑战，并增强进行科学职业规划的紧迫感。

课程接下来的内容集中于职业发展的专业知识，包括职业规划的基本原理和工具、职业竞争力以及情商与职业成功的关系等。这几个模块在于引导学生深入地进行自我认知，了解自己的职业兴趣、工作驱动力、价值取向、职业技能和个性风格。教师引导他们结合自己的经历和教育背景及其他外部因素进行职业规划，并以行动提升和完善自己的职业竞争力。情商内容的讲授不但让学生了解情商在职场的重要作用，而且让学生通过情商的各个纬度了解自己，并在职业上有意识地提高自己的情商为职业发展服务。以上几个模块的课程将帮助学生提高自我认知，从而更好地设计职业规划，确立自我发展的努力方向。

随后的课程集中在学生的自我管理和个人营销方面，其中自我管理包括商务礼仪和形象管理。通过对商务礼仪和形象管理等职业礼仪和行为的介绍，让学生建立起内外兼修的意识，引导学生培养良好的职业行为。此外,虽然 MBA 学生至少有 3 年以上的工作经验,但是他们中很多人还缺乏基本的求职技能,所以"简历写作""面试技巧"和"专业演讲"也是课程的重要组成部分。这些模块通过个性化的指导和实战训练提高学生的就业和职业技能。

个人发展课程的内容设计虽然分成多个模块,但教学过程中需要前后融会贯通才能达到比较好的教学效果。关于教学的具体执行,请看教学执行部分。

(三)教学活动执行

鉴于个人发展课程需要学生积极的参与和投入,所以教学规划和执行要求较高。这体现在教学准备必须做到全面细致、授课过程高度互动,以及课后作业批改和职业辅导咨询等环节。

教学准备包括教学大纲设计和教材编写印刷以及课前准备。一份详细全面的教学大纲不但有利于在开课前对课程做通盘考虑和安排,也有利于学生和教学管理人员了解和掌握整个教学安排。教学大纲里包括教师联络信息、课程目标、课程安排(每次授课主题、预习内容、每次课堂活动内容)、课堂纪律、作业要求、课程考核和分数分布等内容。由于目前国内缺乏跟个人发展课程定位和教学目标匹配的教材,所以教师编写了专门教材。为了充分调动学生参与到课堂教学中来,授课中除了理论讲授外还穿插了不少的案例、游戏和现场演练,所以教师每次课前要根据授课内容和课堂活动做充分的后勤准备(包括游戏道具),以保证教学的顺利进行和圆满完成。

课堂教学一般包括对前一次课的简要回顾、当天课程安排、开讲案例、课程讲授、游戏或练习和问答等环节。以商务礼仪和形象管理课为例,该课以教师自己整理的"一颗纽扣引发的国际批评"为开讲案例,案例介绍了伦敦市长约翰逊在北京 2008 奥运会闭幕式上没有扣西装纽扣和单手接奥运旗帜而引发的国际批评,这个案例可以让学生意识到商务礼仪和形象在工作中的重要性。随后,课程开始介绍商务礼仪和形象管理的基本知识。在介绍商务着装时,授课老师把课堂中穿西装的几个学生邀请到讲台上进行职业着装展示(课前已经通知所有同学正式着装上课以方便开展课堂讨论),

结果同学们立刻热烈地"品头论足"起来。随后,PPT出现了同一个人在进行形象管理前后的两张照片。照片所显示的形象差异不但让他们认识到形象管理的重要性,而且也让他们对如何进行形象管理有了直观的了解。开讲案例旨在突出授课主题,开门见山地通过案例故事抓住学生的注意力。课堂中间根据授课主题通过讨论、游戏或演练进行互动以活跃气氛和引导学生思考。课程结束则根据需要简要回顾当天主题并回答学生问题。

课后作业批改与职业辅导是整个教学过程的重要组成部分。教师每节课都安排了跟授课主题相关的课后作业,要求学生就上一周所学的专题知识或工具进行"自我探索、自我发现、自我评价"或提出"自我发展"的行动方案。每一次作业都相当于让学生结合所学知识进行次"三省吾身"式的内心对白,让学生结合所学知识探索和思考自己的职业发展规划。这是因为让人们进行自我探索和管理是说来容易做起来难的事情,如果缺少辅导和支持,人们常常缺乏自我引导的知识和动力,课后作业的目的就是引导和支持学生完成自我探索和自我管理。老师在批改作业时根据学生所反映的内心想法进行及时的点评、鼓励和指导。

学生在进行自我认知和职业思考的过程中往往会遇到很多困惑或矛盾的选择,这时他们可以通过预约进行一对一的职业辅导。这里所讲的职业辅导旨在帮助学生"打开心结"。打开心结最好的做法不是教师去打开学生心中的结,而是教师通过深度倾听和提问引导学生讲出心结,然后引导学生对那些"打结"的事情进行"梳理",最终由他们自己"解开心结"。在辅导结束时,教师也可以根据需要告诉学生接下来应该做些什么,比如了解行业信息、目标公司情况或建立哪一方面的人脉等。

四、总结与思考

根据个人发展课程的教学实践和教学评估反馈,下面就课程定位、教学内容和教学方法进行总结探讨。

(一) 课程定位——引导人,激励人,发展人

个人发展课程定位的核心就是从人的发展和发展人的角度去引导和帮助 MBA 学员进行职业规划,而不是像欧美 MBA 就职业规划而功能性地为学生提供职业规划。中国传统文化强调一个人要有使命感和责任感——"穷则独善其身,达则兼济天下",而要实现远大抱负则需"正心、修身、齐家、治国、平天下",也就是说,要实现"平天下"这样的大事业首先要从端正思想和完善自我修养开始,然后是管理好家庭和治理好国家,方能实现平定天下的宏大理想。个人发展课程摆脱西方职业发展或职业规划中重"术"(职业技能)轻"道"(远大理想和正确的价值观)的做法,引导学生把握社会发展机遇,树立远大职业理想,建立正确职业价值观,掌握职业发展的有关理论,以实际行动不断完善和发展自己的职业竞争力,以科学的方法实现职业理想,服务社会。从学生的作业和教学实践来看,该课程定位对学生产生了积极的影响。学生在教学过程中体现出对正确价值观的认同和建立远大职业理想的意愿,不少同学还规划出具体的个人发展规划并付诸行动。

教学评估中,认为"课程对我现在或未来有很大帮助"的评价为 4.77 分(总分 5 分),而在"我愿意推荐这门课程给其他学生"方面的评价得分为 4.62 分。这说明课程获得了学生认同,定位总体上是成功的。

(二) 教学内容——融合中国智慧和西方技能,中西合璧,相得益彰

跟国内 MBA 的其他课程一样,职业发展方面的教材主要是基于西方的理论而编写的。这些欧美的先进概念、理论和测评工具为学生进行职业规划和职业发展提供了科学的支持。但是正如前文所提到的,西方在职业发展方面的知识体系重"术"轻"道"。为了实现教学目标,个人发展课程的教学内容除西方的职业管理理论知识外,还吸收中国古典文化思想。教学过程中教师组织学生讨论"正心、修身、齐家、治国、平天下"(《礼记·大学》)、"穷则独善其身,达则兼济天下"(《孟子·尽心上》)和"立德、立功、立言"(《左传·襄公·二十四年》)等中国传统智慧在职业规划发展中的启示,强调个人道德修养和远大理想在 MBA 职业发展过程中的重要性,引导学生树立正确的价值观和培养良好的职业道德及社会责任感。另外,结合 MBA 学

生的年龄和所处职业阶段,课程中也组织学生讨论孔子"三十而立、四十而不惑、五十而知天命"(《论语》)在当代社会的适用性,鼓励学生"先不惑、知天命、后而立"以更好地实现人生价值,服务社会。课堂教学中也大量引用了中外人物案例,如刚获得博士学位的邓亚萍,被誉为"世界第一 CEO"的杰克·韦尔奇和惠普前 CEO 卡莉·费奥瑞娜。

教学评估中,认同"课程有足够的理论知识"和"课程有足够的实际应用价值"评价的分值均为 4.62 分,这说明学生对教学内容认同度较高。另外,学生在教学评估反馈中表示课程有效地帮助他们提高了自我认知和职业技能,并激发了他们的理想和斗志。

(三)教学方法——高度互动,激发梦想,探索内心,提高技能

正如前文所提到的,学生是个人发展课程的学习主体,教师在整个教学过程中通过课堂游戏、案例讨论、现场演练、知识讲授以及课后的作业批改点评和一对一职业辅导来实现教学目标。引导一群平均年龄 30 多岁的成年人进行自我探索,直面自己的不足,思考发展目标并规划出个人发展的行动方案是富有挑战性的工作,所以教师要根据授课主题设计出生动活泼的课堂活动,激发学生的学习兴趣和热情,积极参与课堂教学,在讨论中思考和发现"自己的内心"。比如在讲授职业竞争力时,教师用三个气球代表职业竞争力的三个纬度(know-how,know-why,know-whom)。每个学生根据自己三个纬度的强弱吹出三个大小不一的气球。如果三个气球都很大,则三个气球可以飞得很高很远,寓意事业可以飞得又高又远。当同学们把吹好的气球放在桌上时,自己职业竞争力的强弱已经非常明显地体现出来,那些气球又瘪又小的同学深刻地感受到职业竞争力的弱小,明确了自己的努力方向。而一些实践性强的职业技能则需要通过演练来掌握和提高。比如面试技巧,教师除了用大量生动的实例来介绍有关知识外,还要组织模拟面试以剖析面试的各个环节,包括考官提问的意图、考官对考核信息的获取和评估方法等。对于个人的困惑,职业辅导则是"对症下药,解开心结"的有效手段。教学评估反馈证明这些教学方法的"组合拳"获得了学生的高度认可:认为"课堂学习有趣"的评价分值为 4.77,这说明同学们喜欢这门课程,认同该课教学方法。

基于可持续发展战略的 MBA 教学内容创新

应 飚 魏 江

(浙江大学)

一、可持续发展的基本内涵

"可持续发展"的概念,最先于 1972 年在斯德哥尔摩举行的联合国人类环境研讨会上正式提出,此后,大量文献从国际、区域、地方及特定领域等层面对可持续发展的内涵进行了界定,其中,采纳最广泛的是 1987 年 4 月 27 日由世界环境与发展委员会发表的题为《我们共同的未来》的报告中的定义:可持续发展是指既满足当代人的需求,又不对后代人满足其需求的能力构成危害的发展。按照这样的定义,可以把可持续发展理解为以下几层含意:(1) 可持续发展所要解决的核心问题是人口问题、资源问题、环境问题与发展问题;(2) 可持续发展的核心思想是人类应协调人口、资源、环境和发展之间的相互关系,在不损害他人和后代利益的前提下追求发展;(3) 可持续发展要求人与自然和谐相处,认识到自己对社会和子孙后代应负的责任,并有与之相应的道德水准。

随着国际范围内环境的日益恶化,资源的过度消耗,各国越来越高度重视可持续发展战略问题,并把可持续发展作为衡量一个国家综合国力的重要指标,提出可持续发展综合国力的概念,认为可持续发展综合国力已经成为争取国际地位的重要基础和为人类发展做出重要贡献的主要标志。要提升可持续发展综合国力,科技创新是关键手段,生态系统的可持续性是基础,经济系统的健康发展是条件,社会系统的持续进步是保障。

二、可持续发展战略对 MBA 教育的挑战

我国是世界上最大的发展中国家,正处于从工业化向后工业化过渡时期,解决可持续发展战略问题比世界上任何一个国家都重要,都迫切,可持续发展已经纳入国家战略被高度重视。教育如何为可持续发展源源不断地提供掌握现代科技、具有高素质的人力资源,从而为实施可持续发展战略提供最重要的战略资源,是我们必须面对的重要命题。

在这样的国家战略背景下,MBA 教育存在以下三个方面的挑战:

一是 MBA 教育理念的挑战。由于 MBA 培养过程存在狭隘的服务观和眼光短浅的功利主义,对 MBA 学生需求的判断是建立在职业发展、就业需求基础上的,导致忽略了从培养促进社会可持续发展的高素质人才的角度来探讨 MBA 的教育目标。

二是 MBA 教学内容的挑战。这里主要有三个方面,包括由学生自身对学习内容认识的功利性带来的对学习内容需求的短视性;由教师对可持续发展的认识不足,甚至存在误解与曲解,带来的对教学内容组织的机械性;由对管理学科体系的前瞻性认识不充分带来的教学内容的狭隘性,从而忽视了对学生全面素质的塑造。

三是 MBA 教学方式的挑战。随着 MBA 学生的年轻化,学员社会阅历较浅,从长远的、全局的视野看待问题的能力有限,目前的 MBA 教育比十年前更加需要强调实践性,更加需要对 MBA 学生在社会责任方面进行教育,但由于教学方式改革的相对滞后,导致学生对关于可持续发展问题的认知不足,影响他们在国际视野、创新思维和执行能力等方面的提升。

三、基于可持续发展战略的 MBA 教学内容创新

要前瞻性地应对以上挑战,为国家培养高层次、战略性的高素质管理人才,必须对现有的 MBA 教育的理念进行深化,对教学内容进行深化,对教学手段和方式进行创新。这里重点就基于可持续发展战略的教学内容创新做探索,提出"点线面结合"的教学内容体系。

1. MBA 教学内容创新的重点

所谓"点",就是一个重点:开设企业可持续发展战略导论课程。企业可持续发展战略是伴随着时代的发展而提出的一个新的理论命题,它是以当代管理理论为基础发展出来的理论综合,充分吸收了企业成长理论、企业能力理论、企业战略理论、企业创新理论、创业理论等,并探索具有较大理论张力思维方法。根据这样的考虑,企业可持续发展战略导论课程的内容设计应该是一个系统集成,由于该集成涵盖各个领域,可以考虑由专题讲座的形式建立课程体系,具体包括以下若干内容:

(1) 基于可持续发展的经济学专题。可以借鉴发展经济学、微观经济学与宏观经济学理论,结合当前国家在可持续发展的战略(包括"两型社会"建设、节能减排、主体功能区规划等)和循环经济学等,设计相应的专题。

(2) 基于可持续发展的企业战略管理专题。结合资源观、能力观、制度观、内外环境分析、企业文化等视角,分析企业发展过程如何正确看待资源,如何提升可持续发展能力,如何正确分析制度环境,如何把握企业价值等问题。

(3) 基于可持续发展的企业技术创新管理专题。从绿色技术创新、循环经济、全过程创新与全要素创新相结合的视角,分析企业可持续发展与环境的关系,企业绿色技术创新与发展循环经济,企业绿色产品开发与产品责任,发展清洁技术等内容。

(4) 基于可持续发展的企业伦理专题。企业伦理是一个与企业社会责任、和谐社会建设、以人为本结合非常紧密的问题,要从更加广义的角度来探究企业可持续发展与外部环境、内部人力资源、顾客价值导向关系等方面

的问题。

(5) 基于可持续发展的创业管理专题。关注创业过程中的社会责任、资源配置以及企业家等。

2. MBA 教学创新要深化的内容

所谓"线",就是要把可持续发展战略的思想渗透到每个企业的管理方向中。可持续发展战略是一个与企业管理理论与实践全方位、全要素相关的概念,它不是对现有企业管理理论的替代,而是发展,因此,这里从"线"上探索,就是要从市场营销、人力资源、财务管理、技术创新、生产运作等各个方向上来渗透可持续发展的思想,初步考虑在以上五条线上深化教学内容。

(1) 市场营销:从产品设计开始,到渠道建设、品牌建设、顾客分析,在全球市场定位、国际化经营等内容中体现可持续发展战略思想。

(2) 人力资源:从可持续发展的战略性人力资源管理视角出发,分析如何建立与可持续发展战略相结合的人才素质提升、人力资源开发、人力资源评估等。

(3) 财务管理:从可持续发展的财务管理体系视角出发,探索如何在资源评估、成本控制、价值评估等内容中渗透可持续发展的思想。

(4) 技术创新:从环境与经济相协调、循环经济等视角,探索清洁工艺、绿色产品开发等绿色技术创新的理论与方法,考虑把可持续发展与全过程创新、全要素创新、全员参与创新结合起来。

(5) 生产运作:从原材料采购、生产组织、作业计划、ERP、质量管理等各个方面来体现可持续发展的战略思想。

所谓"面",就是在"点""线"基础上,把可持续发展战略的思想渗透到MBA培养的各个环节上,包括学生素质培养、学生社会实践、毕业论文写作等方面,都要体现可持续发展的战略理念。特别是鼓励学生在毕业论文写作的环节,能更加关注可持续发展的有关问题,进行系统深入的调查、研究,提出可行的对策建议。还可以通过 MBA 协会、团委、研究生会等,组织与可持续发展相结合的实践活动,开展社会调查,解决国家在实施可持续发展战略中存在的现实问题。

如何提升 MBA 教育质量

四、基于可持续发展战略的 MBA 课程组织

1. 专题课程安排

一是专题课程大纲。组织企业可持续发展战略导论课程专题小组,由 4 位教师组成,联合进行 4 个子专题课程开发,围绕"基于可持续发展的管理经济学""基于可持续发展的企业战略管理""基于可持续发展的企业技术创新管理""基于可持续发展的企业伦理"等专题合作设计课程大纲、教学计划,编写专题课程讲义,并争取出版专题课程教材。本课程安排 32 个学时,每个专题 8 个学时,共 2 个学分。

二是专题课程教学方式。本专题课程采取"多段式"授课方式,安排 4 个主讲教师,并另外可以邀请专家、企业家和社会知名人士做讲座。每个子专题都要求实际问题导向,避免单调的理论讲授。本课程结束后,通过专题报告的形式,完成结业成绩评定。专题报告的选题必须围绕可持续发展战略的实际问题展开,要有调查、有分析、有对策建议。

三是专题课程案例开发。积极进行案例开发,针对课程大纲与教学要求组织编写专题课程案例。

为了保证本专题课程的顺利开设,要尽快开始各项工作的推进,建议学院安排专门课程建设经费,根据课程建设计划,提出预算并安排落实。

2. 深化课程内容安排

围绕 MBA 五条企业管理课程体系主线,分别请每条线的骨干教师负责,修订与完善课程教学内容,适当增加可持续发展相关内容。可以是每门课程增加一节课的内容,也可以是增加一个讲座的形式,并要求有一个案例是与可持续发展战略紧密结合的。

以模块课程"营销策划——新产品设计、制造、营销计划"为例,各个教师在为学生讲解行业分析、机会分析、目标市场选择、新产品开发创意和设计、生产制造设计与计划、市场导入计划、促销、财务分析等一系列内容过程中,可以把可持续发展的内容作为补充内容,并在案例中渗透相关要求,或者专门设计案例来解决营销策划与可持续发展战略的交叉问题。

3. 创新内容的模块式安排

一是在实践参与上。在 MBA 课程培养计划中，专门开设一门选修课"可持续发展战略实践调研"，该课程为 1 个学分，由 MBA 中心、教师、学生等多方参与，到可持续发展战略特色明显、业绩显著的企业进行调研，切身感受企业可持续发展的战略意义和最佳实践。调研后完成调研报告，可以由专题组老师负责指导。

二是毕业论文指导上。在每年的 MBA 选导师时，专门安排 5—6 个导师名额进行专题课程的论文研究与写作，而且从事这个专题领域论文的学生名额单列。

三是由 MBA 协会、学生会等组织，安排有关的竞赛、课题设计和研究等方面的活动，激发学生对可持续发展战略的关注度。

第三部分 案例开发与教学

MBA 课程案例教学法探讨

贺广明

（青岛大学）

一、大胆进行案例教学实践是案例教学的突破点

由于大部分现任 MBA 教师的受教育经历都是在传统教学模式下完成的，接触的案例少，对案例教学认识模糊，所以如何较迅速地认识和把握案例实质、实现从传统教学模式到案例教学模式的过渡，是大家共同面临的问题。阅读有关案例教学法的著作、参加权威案例教学培训是掌握案例教学的有效方法，或被称为"捷径"，但对没有案例教学经验的老师而言这往往仍然是纸上谈兵，踏实地独立进行案例教学实践是理解和把握案例的突破点，别的方法只能是辅助措施。结合笔者的案例教学经验，提出开始进行案例教学时应该注意的几个问题。

1. 明确掌握案例教学的本质

在国内目前开展的权威案例教学培训中，首先谈及的就是案例的定义。小劳伦斯·E. 列恩指出："教学案例是一个描述或基于真实事件和情境而创作的故事，它有明确的教学目的，使学习者研究案例后有所收获。"尽管这个权威性定义清楚明了，但教师仅凭借对概念的字面理解还无法真正掌握教学案例的本质，这个本质需要其在接连不断的案例教学中逐步领悟。习惯了传统教学模式的老师听到案例教学中的名言"智慧是不能言传的"会感到

震惊,但事实确实是这样,管理理论的灌输性教学能够传授死的知识,而与具体管理实践密切结合的活的智慧却无法像知识那样靠老师来言传,只能靠学员在实践经验基础上的思考和辩论来领悟。当老师发现在某个案例讨论中学员经过深思熟虑和相互启发得出精彩的创见和灵感,而这些见解是理论灌输无论如何也无法达到的时候,才能从亲身的经验中领悟案例教学的价值。这也无疑会坚定老师推行案例教学的决心和信心。

2. 慧眼选准案例

对于刚开始进行案例教学的老师,选准案例非常重要,好案例不仅引人入胜,而且哲理深刻。但由于缺乏经验,选准案例又非常困难。有选案例的慧眼吗?有的。

第一,选打动学员的案例。什么样的案例能打动学员呢?一般而言,具有以下特征的案例容易打动学员:案例写得条理清楚、生动形象,案例中有令人感兴趣的人物;案例中有有趣的故事;案例中的事件有戏剧性和现实性,案例的文学性和专业性相结合;案例有明确的重点和目的;等等。这样的案例可以引起学员对案例人物和故事的移情和认同。

第二,选老师本人有深刻感悟的案例。例如案例在专业水平上质量高,老师高度认同案例中的某些点或者能够产生移情作用;教师对案例内容有自己的思考和研究。

第三,恰当选择使用案例的时机。语言学家在研究外语和母语的学习效果差距时指出,母语的第一任老师是母亲,她怀着母爱教孩子说话,每一个学习点都与现实环境息息相关,她不会在炎热的夏天教孩子"雪"这个字,也不会在万物凋零的冬天教孩子什么是夏日里的玫瑰。海伦·凯勒的老师莎莉文教授海伦语言时,就是把课堂设在树上教树叶、树枝。而外语老师和学生的关系疏远,教学内容与实际生活环境相离甚远,所以学习效率和效果都与母语教学有较大差距。这里的启发是,MBA 案例教学经过老师的巧妙安排,使案例与学习的环境、学员最关心的问题结合起来时,效果甚佳。

3. 补充与案例相关的最新资料可以提升案例感染力

案例作者在开发案例时有自己的用意,这在案例教学中是非常重要的参考点,但是我们在采用哈佛大学商学院等权威教学机构的经典案例时,要注意这样一个问题,即这个案例主要是针对哈佛大学商学院的学生开发的,以美国学生为主。而我们在使用这个案例时,既要点到作者针对美国学生埋设的"地雷",也应该根据中国学生的需要把原案例中的"准地雷"变成"地雷",因为这些"准地雷"是中国学生最关注的,而这就需要教师增补更全面和更新颖的资料。

4. 案例讨论时的前期、中期和后期激励

案例讨论要取得理想效果,老师的前期、中期和后期激励都很重要。前期激励是在发放案例资料时教师对案例价值和意义的简明强调,要对学生说明实质性的帮助在哪里,这将使更多的学员投入课前准备和分析。中期激励是在小组和课堂讨论中对学生进行及时激励、深化讨论深度、激发讨论灵感、引出讨论高潮。中期激励要热情、恳切和及时。后期激励是在案例讨论结束后,对学员在案例准备和讨论中体现的认真精神、深邃思维、准确表述、精彩辩论等进行褒奖,或者在次日用邮件形式提供激励。后期激励不仅能使学员在一个案例讨论结束后仍然谈论案例,而且可以让他们以饱满的热情、信心进入下一个案例。

二、积极进行教学案例开发是案例教学的提升点

大胆进行案例教学实践是案例教学的突破点,而直接进行案例开发是案例教学的提升点。如果只教学而不开发案例,难以排除教师内心鹦鹉学舌的不安感。当开始从案例教学向案例开发过渡时,从挖别人埋的"地雷"到自己也开始埋"地雷"时,教师对案例教学的要义和本质的把握会更深刻、更准确,案例教学的信心和兴趣也会有明显提高。与案例教学相比,教师对教学案例开发感到更陌生。结合教学案例开发有关知识和笔者进行案例开发的点滴经验,刚开始尝试案例开发的老师应该注意以下问题。

1. 选择能打动或震撼人心的题材进行案例开发

人是案例开发的核心,尽管可选择的案例题材丰富多样,但老师在案例开发起步阶段选择能打动或震撼人心的题材更为有利。因为这时开发者缺乏案例编写的经验和驾驭复杂内容的能力,而震撼人心的题材本身能够帮

助吸引读者的注意力。

2. 以强烈的使命感开发有重要意义的案例主题

案例开发往往出于开发者的兴趣,但是当案例开发出于某种使命感时,案例开发工作的性质和境界就会和仅仅出于兴趣有很大的区别。松下幸之助指出:"一个人的工作理由对工作质量有深刻影响"。放眼各国的企业管理实践,责任感始终是重要议题,日本企业塑造了强责任感文化,美国管理学者通过撰写与责任感有关的案例呼吁企业建立责任感导向组织。当案例开发的理由是出于某种使命感时,案例开发工作就被赋予了神圣的意义,工作者境界和动力随之提高。

3. 在案例使用说明中强化研究和创新思维,深入挖掘案例的思想精髓

案例正文撰写和案例使用说明撰写是同步构思的过程,开发者在正文里"埋地雷"、在案例使用说明中揭示挖"地雷"的线索,是相辅相成的过程,不应相互分离。案例开发的研究性和创新性集中表现在案例使用说明不仅揭示案例与众所周知的成型理论的关系,而且要探索案例与最新研究成果和管理实践的关系。

4. 注重情节描述和人物刻画的生动形象,力争在案例一开始就吸引读者要读下去

案例是一种独特的文学形式,要通过引人入胜的故事引起读者的兴趣。我们既遇到过哈佛经典案例巧妙的开场和情节展开,也遇到过有些案例八股文式的老套展开,实际教学效果差别巨大。

三、结论和思考

案例教学的突破点在于强化案例教学行动。案例教学水平提高的根本途径是进行大量的案例教学实践,熟能生巧,当掌握几十个、上百个案例时就比只了解几个案例要有优势得多。克服了行动的迟疑和犹豫,就会自信地踏出自己的案例教学路子。

案例教学的提升点在于积极进行案例开发。我国 MBA 教师普遍缺乏管理实践经验,这是教师对强调实践的案例教学陌生的重要原因,弥补的重

要方法就是加强教师与管理实践的接触,积极开发教学案例。在这个过程中,教师会发现管理实践海洋的浩瀚,为全方位提升自己的水平打下坚实的基础。

同步进行案例教学和案例开发,还可以促进教师对案例教学法本质的掌握。案例教学和案例开发相辅相成,一旦感悟两者相互促进的机理,教师对案例教学法的使用就会游刃有余。案例教学好比启发学员欣赏电影,而案例开发好比自己当编剧和导演拍摄电影,分析和借鉴经典案例有助于开发案例,而开发有价值的案例又能加强案例教学中对学生的启发深度。

把西方案例教学理念和中国传统文化中与案例教学相类似的教育理念结合起来,可以增强案例教学法对我国教育环境的适应性。案例教学与具有百年历史的哈佛大学商学院不可分割,但我国传统文化中也存在与案例教学相类似的教育理念,有待我们挖掘。比如案例教学法强调老师退居幕后,学员成为课堂中心,这样学员被激发的灵感和智慧更可能具有创新性,可以对课程建设做出积极贡献,这与我国传统文化中的"教学相长"有共同点,与韩愈在《师说》中说的"无贵无贱,无长无少,道之所存,师之所存"有相似点。儒家强调"寓教于乐",与"案例教学效果的一个评价标志是课堂上学员发出的笑声"不谋而合。此外,国学大师南怀瑾对曾子"吾日三省吾身,为人谋而不忠乎?与朋友交而不信乎?传不习乎?"的解释是,"做学问时,每天要用三件事考察自己,为别人办事是否尽心?与朋友交往是否言而有信?老师传授的知识是否在自己的实践中应用?"这与案例教学法所强调的理论与实践的结合也有共性。

MBA 财务管理课程案例教学法探讨

谭　利

（重庆大学）

所谓案例教学，是指学生在掌握了有关基本知识和分析技术的基础上，在教师的精心策划和指导下，根据教学目的和教学内容的要求，运用典型案例使学生进入特定事件的现场进行案例分析，通过学生的独立思考或集体协作，进一步提高其识别、分析和解决问题的能力，同时培养其正确的管理理念、工作作风、沟通能力和协作精神。

MBA 案例教学主要以企业过去或现在正在发生的管理问题讨论为核心，并为学生创造一个仿真环境，使其在课堂上能够接触到实际问题和实际社会环境，从而提高其在复杂条件下利用所学理论解决实际问题的能力。

一、MBA 教育的特征与财务管理课程案例教学的特点

1. MBA 教育的特征

MBA 教育最重要的特点是实用性，教师对学生的教育不重在灌输知识，而在于决策及实用管理技能的训练。在课程设计上，教师要根据不同的需求和情况，对案例不断进行补充、更新和完善，从而能更切实地配合学生以及企业、单位的需求，在教学过程中帮助学员建立全面的知识结构，并通过案例分析、实战观摩、分析与决策技能训练等培训学生的操作技巧。

在教学方法上,MBA 的教学方法是启发式、讨论式,这就决定了 MBA 教育的教学方法特色在于它的案例教学。国外优秀商学院的案例库经典案例数以千计,据说哈佛的 MBA 在两年内要分析 800—1 000 个案例,也就是说平均每天要处理 2—3 个案例,这种高密度的案例教学使 MBA 学员获益匪浅。而我国大多数商学院使用案例数量太少,尤其是国内企业的案例只占极少的比例,这使 MBA 学员丧失了不少模拟真实情境的机会,而这些在 MBA 教学中是非常重要的。

教师应该努力通过 MBA 教育最大程度地带给学生一些新的启发、思考、勇气和开拓能力,MBA 的课堂使他们对以前工作中出现的问题产生新的看法和理解;使他们在知识与技能、个性与心理等方面受到挑战;使他们变得更具实力,对未来的事业与职位有更明确的目标。

2. 财务管理课程案例教学的特点

(1) 明确的目的性。案例教学应通过一个或几个独特而又具有代表性的典型事件,让学生在案例的阅读、思考、分析、讨论中,建立起一套适合自己的完整而又严密的逻辑思维方法和思考问题的方式,以提高学生分析问题、解决问题的能力,进而提高素质。

(2) 客观真实性。案例所描述的事件应该基本上都是真实的,不加入教师的评论和分析,由案例的真实性决定了案例教学的真实性,学生根据自己所学的知识,得出自己的结论。

(3) 较强的综合性。案例需要学生综合运用各种知识和灵活的技巧来处理。学生不仅需要具备基本的理论知识,而且应具备审时度势、权衡应变、果断决策的能力。

(4) 深刻的启发性。案例教学不存在绝对正确的答案,目的在于启发学生独立自主地去思考、探索,教师应注重培养学生的独立思考能力,启发学生建立一套分析、解决问题的思维方式。

(5) 突出实践性。学生在案例教学课堂内就能接触到大量的社会实际问题,实现从理论到实践的转化。

(6) 学生主体性。学生在教师的指导下,参与案例、深入案例、体验案例角色。

（7）过程动态性。在案例教学过程中，存在着老师个体与学生个体的交往，教师个体与学生群体、学生个体与学生个体、学生群体与学生群体的交往，比一般教学方式具有更多的互动性。

（8）结果多元性。案例讨论的结论不一定是唯一的，可能有多种结论，多种方案。

二、财务管理案例教学对教师、学生及其所选案例的要求

1. 财务管理案例教学对教师的要求

我国 MBA 教育一个最薄弱的环节就是 MBA 教学师资的匮乏，特别是受过工商管理博士训练又有企业财务管理实践经验的教师尤其匮乏，这已成为制约培养优秀 MBA 的一个重要问题。

财务管理课程是特别注重实践的，西方 MBA 的教授们都有这方面的压力，觉得自己必须到公司去担任实际的职务。但国内相当多的老师根本就没有企业的经验，也没有系统地学过管理，可能只是从相近学科转行过来的，这样的教师是教不好财务管理课程的。

财务管理案例教学对教师的具体要求如下：

（1）选择合适的案例；

（2）营造一个有利于案例讨论学习的氛围；

（3）对案例的教学目标、难点、重点及教学内容等进行分析；

（4）提出关键性问题并引导讨论；

（5）讨论时认真听取学生的发言，使讨论井然有序；

（6）协助学生理清思路，控制课堂讨论；

（7）监督检查学生的课堂讨论情况；

（8）讨论结束时必须进行总结。

2. 财务管理案例教学对学生的要求

MBA 教育的一个显著特点是它与学生的实际管理经验有关。有经验的学生往往对于从不同实践案例中总结出的规律理解更深，而且学习理论以后，能很快学以致用。因此，MBA 生源的素质和工作经验对于 MBA 教学

是非常重要的。

案例教学的宗旨是让学生处在商界人士的位置并体会其处境,学生要学会在面对复杂多变的不确定环境时采取某一种立场,学会选择,做出决定,这种决定一般有三类:决定做什么,不做决定即认可现状,决定不做什么。

财务管理案例教学对学生的具体要求如下:

(1) 阅读案例。了解案例中提供的数据、信息和事实。可能的话,还应进一步查找和阅读导师推荐的相关资料或根据自己的判断查找相关的信息来支持自己的分析。

(2) 进入决策者的角色。在掌握案例的各种数据与细节之后,应把这些数据加以组织整理,过程中必须实现角色换位,即以决策者身份考虑问题,以便联系各个细节,有利于深入分析。

(3) 定义问题。管理人员最普遍的错误就是认为手上的事情是最重要的,却忽略了其他更重大的问题。

(4) 分析案例。案例分析的类型有以下几种:

- 综合分析。指出关键问题,做出判断并推荐备选方案,同时用定量定性分析来支撑结论。
- 专题分析。不对案例做全面分析,而集中于案例的某一个方面或某一问题,就某一备选方案做深入分析。
- 引导性分析。事先预计讨论中会遇到的问题,做好准备,适时提出这些问题,把讨论引向深入。
- 多元化分析。用案例之外的统计资料、数据、事实、个人经历等来证明自己的观点,丰富分析的内容与方式。

(5) 采取立场。形成自己对特定问题的看法,提出自己认为可行的方案,并用分析来支持自己的观点与方案。

(6) 课堂讨论。观点的交换是案例讨论的基本内容,学生有责任与其他人分享自己的观点;学生基于不同知识结构、不同认识水平和个人偏好得出结论,并让自己的观点经受挑战,可以使大家对案例的认识更加全面,更加深刻,也可以使学生的分析能力、沟通能力、说服他人的能力等得到全面锻炼。

(7) 分析报告。在充分讨论结束后,学生应写出案例分析报告。

3. 财务管理案例教学对所选案例的要求

哈佛大学的教授们认为,一个好的教学案例必备五大因素。

第一,提出一个教学上的问题。哈佛大学的教学案例,都是为完成一个教学目的而设置的,考虑一个案例在教学上的价值时,他们首先考虑它说明了一个什么理论,也就是这个案例在教学上提出了什么问题?

第二,引发冲突。教学案例是放在课堂上讨论的,案例的讨论没有绝对正确的答案,而只有基本的问题,一个好的教学案例必须有相互对立的观点,并且足以引发学生的冲突和争议。具有争议性的问题是一个教学案例的必要条件。

第三,强制性的决定。案例的争议通常出现在需要做决定的时刻。一个好的案例通常强迫学生做出自己的决定。强制性的决定可以使学生从参与者的角度来思考问题,也可以使他们更有紧迫感。在哈佛的教学案例中,这种强制性的决定分为采取行动走向性和回顾性两种,其中采取行动走向性的强制性决定,是让学生从决策者的角度来思考如何采取行动以解决一个具体的问题。

第四,案例的综合性。一个好的案例还要有综合性,能涵盖更大的管理学中具有普遍性的问题。

第五,教学案例要简洁。为了让学生了解一个案例的重要性,教学案例要围绕一个难题展开,不要头绪太多。课堂讨论必须有一定的综合和抽象的高度,要涉及管理学中的原则性问题。

财务管理教学案例同样也应具备以上五大要素,财务管理案例教学对所选案例的具体要求包括:(1)选择充满内部矛盾、存在相互冲突,看似无法解决的事件;(2)选取的事件必须是以大量的细致研究为基础;(3)案例必须倾向于对资料进行归纳分析,体现综合性,同时满足简洁的要求。

三、MBA 财务管理课程案例教学现状及存在问题

第一,由于对案例教学还没有引起足够的重视,对案例教学存在一些认识的偏差,财务管理教学过程重理论轻实务,重宏观轻微观,重传授轻参与,

严重制约创新型和实用型财务管理人才的培养。

第二，我们使用的教材几乎都是国外教材的简单翻版，国外教材又是来自国外的企业实践，是国外财务管理实践的理论抽象，可能存在着不尽适合中国国情的问题，照搬西方管理教育理论和模式是培养不出中国的企业家的。

第三，中国的 MBA 教育不但教学课程照抄照搬国外 MBA 的课程，而且教学案例也大多为国外案例，反映中国市场、中国企业的案例较少，这导致很多 MBA 学生对国内理财现状很陌生。

第四，从事 MBA 财务管理教育的师资力量不足，尤其是拥有财务管理实践经验的老师非常缺乏。我国 MBA 师资很多是从传统管理专业转过来的，是专门从事理论教学的，对 MBA 的教学特点和规律还没有完全掌握，并且很少有人从事过财务管理实务，几乎没有财务管理的实践。这导致许多老师教学方式仍然是传统教学的做法，重理论轻实践，并不熟悉案例教学的特点和方式，真正的案例教学内容较少，很少有大的案例，缺少对案例的引导和深入分析，也缺少对案例分析总结，案例教学不系统、不全面，发挥不了案例教学本应在 MBA 教学中所起的作用。

第五，财务管理案例教学比例不尽合理。哈佛大学商学院除一两门课以外，其他课程都用案例教学，案例教学所占比例为 90%，例如对于 30 个学时的课程，一般只有 2 小时的理论讲授，另外 28 个学时都用于案例教学。与国外著名商学院相比，国内高校案例教学在财务管理教学中所占的比重还很少，远不能满足 MBA 财务管理专业人才培养的需要。

四、MBA 财务管理课程案例教学的对策和措施

所谓创新能力是个体运用已有的知识及可以利用的资源，产生某种新颖、独特且有社会价值或个人价值的思想、观点、方法和产品的能力。创新能力由创新意识、创新思维、创新技能三大要素构成。创新意识是个体对客观世界的事物和现象，持有一种推崇创新、追求创新、以创新为荣的观念和意识。创新思维是一种辩证思维，突出表现为积极的求异性、敏锐的观察

力、创造性的想象、独特的知识结构、活跃的灵感等五方面的特征。结合我国 MBA 财务管理案例教学的现状，我们提出以创新能力和实务性能力为首要培养目标，完善 MBA 财务管理案例教学的具体对策和措施如下：

1. MBA 财务管理课程教育目标的重新定位

随着 MBA 教育的快速发展，如何基于 MBA 培养需求，对 MBA 财务管理课程教育目标进行重新定位，是 MBA 案例教学体系建立的关键。财务管理是指对企业的筹资、投资、收益分配等财务活动进行管理，是一种资本运作活动，MBA 财务管理课程教育应当培养具有团队精神的创新型务实型的理财人士。具体来说，MBA 培养的三大主要工作方向是管理研究与咨询工作、企业管理实务工作（战略管理、人力资源管理、财务管理、市场营销等）、管理培训工作（从事企业内外部管理传播和员工培训工作），这些工作不但对 MBA 学生的实际工作能力提出了很高要求，同时也要求其具备更强的创新能力。

2. 树立对财务管理课程案例教学的正确认识

案例教学法的本质在于向学生提供一个包含有待解决与决策问题的特定管理情境，让学生个人和团队去分析、诊断和解决，其主要目的在于培养学生解决实际问题基本能力和创新能力，从教学方法论上讲，是体验性的、启发式的，是学生通过亲身经验而获取知识和能力。

在财务管理案例教学中，要更多地编写和采用国内经典案例。在讨论财务管理问题时不但分析资金层面的问题，而且要注重对管理者本人和最高管理团队内部问题的分析。在投融资、分配案例教学中强调交流沟通，强调形成决策的集体共识，强调管理工作的社会性和互动性，重视人的心理感受，重视非经济的激励因素，重视非正式组织的作用，重视企业的社会责任。管理者实际遇到的问题千差万别，面对的信息扑朔迷离，所有的问题都相互关联，资金问题中有业务问题、人事问题，当前问题牵扯历史旧账，不同来源的信息可能相互矛盾，同样的事实也可能有不同的解释。案例教学的精髓在于在课堂上再现千头万绪、盘根错节的管理实际，以锻炼学员分析复杂实际问题的能力。

3. 加强对财务管理课程案例教学师资的培训工作

对于缺乏财务管理课程案例教学经验的教师,一方面通过派出学习提高技能,另一方面由有经验的优秀案例教学教师以公开课的方式向其传授经验。例如,可以通过组织综合性的案例课程,由来自不同专业的教师在一门课程中分别主持不同案例的学习,提供借鉴不同教学风格的机会。此外,鼓励教师通过编写案例提高案例教学能力,编写案例有利于教师进一步理解案例教学的真谛,提高教学的整体质量。

4. 完善财务管理课程案例教学与理论教学的融合

MBA案例要注意"三个结合",即与人才培养目标结合、与课程教学内容结合、与教学方法创新结合。要实现这样的"三个结合",就要对MBA的案例进行分类研究,采取课堂教学、案例分析、专题讲座、参观实习、模拟演练等多种形式的教学方式。如按案例内容分为综合型案例和专题型案例;按教学作用分为概念型、分析型和应用型案例等;按教学方式分为讨论式、阅读式和仿真式案例等。

为实现案例教学与其他教学方式相融合,首先要求教师先对课程整体的案例教学进行合理的安排,考核的重点包括案例选择是否与理论相匹配、课时安排是否合理等。其次要求教师写出针对理论教学的每个案例的教案,并分析其教学过程中可能出现的问题,提出应对办法。

选择和编排案例的具体要求有以下几点:

(1) 高度的仿真性。案例模拟现实企业财务管理中纷繁复杂的问题,这些问题具有典型性、代表性、非偶发性,目的是训练学生通过对信息的搜集、加工和整理,最终获得符合实际的决策。

(2) 灵活的启发性。教学案例涉及的问题并不在多,案例提供的情况越是有虚有实,越能够诱人深入,关键是启发学生的思考空间,达到最佳的学习效果。

(3) 鲜明的针对性。财务管理案例教学的目标是提高学生的财务分析能力。学生在复杂的案例分析与决策实践中,经过不断地思考、归纳、领悟,而形成一套独特的适合于自己的思维方式。从某种意义上说,通过这种有针对性的案例教学,可以促进学生分析问题、解决问题能力的提高。

5. 加快现代化教学方式在财务管理课程案例教学中的应用

开展数字化财务管理案例教学的探索,运用电脑技术,重点研究案例教学方法的创新,使案例教学发生"由文字型案例到多媒体型案例、由静态封闭的课堂讨论到动态开放的课内外交流、由师生的双向沟通到团队的多向沟通"的转变。

东南大学 MBA 课程案例教学情况调查

邱　斌　姚建平

（东南大学）

联合国教科文组织曾对包括课堂讲授、案例教学等九种教学方法进行了比较研究,发现案例研究的教学方法综合效果名列第一。显然,教师的案例教学和案例开发水平将对 MBA 的教学质量产生重要的影响。

一、东南大学 MBA 学员对案例教学的基本认识

对于企业管理者而言,不同时代有着不同的需求。我国企业的管理实践随着我国经济与社会的发展而不断发展。在这样的背景下,案例教学的模式也需要不断发展。我们以东南大学 MBA 学员为样本,通过问卷调查、统计分析等研究方法,探索在管理实践不断发展的前提下 MBA 案例教学的改进和发展策略。

首先我们通过问卷调查了解当前 MBA 学员对案例教学的基本认识。调查显示,100％的 MBA 学员接受案例教学,对案例教学的重要性也有高度认同,认为其非常重要所占的比例高达 96.7％,而对于案例教学的时间分配,接近 2/3 的学员认为案例教学的时间应当超过总课时的一半以上。

然而,由于我国管理实践的不断发展,时代的变化引起需求的变化,案例教学已经不能完全满足管理者的需求。问卷调查显示,超过半数的 MBA

学员认为当前案例教学的效果一般,虽然"较为满意"的比例也较大,达到了38%,但"非常满意"仅7%而已,虽然这可能是因为教师的差异引起评判的不同。但总体看来,案例教学的效果难以达到 MBA 学员的期望。

二、东南大学 MBA 学员对案例教学的期望与要求

改进当前的案例教学模式需要了解当前 MBA 学员对案例教学的期望。我们在问卷中将期望细分为三个方面,即教学的目的、老师在教学中的角色定位和案例教学中同学们的介入程度。总体看来,MBA 学员对于案例教学所形成的实践效果与实际能力提高相当重视,而对于老师的角色则希望以组织、启发、解释、评判为主。如果将单个案例教学分为组织启发阶段、分析讨论阶段和解释评判阶段三个阶段,可以看出各个阶段的侧重点不同,因此 MBA 的案例教学需要片段化。如图 1 所示,老师主要负责案例的组织和启发,以及最终的解释与评判,较少参与分析讨论阶段,这可以使学员在该阶段能够充分自主地完成案例分析,形成相应的能力。

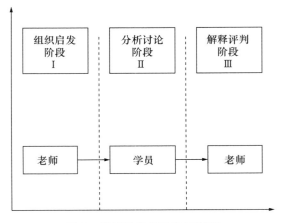

图 1 案例教学各阶段示意图

这种片段化的教学方式也恰恰利用了各自的优势。老师的理论储备、大局观以及抽象能力在 MBA 学员之上,由他们组织和启发学员进入案例的分析较学员自我摸索更有效率;同时,老师没有进入案例的讨论,具有更好

的客观性和对照性,更有利于解释和评判。MBA 学员的主要需求是理论联系实际与弥补实践的不足,他们在第二阶段专注于案例的分析讨论,深入案例情境和内涵将更加有利于其实际解决问题能力的形成。因此,针对当前案例教学效果低于期望的现状,利用片段化教学发挥各自优势,是 MBA 案例教学改进和发展的有效手段。

优秀的案例教学需要优秀、全面的案例库的支持,案例的来源和风格的选择应该体现当前 MBA 学员的需求。对于教学案例的来源,我们通过问卷调查的结果发现,国内外案例库并非唯一的选择,更多的 MBA 学员期望教学案例来自教师自己的素材收集和创作,这体现了学员对理论联系实际的需求,因为教师的收集和创作可以有效地结合当前形势,可以克服一般案例缺乏实践性、针对性及时效性较差的缺点。对于教学案例的风格,大部分 MBA 学员青睐数据分析型和系统论证型,毕竟找到实战的感觉对于提高能力是相当重要的(见表 1)。

表 1　东南大学经济管理学院 MBA 学员对教学案例的期望与要求　　单位:%

期望 MBA 教学案例的主要来源	来自书本	教师收集素材创作	来自教师的研究课题	国内外案例库
	3.3	42.6	19.7	34.4
期望 MBA 教学案例的主要风格	文字描述型	数据分析型	新闻报道型	系统论证型
	9.8	21.3	16.4	52.5

三、目前东南大学 MBA 案例教学存在的问题

目前,东南大学的 MBA 案例教学内容难以达到广大 MBA 学员的期望,案例教学效果也不尽如人意。归纳起来,存在的问题主要有以下四个方面:

1. 教学形式缺乏开放性

教学形式的开放在于开放案例分析的过程给学生,让学员在案例的阅读、思考、分析、讨论中,建立起一套适合自己的完整而又严密的逻辑思维方

法,以提高学生分析问题、解决问题的能力,而教师则在大局上进行把握,进行组织、启发与评判。目前案例教学缺乏开放性,主要体现在以下几个方面:(1)作为课程主体的学生参与度较低,教学以教授为主,学员介入案例进行深入分析不多,往往流于表面而不能真正获得能力;(2)缺乏现代化的组织手段与模式,从本人在美国马里兰大学观摩和学习的经验来看,美国教授通常把学生按照其所在行业分为若干组,让组与组之间根据需要进行实际的需求接触和营销讨论,从而避免实战性不够的问题,这种高度开放的教学方式颇值得借鉴,完全可以为我们所用;(3)教师在启发与评判方面能力缺乏,由于部分教师缺乏良好的大局观和抽象能力,面对案例讨论结果无法及时给予正确的解释和评论,极大地影响了案例教学的效果,无法保证案例教学的客观真实性和启发性。

2. 学员参与缺乏目的性

案例分析不是欣赏故事,也绝非回顾历史。学员参与案例分析不仅要了解发生了什么,而且要形成在相似情形下避免或者解决问题的能力。因此,学员参与案例分析需要明确目的,而学员的基本素质、准备情况与课堂参与度成为影响教学效果的重要因素。由于受中国传统教育的影响,学员普遍有被动接受知识的习惯;同时由于学员本身是公司或企业的在职工作者,受到时间条件的约束,其对案例的内容、案例分析所涉及的理论准备较少。正由于前两种情况的存在,使得学员在课堂讨论中出现消极被动、"搭便车"等现象,无法很好地参与讨论,从而导致案例教学效果不佳。

3. 案例选择缺乏实用性

老师在MBA案例的选择上存在覆盖范围较小、缺乏实践性与针对性以及时效性较差等问题。由于东西方企业制度、市场环境与法律文化的差异,在引入国外案例时,对于不熟悉国外企业外部环境的中国MBA学员而言,经常无法把握住重点,并且由于案例与中国企业的实践脱节较大,不能满足学生学习的需求,学生很难对资料进行深入、客观的分析。案例库的开发建设是搞好开放式案例教学模式的重要条件。案例库中必须储备一定数量的案例,教师要对这些案例不断进行跟踪、补充与完善,只有对典型案例进行较长时间的跟踪式研究,才能实现案例教学的开放性,同时提高其时效性。

案例的开发与编写需要"资本",而国内很多商学院的预算并不能支撑这样的开发成本,同时企业的数据也难以获得,这些都使得案例本土化率较低的问题十分突出。

4. 教学案例编写的激励不足

在当前的体制下,编写案例不算作研究成果,因而教师可能更愿意去撰写论文和学术研究报告,也就是说,国内的商学院很少针对案例的编写提供相关的激励,这也是造成案例开发"自主创新"不足的原因之一。

四、案例教学和案例开发对策建议

考虑到我国开展 MBA 教学时间有限,案例教学还有很大的改进空间,未来案例教学的发展要适应中国的市场环境和企业制度。

第一,在案例教学方面,目前案例教学更强调能力的培养。因此,采用片段化的教学方式,老师专注于案例组织启发以及解释评判,而学员专注于深入案例进行分析讨论,可以更有利于学员能力的形成,也使教学更加有效率。

第二,在案例开发方面,需要加大案例开发与编写的力度,加快满足需求。面对教学案例编写中的现实问题,一方面,可以强调专业化,通过统一编写来降低编写的成本,提高编写的质量;另一方面,需要商学院加大对教师的激励,从而使教师通过自主创新来不断丰富自身的案例库,进一步促进案例教学质量的提高。

促进中国企业管理案例开发的对策建议

王淑娟　胡　芬　傅永刚
（大连理工大学）

一、引　　言

在工商管理实践中，不仅要管事，更要管人，而且越到高层，对技术技能的要求越低，对沟通、协调等"软技能"的要求越高。而案例教学法恰好可以在训练学员的软技能方面发挥较好的作用，相关调查研究也表明案例教学法对于提升 MBA 学员的管理能力确实有较明显的有效性。高质量的中国本土案例是案例教学的基础和关键，它不仅是真实情境的载体，使案例研究从我国企业管理实际问题出发，还能为案例研究提供丰富的素材支持。

二、中国企业管理案例开发存在的问题及成因

受资金、人员等方面的限制，中国企业管理案例开发现状堪忧，针对 EMBA 学员的问卷调查表明：90.5％的 EMBA 学员把"案例教学薄弱"列为教学中存在的主要问题的第一位（见图1）。其中突出的表现有：

（一）开发的案例数量有限

由于目前大多数院校都没有将案例开发视为学术成果，在科研压力下

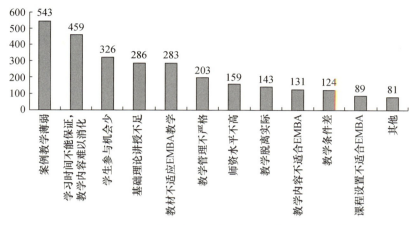

图 1　毕业生认为 EMBA 项目教学中存在的主要问题

的高校教师普遍认为将精力放在案例开发上得不偿失。而且案例开发需要开发者亲自去企业调研,涉及的差旅费、资料费、办公费等都是一笔不小的开支,但现在商学院的教师无论是授课还是从事企业咨询等,收入都明显高于辛辛苦苦地开发案例,这种利益导向也在一定程度上阻碍了案例的开发工作。

（二）开发的案例水平欠佳

在为数不多的原创本土案例中,适合中国国情、广为使用的经典案例更显匮乏。究其原因主要有以下几方面:

第一,案例开发工作对采编的目标企业有很高的要求。好的、能引起学员关注度和讨论积极性的案例必须符合典型性、规范性和科学性的要求,所以采编的案例企业最好是具有一定社会效益和认知度的企业。这些企业的管理理念和管理实践往往比较先进,对于编写成适合学员讨论的教学型案例和提炼先进管理理论的研究型案例来说都是上佳的素材,但这些有代表性的企业不可能聚集在一个地区,任何一所商学院受到地域、精力和经费的限制都不可能去采编所有的典型企业。

第二,案例开发工作对编写者的素质有很高的要求。案例开发是一项规范性、科学性要求很高的工作,案例开发者不仅要具备扎实的理论基础,明确案例教学的教学目的和案例分析的理论要点,还要在亲自参与企业调研的过程中善于发现问题,并由具备案例教学经验的教师进行指导,这样才能联系教学开发出好的案例。

第三,案例开发工作有一套科学的流程和方法,案例开发者需要经过一定的培训,在案例调研之前做好充分的准备,对采访企业、所处行业等情况做到心中有数,这是进行案例开发的重要前提。

(三)开发的案例使用率不高

很多商学院案例中心开发出来的案例仅仅满足了本学院案例教学和研究需要,覆盖面十分有限,根据我们对大连理工大学案例库使用情况的统计,案例使用率不足50%。目前国内还没有形成一个像欧洲案例交流中心、哈佛案例中心这样的得到公认的案例共享平台,因此开发出来的案例的受众极其有限。除此之外,能够熟练使用案例教学法的师资力量比较薄弱,并非所有的 MBA 授课老师都采用案例教学,这也是造成案例使用率低的一大原因。

三、促进中国企业管理案例开发工作的对策建议

(一)多渠道进行案例开发

1. 企业基地建设

培养一批有知名度和美誉度、了解和支持案例开发工作的企业是案例开发中的一项基础工作,对于这些企业,我们要本着分析研究企业当前管理现状、提高企业经营管理水平的目标来开展案例开发工作,并且为了降低开发成本,最好采取分区分片负责的方式。在企业基地建设方面,要充分利用 MBA 学员,尤其是 EMBA 学员的资源优势,争取与其所在的典型企业建立联系,条件成熟的情况下还可以进行长期的跟踪研究,从而达到服务企业、创新教学的目的。

2. MBA 案例论文转化成教学案例

目前,国务院学位条例规定 MBA 学员每人要独立完成一篇学位论文。学位论文的形式可以是专题研究、高质量的调查研究报告或企业诊断报告,也可以是高质量的案例等。由于撰写案例论文对学员综合素质要求高、编写难度大且通过率低,所以很少被学员选择,但一项调查研究发现,从 MBA 培养的定位来看,认真编写一个案例比写其他形式的学位论文更有价值,更能达到综合训练的目的,而且经过教师精心指导的案例论文有机会转化成优秀的教学案例。此外,为实现教学和科研的紧密结合,教师在指导案例论文时,还可以将案例论文或教学案例转化为研究型案例,即通过对一个或多个教学案例素材进行对比分析、总结提炼,从而形成高质量的研究型案例。

3. 在本科教育中导入案例开发理念

为提高本科生的分析、决策等方面的综合能力,大连理工大学管理学院已经连续三年开展"管理文化节"活动,多次开展本科生开展案例开发、案例分析方面的专题培训,组织案例编写、案例分析以及案例多媒体制作大赛。其中案例编写的方式是,在教师的带队指导下,以小组为单位对目标企业进行实地调研并撰写案例,这充分调动了大学生们踊跃参与的热情,跨学科乃至跨校的团队也参与其中。这一系列案例实践活动可以帮助本科生将理论与实践相结合,便于他们以后更好地融入社会。

(二) 推出案例开发的保障机制和激励机制

1. 制定相关的配套政策

相关的配套政策是案例开发工作的有力保障,可以为案例开发工作创造更为广阔的成长空间。比如认定案例开发属于教学或科研成果,规定每门 MBA 课程必须有配套的案例教程,规定案例教学在每门课程中所占的比重,鼓励 MBA 学员撰写管理案例作为学位论文,等等。现在大多数的 MBA 培养院校都规定授课教师必须具备博士学位,那么是否可以考虑出台相应的政策,规定讲授一些特定 MBA 课程的授课教师必须具备案例开发的经历,相信这些配套政策将有力地推进案例开发工作。

2. 推动中国管理案例共享中心案例库的建设

中国管理案例共享中心通过举办案例开发师资培训班培养和强化MBA培养院校教师的案例开发能力,以案例征文大赛等形式征集案例并授予案例开发资质证书,此证书应得到所在院校的学术认可,如此一来,才能保障共享中心案例库的长远发展。

中国管理案例共享中心还利用其门户网站定期对案例的使用情况进行统计汇总,分地区开展MBA和EMBA学员对共享中心案例库使用情况的问卷调查,并将案例汇编成MBA课程的案例教材和教师使用手册,让案例开发工作落到实处,真正让教师和学生受益。

四、总结与展望

案例开发是一项长期复杂的工作,通过一系列的保障机制和激励机制,充分调动全国MBA培养院校的力量多渠道开展案例开发工作,发挥各自的地域、学科等资源优势进行联合开发并提交至共享中心,实现案例来源的最大化和案例结构的最优化,再通过共享中心的网站平台,与全国MBA培养院校共享更多高水平本土案例。全国MBA培养院校在深入研究我国企业管理实际问题并对之进行案例开发的过程中,逐步提炼出有中国特色的管理思想和管理理论,从而为发展中国特色的MBA教育铺平道路。

中国本土化 MBA 案例的开发与教学应用研究

赵曙明

（南京大学）

案例教学是一种以学生为中心对某一特定现实问题或事实进行交互式探索的过程。案例教学符合管理科学的实践性、权变性与复杂性的特点，尤其是与讲授式教学相比，案例教学更贴近丰富的现实，更符合 MBA 理论联系实践的教育理念。

本文试图从分析 MBA 案例的开发与教学应用现状入手，讨论如何围绕中国异常丰富的本土化企业管理实践进行更大规模的案例开发，并有效使用已经开发的案例。

一、中国本土化 MBA 教学案例开发与应用的现状

早在 2000 年，厉以宁、曹凤岐就在《中国企业管理案例库丛书》总序中提到中国 MBA 教学案例开发与应用存在的问题[1]，归纳起来分别是：

（1）案例开发的简单化。目前国内图书市场上的一些所谓"案例"，或直

---

[1] 厉以宁，曹凤岐.中国企业管理案例库丛书[J].北京大学学报（哲学社会科学版），2000(2)：147—149。

接采用新闻报道的材料或取材于传记作品，缺乏对企业管理过程的专业性审视和洞察，从原始材料的选择就已经开始偏离企业管理的视角，更难以进行深入的专业化分析。

（2）案例开发的照搬化。国内一些院校和企业使用的案例，大多数是直接从国外"拿来"，由于国外企业的制度背景和文化背景与中国有很大不同，这些案例对中国企业的适用性较差。而对于案例教学来说，由于学生缺乏对国外案例的制度背景、市场情况、人文环境等方面的了解，因此难以对案例进行全面分析，也难以形成较为真实的管理感受。

（3）案例开发的封闭化。我国现有的案例研究落后于国际企业管理的潮流，不少商学院案例往往只由教师个人搜集，自己使用，无法共享。国际经济正向着一体化发展，而我国有关跨国投资、国际企业管理、跨文化人力资源管理、国际法等方面的案例及教学却相当薄弱。

（4）案例开发的非标准化。在不同学校与各种培训项目的案例教学中，由于案例来源混杂，口径不一，使得教师和学生在案例交流中缺乏共同的研讨基础和统一的背景条件。

（5）案例教学的空壳化问题。案例教学起源于西方，西方教育强调自我管理和个体学习，强调与他人的对话和交流。而中国学生从小学到大学均习惯于老师的课堂理论灌输，习惯于将老师当作权威的信息来源，通过讨论获得知识的习惯尚未形成，因此出现案例与学习两张皮的空壳化现象。

客观地说，多年前存在的问题至今也没有很大的改观。除中欧国际工商管理学院与哈佛大学合作开发的案例外，教育部属院校案例开发工作还没有在国内产生很大的影响。

在我国MBA教育的早期，教师们采纳的案例绝大多数来自西方企业管理案例，本土案例极少，导致的直接问题就是"水土不服"，我们的学生很难把自己置身于社会和人文背景迥异的西方企业实践情境之中，而教师对于案例内容和情境的理解也是间接的、抽象的，这直接影响到教学效果。

后来教师们逐渐采用自己的案例，这些案例从形式上看多是教师从企业诊断与咨询服务中获得的经验总结。这些案例对于提升教学效果起到了一定作用，但同时也存在着一些问题，如案例多表现为小故事甚至是"寓言"，对于管理现实的陈述不够全面，过于抽象与简化，而且包含明显的个体倾向性观点；案例及其教学经验的规范性和共享性差，通常是案例编写完成之后，只能为编写者自身教学所用，别人很难采纳与应用。

调查发现，我国 MBA 学生对案例教学的期望值普遍较高，但对 MBA 教学总体满意度和案例教学满意度都较低，调查还表明，MBA 教学中本土化案例比重偏低，教师的案例教学水平也有待提高。这个调查结果符合人们的感性判断，大家似乎都承认中国工商管理教育市场的庞大需求导致了对案例开发与教学的需求，同时中国本土案例开发与使用的缺失，直接导致了学生的满意度不高等问题。

二、加快中国本土化 MBA 案例的开发

中国改革开放以来的企业实践提供了丰富的案例开发源泉，是急需挖掘的宝藏，其中许多企业的创新实践蕴涵着管理创新的意义，特别是中国转型的内涵非常丰富，许多情况都是外国所没有的。与国外尤其是欧美国家数百年的市场经济历史相比，中国的市场环境还很不健全，企业常常在企业制度、治理结构和经营理念等基础方面产生问题，而国外的企业在成熟的市场环境中成长，这些方面已经是基本常识，他们的企业问题多集中在常规的经营和管理技术层面。因此在本土化案例开发上我有以下几点想法希望与大家分享。

1. 从 MBA 发展战略的高度上认识案例开发与教学的重要性

MBA 教育已经进入品牌化的时代。优质的案例在某种程度上代表着优质的 MBA 品牌，各个管理学院要从 MBA 发展战略的高度上认识案例开发与教学的重要性。

2. 从管理机制上入手，制定完善的制度，对案例开发的奖励措施要与理论研究相当

长期影响老师编写本土化案例积极性的一个重要因素是学校对采编案例认可不高的问题，这个问题直接影响老师升职晋级等，同时也影响他们的经济收益。为此，我们有必要把采编案例作为科研工作的一部分，同等看待

采编案例与发表文章,把收编入库的案例作为重要的科研成果看待,鼓励教师使用入库案例。

3. 邀请实践界的人士参与案例开发

管理科学是一门实践科学,因此有管理实践经验的教师编写的案例更加真实,更加贴近实际管理情景,从而更受学生欢迎。正如美国教育专家舒尔曼所言,"实践者更喜欢由其他实践者撰写的案例"。因此,邀请管理实践专家参与案例开发,可以弥补相当一部分没有管理实践经验教师的知识和经历欠缺。拥有管理实践经验的教师除了根据自身实践经历编写一些案例外,其另外一个重要职责是评阅其他没有管理实践经验的教师编写的案例,提出修改完善的意见。

案例库建设要加强与企业的沟通与互动,逐渐地调动起企业的积极性。一方面通过各种途径向社会传播案例教学成果,在社会上营造一种重视案例教学的氛围;另一方面,通过对企业经营管理活动进行分析,把企业需求和案例采写要求相结合,使企业感受到案例采写是一个帮助企业分析形势、理清思路、提高经营管理水平的有价值的过程,从而使企业认识到案例教学对中国管理教育和企业经营的重要意义,赢得企业的认同和支持。

4. 案例开发要立足于中国的本土化文化

中国具有全球最具增长潜力的市场,而且市场经济转型与国外相比存在很大差异,我国企业的发展规律、文化传统都具有鲜明的中国特色,这使得海尔集团和联想集团的哈佛案例都没有使两家企业的领导人感到满意,因为它们没有很好地表现中国企业的文化、机制和企业当时所处环境的复杂性。因此,开发本土企业管理案例的重任必须落在我们肩上,马凯在第四届全国 MBA 教育指导委员会上指出:"我们的 MBA 教育要结合我国制度环境和文化传统,深入研究中国企业管理实际问题,凝练出具有中国特色的管理思想和管理理论,用于教育实践,形成有中国特色的 MBA 教育模式。"

5. 案例库需要及时追踪与更新

利用案例库的知识存储与知识管理功能,对案例进行统一编选,并对入库案例进行及时更新,使入库案例具有良好的覆盖性和系统性,并形成大量的企业素材积累,从而使教师和学生们可以更为方便地使用案例和进行企业研究，使案例不断地得到教学检验和市场检验，从而使案例的质量和数量不断提高，促进产学研更紧密的结合。

6. 通过案例开发逐步凝练中国的企业管理理论体系

中国许多企业在吸取国外先进管理理论和管理方法的同时，融合中国文化，在管理实践中形成了一些行之有效的做法。我们不仅要开发中国案例，同时要形成理论体系，融合到教学当中去，这也是中国MBA教育的职责所在。

三、中国本土化MBA案例的应用

案例开发的价值在于应用，使用与开发是相辅相成的，没有用，开发就没有意义。在应用上，要建立MBA学员、企业和学校，甚至大学共建、共用、共提升的平台与机制。

要提高工商管理教师的实践技能和商业感知。中国工商管理教师不但要对理论体系有深入了解，还要具备一定的企业经验或商业感觉，这种经验和感觉是靠经常下企业做调研、写案例、做企业咨询或者担任独立董事而获得的。教师要在自己的教学领域和研究领域内积极参与企业实践，尽量多地了解企业实际运作的一手资料，从而能够在案例教学中游刃有余。在案例应用过程中，教师要成为很好的课堂组织者，调动学生进行充分思考和讨论，把学生脑中的智慧激发出来。只要在某一领域多调研、多写案例、多做咨询，教师完全可以在某一专门领域内，在知识、经验和感觉等方面都超过企业家学员。管理大师德鲁克就是这方面的典型代表，他虽然没有直接去管理企业，但他悟出的管理真知甚至超越了现实的企业实践。商学院应当鼓励教师参与实践并为教师提供参与实践的机会。

为了进一步提升案例教学的开展和已有案例的应用，以下建议可供参考：提高案例教学的学术地位，可以将案例教学作为拥有MBA院校各类教学评估、学术评估的一个指标；把案例纳入MBA教学计划的必要内容，并规定其分量不得少于一定的比重，从政策上引起各院校的重视；积极促进我国本土案例的国际化，比如将之翻译成英语等语言以推荐进入国际机构应用。

哈佛案例教学模式移植困境与组合案例教学模式探索

马新建

(东南大学)

一、哈佛案例教学模式的精髓与对它的质疑

风靡全球的哈佛案例教学模式简称哈佛模式,是指哈佛大学商学院首先开发使用的,在 MBA 教育中使用复杂案例进行案例分析的教学方式。具体来说,这种哈佛案例教学模式以商业活动真实事件所编写的复杂案例作为 MBA 课程基本教材,课堂教学采用以学生为主体的、没有唯一正确答案的案例分析教学法,学生定位于案例的相关者角色参与案例分析,设身处地进行问题调查、分析和解决。哈佛案例教学模式别具一格,其课程教学重心不再是向学生系统传授理论知识或寻找管理问题的正确答案,而是创设"高仿真度"的企业管理情境案例,迫使学生独立思考,对各种工商管理复杂情况做出分析和权衡后,制定与组织目标相一致的决策方案,从而培养其认识、分析和处理工商管理问题的实用能力。其精髓在于使学生进入一个真实、凝练且较高的层次来观察、分析、解决经营管理问题,训练他们在不完善条件下进行企业经营管理的独立决策能力,在实践中掌握工商企业成功经营的思路、方法和决策艺术。经过数以百计的哈佛案例分析训练,学员大多能对工商企业实际经营中可能遇到的多种情况和问题有所感悟,有所准备,

有所借鉴,进而应付自如。因此,哈佛案例教学模式在 MBA 教学中广受推崇,哈佛案例被全世界许多工商管理学院大量购买和使用。

然而,当哈佛案例教学模式在全世界被广泛推介、移植和仿效的同时,美国和世界其他国家的一些学者对其批评声不断。综合来看,哈佛案例教学模式起码有以下令人质疑的问题。

第一,哈佛案例教学模式能否帮助学生有效学习令人存疑。众所周知,哈佛案例教学法并非轻而易举就能采用的方法,无论是教师还是学生须经过较长时间的训练才能掌握这一独特教学方法,即使在哈佛商学院,大多数学生也得在一个学期之后才能适应。哈佛案例教学模式的有效性因为案例质量、教师水平、学生知识基础和精力投入等而起伏不定,而且其所提倡的组建课外学习小组、小组交流、课堂讨论、独立思考做出方案等措施需要不少时间和条件,在真正帮助学生系统掌握课程理论知识方面一直没有普遍证据。

第二,哈佛案例教学模式以案例代替实践,能否使学生获得企业管理"真经"存在争论。支持者认为案例学习能在一定程度上代替"年复一年的经验的日积月累";反对者认为管理实践无法在课堂上模拟,案例只是对第一手经验的第二手叙述,而课堂讨论甚至只是第三手的信息。支持者认为案例教学能让学员站在案例主角的位置进行思考,从而做到从实践中学习决策;反对者则认为案例其实删除了大量重要信息,难以准确反映管理决策的复杂性,案例讨论是被教授们精心安排的,案例教学不过是另一种形式的"填鸭式"教育。

第三,哈佛案例教学模式因难以平衡案例教学和理论研究的关系而受到持续挑战。1979 年,哈佛大学校长 Derek Bok 在年度报告中委婉地指出案例教学是一个出色的发明,但限制了学生掌握分析技巧和概念的时间,也导致教授只有很少的时间来研究更为长远的问题。这一意见虽然招致了激烈的反驳,但要求"保持案例教学的主导地位"的哈佛商学院毕竟受到了冲击,每个 MBA 学生学习的案例数目从高峰时的 900 个锐减到现在的 500 个。

第四,哈佛案例教学模式存在着"过于强调思考和分析的作用,忽略管理问题的社会性、互动性的缺陷"。梁能指出,哈佛案例片面突出管理者作为独立思想者的角色,忽视了管理者作为实干家和组织者的角色。梁能认为这种思维方式有双重的错误:一是片面强调先思考,再行动,忽视了在实践中学习总结经验的重要;二是片面突出管理者个人分析、独立思考的作用,忽视了大多数管理问题的关键在于在不同的群体之间寻求理解、寻求共识的特点,忽略了理解人和沟通能力的重要性,忽略了管理问题的社会性、互动性。

第五,哈佛案例的模式化构造能否锻炼学员诊断复杂问题的能力遭到怀疑。梁能等人认为,哈佛案例虽然表面上结构清楚,容易理解,但其所有的信息都已经预先处理,每一小节内容都有明确的标题,事件的发展通常是单线条的,案例主角往往也是唯一的视角,问题的表述分析是纯商业的,不掺杂任何情感和社会因素,像这样呈现"八股化"的哈佛型案例远远不能反映管理实践的丰富性。"八股化"的哈佛案例对于培养学生去伪存真、诊断复杂问题的能力是非常不利的。

第六,哈佛案例的教学模式与其他教学方式难以相容。目前,国内外工商管理教育中经常使用的教学方式有传授管理的基本原理、基本原则和基本方法的核心课程教学;针对现实问题进行模拟研究;以解决经营管理问题为主的管理能力与管理艺术训练;对特定项目进行具体的管理设计和方案决策,通过管理的实践提高能力;实行案例教学,即通过实际案例分析提高管理能力。哈佛案例教学模式的施教和学习条件要求相当苛刻,不仅对其他教学模式具有一定的排斥性,而且也与其他类型的案例教学存在不相容的地方。

二、哈佛案例教学模式在中国 MBA 教学中移植的困境

自我国开办 MBA 教育以来,哈佛案例教学模式被广泛推介、移植和仿效,不少学者对之倍加推崇,引为正宗,极力仿效。但多年实践下来,哈佛案例教学模式在中国的移植困难重重,在多数高校陷入"水土不服"的窘境。

总结起来,起码有五重障碍是造成哈佛模式在中国移植困难的普遍原因。

1. 案例障碍

案例教学的客体是案例,案例是哈佛案例模式的基石,符合 MBA 教育的高质量案例开发和储备是案例教学极为重要的基础。推广案例教学的前提和基础性的工作是案例库的建设,这也恰恰是中国 MBA 教育最大的弱点,是我国高校 MBA 课程移植和效仿哈佛案例模式遇到的第一重困境。我国的大学在 MBA 案例开发和储备上极为薄弱,尤其缺少反映中国企业经营管理实践的优秀本土案例。一方面,从哈佛和其他外国大学买来的案例多数不适合中国经验现状,脱离中国 MBA 将要面对的企业经营情境和生存、发展实际问题。另一方面,由于中国企业发育时间短,制度化、规范化程度低,内部信息和真实数据获取难,致使中国案例开发比较困难。就实施 MBA 教育的高校来看,许多高校一面提倡案例教学,另一面在案例的搜集、整理、开发、储备等建设工作上又相当薄弱。MBA 教学案例陈旧,缺乏代表性,内容滞后于企业管理潮流,甚至直接采用报纸、杂志或传记文学的内容,已是普遍现象。

2. 师资障碍

案例教学的主导是教师,哈佛案例模式成功的关键是高水平教师导引下的高质量案例分析。只有高水平的教师才能有效组织好案例教学,唤起学生的兴趣,激发他们的积极参与,确保其思维方法、认识水平和交流能力、决策能力等通过案例分析得到有效进步。国际上 MBA 师资一般是有诸如学位、研究成果、实际管理经验能力等任教条件的。相比之下,国内 MBA 师资差距较大,普遍缺乏适合 MBA 教育的高水平师资,是国内高校 MBA 课程移植哈佛模式遇到的第二重困境。一方面现有 MBA 教师缺少相关实际管理经验和案例教学培训,真正的案例教学难以施行;另一方面吸引国际一流的教授来华任教需要大量经费,多数学校难以解决。

3. 学生障碍

案例教学的主体是学生,案例教学的内在关系是一种以案例为纽带的教师与学生、学生与学生之间的合作互动式教学—学习关系。学生的知识能力、积极性和能动性对案例学习成效起着重要作用。西方教育强调学生自我管理和自主学习,学生自由选择、主动学习和独立学习能力强,习惯与他人的对话和交流,更为适应案例教学。中国教育使学生从小学到大学均习惯于课堂理论灌输,将老师当作权威的信息来源,不习惯通过讨论互动来获得知识。MBA案例教学的主角是学生,然而中国MBA学生来源复杂,既有管理经验的企业人员,也有事业单位、机关人员,还有其他无管理经验的人员。在案例教学中,由于MBA学生的基础水平和投入精力差别较大,案例预习、准备方案、交流讨论等环节难以保证质量,导致案例教学受益悬殊。显然,学生障碍是我国MBA课程移植哈佛模式遇到的第三重困境。

4. 教学障碍

我国MBA师资很多是从从事理论教学的传统管理专业转来,许多老师仍然习惯于传统教学做法,重理论轻实践,不熟悉案例教学的特点和方式,缺少对案例的引导和深入分析,真正的案例教学内容较少,从而使得案例教学比例不合理,与国外著名商学院相比,案例教学在国内高校工商管理教育中所占的比重还很少,发挥不了案例教学本该在MBA教学中所起的作用,远远不能满足专业人才培养的需要。教学障碍是国内高校MBA课程移植哈佛模式遇到的第四重困境。

5. 体制障碍

国内高校教师的考核和激励体制障碍,是国内高校MBA课程移植哈佛模式遇到的第五重困境。我国多数高校对专兼职从事MBA课程教学的教师的考核评价,是按照发表论文、科研成果获奖、科研项目等指标来计量的,需要大量劳动、高超能力和丰富经验的案例开发与教学成果却排除在考核评价体系之外。由于在现行管理体制中,教师的案例研究、编写与开发往往既不算工作量又不算发表文章,得不到应有的承认和激励,因此教师大多无心投入案例教学和案例建设工作,所谓"精心培养高素质案例教学讲师,建设有中国特色案例库"自然也就成为虚弱无力的口号。

三、案例教学多样性与组合案例教学模式

反思这些年哈佛模式在中国MBA教学中遇到的移植困境和MBA教

学模式争论，不难发现，其实世界各国的 MBA 教学模式是丰富多彩的，即使 MBA 课程的案例教学方式也具有多样性，这也是哈佛模式不断受到中西方不同教学模式碰撞和挑战的重要原因之一。准确地说，哈佛案例只是管理案例中的一类，哈佛案例教学模式只能算 MBA 教学模式的一种。由于不同国家 MBA 教育的国情、基础、师资、学生、企业、环境等因素的复杂性和多样性，哈佛 MBA 教学模式既不可能放置四海而皆准，也不可能完全替代其他教学模式和案例教学方式。那种对 MBA 教学现实的复杂性、多样性闭目塞听，极力宣称哈佛案例教学是唯一正统，甚至断言非哈佛式案例不叫案例，非哈佛模式不算案例教学的观点显得有失偏颇。

就是在美国本土，与哈佛模式分庭抗礼的 MBA 案例教学模式还有芝加哥模式。这种模式是指芝加哥大学首先开发应用，以简单案例进行案例研究的教学方式。这种案例教学模式一般是教师在课程内容讲授过程中，给学生分发案例，学生和教师一起站在客观的、局外人的角度结合课程内容对案例进行研究，讨论企业中为什么会发生这样的事，应该怎样分析，从中找出管理的一般原理和规律。这种案例教学模式使用的案例一般比较简单，所花时间比较少，不会冲击或替代课程基本概念、基本理论、基本方法等的系统教学。

长期以来，世界著名商学院的 MBA 课程教学实际上一直有理论教学和案例教学两大派别之争。以斯坦福大学、芝加哥大学、卡内基梅隆大学、沃顿商学院为代表的理论教学派，坚持把管理当作一种科学来对待，注重学术活动和从事正规科学的研究，案例在教学中只起辅助性作用。以哈佛商学院和加拿大毅伟商学院为代表的案例教学派则把案例作为一种专业来开发研究，坚持以案例教学为主体实施 MBA 教育。众多其他大学的 MBA 课程教学游移在这两大学派之间，或者是两者的某种组合或折中。但是不论信奉何种学派，都在教学中使用案例。

全面分析美国本土 MBA 教材和教学案例，会发现它们案例的概念、种类、教学方式等具有多样性，并融入了课程的知识、理念、方法等多种教学内容的传授，而且会在不同教学环节加以多样化使用。纵览我国十几年来的 MBA 教育实践，由于不同学校的地位、资源和条件差距很大，而且并非所有学生都具备工商管理实践经验和系统管理理论基础,所以各个高校在 MBA 课程教学中以多样化的方式使用了不同类型的案例,它们承载着管理情境进入、理论知识传授、分析决策思路培养、综合能力开发等不同的教学功能。

企业的管理实践是丰富多彩的,作为其某种"影像"的工商管理教学案例也理应丰富多彩,其相应的教学和学习方式更应丰富多彩,并且这样的案例与教学和学习方式也因适应复杂多样化的现实世界而彰显生命力。通过汲取中外 MBA 案例教学多种模式的宝贵经验,历经多年的本土 MBA 教学实践,我们设计和使用了由引导案例、应用互动型案例、分析设计型案例、综合决策型案例所构成的 MBA 课程组合案例教学模式。这一基于学习过程的递进的组合案例教学模式,把案例教学与课程知识进入(引导案例)—理论理解(应用互动型案例)—理论应用(分析设计型案例)—问题解决(综合决策型案例)诸学习环节有机整合,在 MBA 课程教学中提供学以致用、有层次的系统性"管理境界"。组合案例教学模式各类案例在一门课程教学单元中的使用递进关系如图 1 所示,其各组成案例的含义和功能如下。

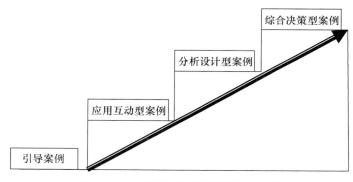

图 1　MBA 课程组合案例教学模式阶梯

1. 引导案例

引导案例是用于工商管理课程教学每章内容或每次讲课开始时引出正文和主题的短小案例,它相当于一个楔子,启动学习者的预习和思维,并使之进入特定管理情境。这类案例主要是描述和浓缩真实发生过的具有启发意义的工商管理事件,其中包含了真实管理实践的经验和教训,对学习者富有启迪和借鉴意义,发人深省。在引导案例之后,往往紧跟着一小段精练而富有哲理的评论语或者是提出紧扣课程内容的有价值的问题,这样的设计可以很快把学生从案例的情境和矛盾中引到即将学习的理论知识体系,启动学生积极思维,从案例的观察评论者迅速进入学习探索者角色,主动渴求即将传授的相关课程知识。

2. 应用互动型案例

应用互动型案例简称互动型案例或应用型案例,这类案例的编写和使用主要是帮助学习者在案例模拟的真实情境中,应用和巩固已学习过的管理理论和概念,促使学生在讨论交流中尝试运用所学,提高对特定理论的正确理解和准确运用的能力。这种案例须设计一定的讨论主题、角色和情节活动,让学习者与他人共同练习,从人际互动中体验一些角色、经历一些过程,从而加深对所学理论知识与管理情境的理解。

3. 分析设计型案例

分析设计型案例又叫分析研究型案例,简称分析型案例。这类案例通过反映现实企业管理工作的复杂情形、尖锐矛盾、信息泛滥或信息不足等实际情况,帮助学生学以致用地运用所学理论知识去认识问题、分析问题,设计解决问题的合理方案。分析型案例旨在训练学习者透过现象看本质,要求学习者在错综复杂的矛盾斗争中,正确估计形势,确认关键问题,抓住主要矛盾,寻找应对措施,从而提高"纲举目张"的能力。这类案例相当于提供给学生应用所学知识技能的"靶子",使学生将理论与实践有机结合,在案例研究分析中学习、理解、运用所学理论知识,巩固基本观念、基本理论和基本方法。这类案例较少关心复杂的管理决策行动,更多地关注运用所学分析问题的思维逻辑以及所使用的分析模型、知识和方法的正确性与可靠性。这类案例教学的组织可以参照芝加哥案例教学模式。

4. 综合决策型案例

综合决策型案例简称综合案例,一般应放在一门课程教学的中的一章或几章内容的末尾编排和使用。它一般涉及内容复杂、信息量大、高度仿真的管理情境,类型包括决策型、政策制定型、理念运用型、实务操作型等,乃是帮助学习者融会贯通所学课程知识、训练提高综合决策能力的大型案例。这类案例一般篇幅较长,描述具体企业在环境、条件和竞争压力下紧急决策问题或情境,要求学习者在内、外部环境条件约束和时间限制下,对某些棘手的工商管理问题进行决策,确定工作方案;涉及丰富的企业管理信息和较多学习内容,旨在促使学习者综合运用和巩固所学过的知识。综合决策案例教学的组织可以参照哈佛案例教学模式。

四、组合案例教学模式的学习原理及运用

上述组合案例教学模式紧密结合我国教育实践,与多种 MBA 教学模式具有兼容性。它能把具有多因性、系统性、动态性、权变性的工商管理活动分阶段、循序渐进地呈现给学生,保持了企业经营管理问题的客观性与课程学习渐进性的适度平衡。教师通过不同案例的情境、人物、矛盾、争端和问题讨论,来引导学生向着课程学习的重要方向前进。这种模式可以有机组合正式讲课、参考文献阅读、案例准备与讨论、理论框架或分析工具介绍等方式,通过师生合作互动,把学生思路和知识学习推向深入,丰富学生的综合知识,提高学生的应用能力,最终帮助学生面对多因素环境下的管理问题挑战,多角度地分析和预测事件走向,自己发现和制订恰当的问题解决方案。

组合案例教学模式实质上是在工商管理课程的学习过程中,把多种案例资料加进了递进运行的各个学习环节,以提高教学指导中管理理论与企业实践结合的效度。教师通过提供与所传授知识相关的管理环境、事件、情节等组合案例资料,在课堂中制造一种学生能够进入和参与的"模拟管理情境",弥补了在课堂开展管理训练的不足(本应在工作场所和管理情境中施行管理教育),从而较好落实了工商管理知识和技能的外部指导,帮助学生以致用地掌握工商管理课程的理论知识和实用技能。组合案例教学模式的学习原理如表1所示。表1反映了组合案例教学模式与管理课程学习过程各环节及其外部指导事项、指导形式之间的关系。也就是说,工商管理案例的运用与学习行为发生的环境特点——学习指导是密切相关的,工商管理学生学习过程的有序发展和有效运行,是与组合案例学习各环节的外部指导事项和指导形式的切合性、科学性、合理性紧密联系的。

表 1　学习过程环节、指导事项与组合案例形式的联系

学习过程	各环节含义	外部指导事项	指导形式	组合案例
1. 预期	学习动机、学习目标和学习带来好处的理解等学习中的思想状态	告知学习者学习目的	△ 说明预期绩效 △ 指出需要口头回答的问题	引导案例
2. 知觉	从环境中获取信息，整理加工信息，并作为行动指南	展现具有不同特征的刺激物	△ 强调感觉到的事物特征 △ 利用事件、图表和文中的数字强调这些特点	
3. 加工存储	对信息编排、组织和处理，使其可以被编入（短期）记忆中	限制学习量，每次存储信息不宜超过5条	△ 将较长的资料分段 △ 提供学习资料的视觉图像、管理情境 △ 实践/重复学习，促进自觉性	应用互动型案例
4. 语义编码	信息来源的实际编码过程	提供学习指导	△ 提供线索以形成正确顺序 △ 为较长的有意义的上下文提供语义联系 △ 利用图表、模型、案例揭示概念之间的联系	
5. 长期储存	当信息被关注、编排和编码后，便可存入长期记忆之中	对学习内容进行加工	△ 为资料展示及回忆提供不同的上下文和背景设置 △ 将新学知识与以前掌握的信息联系起来 △ 在实践过程中提供不同的背景情况	分析设计型案例
6. 恢复	找到存于记忆中的学习内容并用其来影响绩效	提供用于恢复记忆的线索，促其准确重复所学过的内容	△ 提供能够清楚回忆起资料的线索 △ 使用熟悉的声音、标志或节奏作线索	

（续表）

学习过程	各环节含义	外部指导事项	指导形式	组合案例
7. 推广	能在类似而非绝对相同的环境中应用所学内容	增强记忆和学习成果的应用	△ 设计与工作环境一致的学习转换环境 △ 为有附加难度的信息提供语句联系	综合决策型案例
8. 满足	学习者通过运用所学内容所获得的回报	为绩效改进提供反馈	△ 对绩效的正确性与适时性提供反馈 △ 确认是否符合预期需求	

资料来源：根据 R. Gagne. Learning Processes and Instruction. *Training Research Journal*，1995/1996：17—28 改编。

上述的学习过程环节原理也对组合案例模式中案例的选择、设计和运用提供了以下启示：

第一，组合案例（重点是引导案例）首先要使学生明确为什么要学习本单元的内容，只有在学生知道所学案例的教学目的和预期成果时，学习活动才可能有效。

第二，组合案例应将学生的个人经验作为学习的基础。建立所学理论知识与学生的现实工作和社会环境的联系，使用学生熟悉的概念、术语和例子传递信息，这样才有可能提高他们参加学习的积极性，增强老师教学的有效性。

第三，组合案例（重点是互动案例）应通过角色体验、观摩、交往与互动来促进学习。教学若能精心安排受训者观察和模仿案例中的情境，在学习者与教师以及学习者之间安排讨论、交流、互动学习的时间和内容，便可有力促进学习绩效。

第四，组合案例（重点是分析案例、互动案例）须为学习者安排实践机会。有条件的话，可以为学生恰当安排与学习目标相一致的实践或分段实践机会，这些实践机会能够帮助学生自然完整地掌握和使用新知识、新技能，并能使其在实际工作中学以致用地保持和应用所学内容。

第五，组合案例（重点是分析案例、综合案例）应当为学生提供对所学知识进行融会贯通的机会。对综合案例进行分析决策可以使学生对其所学成果进行及时的反馈,使学生知道自己实现教学目标的好坏程度,从而激励或校正其行为。

第六,组合案例教学应构建合作性学习小组,这将对学生提高课程学习与案例研究成效、在实践中应用和巩固学习成果非常有帮助。

毅伟商学院 MBA 教育中案例教学法的应用

桂　冰　孙一平

（中南财经政法大学）

一、引　　言

案例教学法最早始于哈佛大学，经过上百年的发展，哈佛的案例教学法已经趋于成熟并形成了自身的特色。它首先就某个现实的管理问题或政策问题提供背景情况介绍，指出决策者面临的困境和几种选择，让学生对之进行分析，它不要求学生提供唯一正确的答案，而是给学生留下一个创造性解决问题的练习机会。学生在课下阅读案例资料，在课上分组讨论解决问题的办法。这样做的好处是有助于改变学生思考问题的方法，把学生从抽象概念引导到具体情境，使学生用科学的理论背景去分析、归纳、演绎、推理、总结，从而达到巩固知识、提高能力、发展理论的目的。

哈佛案例教学法要求教师在课堂上营造一种气氛，引起学生的争论，以调动学生成为积极的参与者而不是被动的接受者为宗旨，使大家多发表意见。这对教师有很高的理论和沟通要求，对学生的要求同样也很高，而且还要求师生的配合程度。

案例教学法的基本原则主要有两点：第一，教学的主要手段是案例而非理论讲授或其他手段；第二，通过相互讨论学习以及自学使学生参与教学的全过程，使学生成为教学的主动参与者而非被动接受者。这两点基本原则使得案例教学法同传统的纯理论教学方法区别开来。

二、案例教学法在毅伟商学院的发展及现状

在加拿大的大学综合排名中位居前列的西安大略大学创建于1878年，位于安大略省伦敦市北部，是一所可提供多种学位的综合性大学。毅伟商学院是其所有院系中最出名的，也是加拿大首屈一指的商学院，同时亦是国际公认的MBA教育巨擘。

目前，毅伟商学院拥有70名全职教授，他们每年负责900名全日制及在职工商管理硕士生、400名本科生、40名工商管理博士生的学位课程以及内容广泛的非学位课程的教学工作和辅导工作。

毅伟商学院以其独特的案例教学方法闻名于世，是全球除哈佛大学商学院以外的第二大管理案例制作单位，被誉为"加拿大的哈佛"。毅伟商学院的课程设置100%沿袭了哈佛大学，这源于毅伟在1921年建校时的全面移植哈佛大学教学法的构想，所以毅伟也和哈佛商学院一样，不设金融、管理信息系统和会计科目，而全部集中于商务管理，同时在教学方式上也按照哈佛的模式，重视MBA教育中案例教学法的应用，并以其为教学方式的重点。毅伟商学院的MBA项目拥有一个连贯的、系统的纲领和综合性的课程体系（包括课程模块、课程时间和顺序、选修课程和整体课程内容等）。学院的课程设计是为了让学员能将所学内容牢记在心。而令毅伟商学院的MBA学员们感触深刻的则是自己在这里接受的"全方位经理人才培养课程"。

经过近百年的发展，毅伟商学院已逐渐形成了具有自身特色的案例教学法。一般而言，在商学院的课程安排中，案例教学会占到所有课程的20%—30%，哈佛大学商学院的案例教学占到70%—75%，而毅伟商学院的案例教学达到了全部学习安排的80%。如此高比重的案例教学促使学员们广泛阅读，深入思考，其思维的辩证性得到持续提高。尤为重要的是，高质量的案例使学员们在短暂的学习时间里培养了分析和解决实际问题的工作

能力,而在非案例教学的传统环境下,人们往往是在工作以后逐步积累经验,因此,案例教学法使 MBA 教学更加贴近于实践。

三、毅伟商学院 MBA 案例教学体系

毅伟商学院的案例教学是一种启发式、讨论式、互动式的教学形式,其主要特点是把现实中的问题带到课堂,把枯燥单调的理论内容讲解变成解决实际问题的公开讨论,把教师的单向传授变为师生之间的教学相长,把个人的思路变为集体的智慧,把一个战略性的束之高阁的理论框架变为解决现实管理问题的可操作的实践。

(一) 常规性综合评价体系

毅伟商学院的案例教学在其教学体系中占有独特的地位,其涉及的相关要素不仅包括案例研究、案例写作、案例学习等,更包括承担案例教学的教师和项目培训的组织者、学员等。目前,毅伟商学院已形成了从案例生产、案例培训到案例学习的一体化模式,具体表现为案例生产多元化、案例培训系统化与案例学习阶梯化。

1. 毅伟商学院的 MBA 案例教学体系

经过几十年的发展,毅伟商学院的案例教学逐渐形成了一套完整的教学体系。这套体系包括从案例的生产开发到学员们对案例教学效果总结整个过程(见图 1)。

在实际的案例教学过程中,毅伟商学院从学院领导、案例写作者、组织培训者、任课教师到学员都严格按照上述流程进行,这也是毅伟商学院案例教学如此成功的重要原因之一。

2. 毅伟商学院的 MBA 案例生产开发体系

毅伟商学院非常重视案例的生产开发,是除哈佛大学商学院以外的全世界第二大管理案例制作者,也是最大的亚洲案例的制作者,每年向校外读者提供 100 多万册案例教材。毅伟认为一套持续的案例来自对于商学院跟上社会发展的脚步来说是至关重要的。毅伟商学院在自行开发案例的同

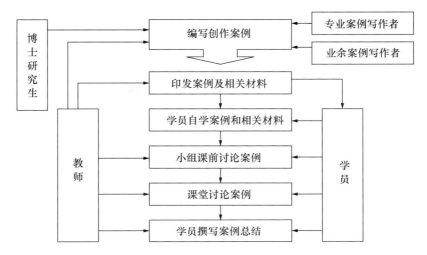

图1 毅伟商学院案例教学主要内容及其主要要素之间的关系
资料来源：笔者根据毅伟商学院的相关出版物整理制作而得。

时,还代销哈佛大学商学院的案例。

毅伟商学院对 MBA 案例的创作与管理有着严格的管理控制体系,案例库中所搜集的案例均是以实际企业为背景,按照案例写作规范创作并完成的,而不是简单的由媒体材料堆积而成,被选作教学的案例均经过专业加工,同时也都是具有代表性的。毅伟商学院的案例编写已形成了一个独特的、具有自身特点的、有序的创作框架。

第一,明确案例编写的目的。毅伟商学院案例编写的目的是使学员通过实际案例讨论,体会到自己将来在工作中可能遇到的问题。

第二,组织案例编写。在具体的案例编写过程中,为保证有足够的教学案例,毅伟商学院采用多元化——案例生产者多元化的案例生产开发体系,即邀请动员多方力量,精心制作案例。案例生产者具体包括以下几种:

(1) 任课教授。在毅伟商学院,任课教授不但要承担一般的授课任务,还要根据所授课程内容编写一定数量的教学案例。由任课教授编写一定数量的教学案例,是由于任课教授对教学目标、教学中所涉及的理论比较熟悉并且能够准确把握,因此由他们所编写的案例具有很强的针对性,但又由于任课教授均承担着教学和科研的双重任务,他们不可能将主要精力用于案例创作,因此他们不是案例的主要生产者。

（2）博士研究生。除任课教授外,作为一种制度,毅伟商学院会要求每位博士生在校期间必须提供一至两个案例。之所以让博士研究生创作案例,是因为他们具有扎实的理论基础和研究能力,具备了创作案例的基本条件。由他们创作的案例不仅能够丰富学院的教学案例,而且也能加深这些博士研究生对企业管理实践的认识。同时,这些博士的导师大多也是MBA案例教学中的任课教授,因此由博士生编写的案例能够符合教学案例的写作要求。当然,对案例写作所需经费,毅伟商学院会提供相应的支持。

（3）专业案例写作人员。在毅伟商学院,专业案例写作人员是案例生产开发的主力军。这些专业案例写作人员能够根据商学院提供的所需案例的教学主题以及详细写作要求（包括拟阐释的相关理论与方法、案例难度级别等）,选定目标企业并进行详细调研。案例提供给学院的案例中心后,只有通过专家小组的审查后才能作为一份合格的案例收入案例库。除此之外,专业案例写作人员还需与学院签订正式的许可协议。当然,许可协议也可作为案例配套材料的一部分,有利于教师选择案例以及学员对案例情境进行合理把握。

（4）业余案例写作者。毅伟商学院的案例库中还有少量案例来自业余案例写作者。案例中心为案例创作提供了明确的内容及格式规范,所以凡是符合其要求的案例均有可能被收录,这也为毅伟商学院的案例库增加了更多的案例。

毅伟商学院的所有案例在正式用入课程之前,都要经过反复认真的审核,这样做是为了保证每个案例的真实性,同时又与理论相联系,还力求使这些案例具有多样性和全面性。多元化的案例创作体系使毅伟商学院的案例涉及各行各业,有钢铁、汽车、航空、石油、电信、电器、计算机、烟草、食品、饮料、日用品等;涵盖企业管理的方方面面,有战略管理、预测和决策管理、新产品开发、市场营销、生产运营管理、财务管理、劳动人事管理等;同时收集世界各地著名企业的典型事例,有IBM、通用电器、波音、麦当劳、柯达、索尼、日产汽车、卡西欧、壳牌石油等公司的案例。

第三,制订教学计划。一个案例编写完成后,毅伟商学院会根据案例制定相应的教学计划。内容包括如何提出第一个问题,提问的顺序是什么,预期中的讨论方向是什么,如何应对预期外的方向和问题,如何使用黑板和其他工具,如何进行总结,等等。

此外,对案例教学进行全面的评估也是毅伟商学院案例教学的重要环节。毅伟商学院对案例教学的评估分为几个层次,首先是对教学内容的评估:教学内容是否对学员的学习和工作有帮助,有哪些需要改进的方面,是否有其他更好的专题和意见等;其次是对教师的评估:教师讲授是否清晰,是否很好地组织学员发言,课堂讨论的时间是长还是短等;最后是对案例材料的评估:该案例的选择是否恰当,相应的阅读量是多还是少等。

3. 毅伟商学院系统化案例培训过程

毅伟商学院多元化的案例创作体系增加了案例创作的数量,扩大了案例来源范围,但也由于不同案例写作者的创作方法不同而增加了案例教学的授课难度。因此,为了使创作的案例能够符合教学要求以及提高案例教学效果,毅伟商学院会定期对案例生产者、案例使用者(任课教师)及案例接受者(MBA学员)进行系统化的培训和指导。

• 对案例创作人员的培训

毅伟商学院通过对案例创作人员的培训,帮助案例创作人员使案例更加符合教学的要求,提高案例创作的效率。毅伟商学院拥有一批相对固定的知名教授,他们专门从事对案例写作人员的培训工作,学院每年不仅在学院内定期举办相关的培训班,而且还组织这些教授巡回世界各地从事此类培训活动。

对案例创作人员的培训内容主要包括案例的定位、相关资料的收集、创作核心的确定、计划的制订与实施、敏感信息的伪化处理、教学辅助分析报告的写作、案例效果试验、案例的正式发布等。它与一般的教学培训不同,除了主持培训的教师对相关内容进行介绍外,培训组织者还根据特定的案例主题与详细的制作要求,为每位参加培训的学员确定一家伙伴企业,使课堂讨论与实际案例制作交互进行。在整个过程中,除了培训者结合实例对案例写作的核心规范与规律进行讲解外,还穿插了分组讨论。讨论内容主要围绕学员创作的案例进行,要求每位学员按照各个阶段的工作内容与主要指标对案例素材进行具体分析。当然,在案例写作的关键环节上,如案例主题的确定、案例框架的选取等,主持培训的老师也会提供个性化的指导。

- 对任课教师的培训

任课教师在案例教学中起着非常重要的作用,为了使一个好的案例在教学中真正发挥应有的作用,任课教师就必须具备较高的素质条件。由于任课教师都已具备了扎实的理论基础,因此对任课教师的培训主要集中在如何根据教学目标与案例特点合理组织案例教学,其具体包括对教学现场硬件环境的布置、教学计划的制订、课堂组织、课后的总结与反馈以及各种特定情况下的变通策略等。

在培训过程中,一般将教学人员分为几个部分并对整个案例教学过程进行模拟:一部分人员模拟任课教师与顾问团成员,其中后者主要为前者出谋划策;另一部分人员作为课堂观察员;其余的则模拟MBA学员。在整个过程中,"教师"按事先提供的案例组织"学员"讨论,而"观察员"不参与案例讨论,主要是集中精力对"教师"和"学员"双方的情况进行观察和统计,包括"学员"的参与情况及"教师"的言谈举止等。案例讨论结束后,"观察员"发表各自的评述报告。最后由主持培训的教师对模拟教学活动进行评价,其评价既要指出表现突出的方面,也要提出存在的问题,并对改进的途径给予指导。

- 对MBA学员的培训

除了对案例创作者及案例使用者(任课教师)的专业化培训外,毅伟商学院还对MBA学员进行相应的案例学习培训,其主要目标是帮助学员借助案例开展学习,真正领略工商管理的客观规律,提高其适应现实社会的能力。

在对MBA学员的培训中,首先帮助他们了解案例本身的基本属性,如案例的结构等,对这些背景的了解有助于他们较快地认识和把握这一特定的教学媒介,提高他们案例学习的效率和效果;其次,也是案例学习培训的核心,就是启发他们如何将自己真正融入案例教学的全过程之中;最后,如何撰写规范的案例分析报告也是培训的主要内容。

对上述案例教学中各相关方的系统化培训,有助于相关人员对教学案例的合理把握,从而提高案例教学的效果。

4. 毅伟商学院阶梯化案例学习过程

毅伟商学院为培养未来经理人对压力的适应力,刻意在第一个月安排了在有限的时间里不能完成的课程量。在毅伟商学院学习的每位学员,每天除了上午 8 点到下午 1 点的三节案例讨论课外,下午还要和学习小组一起分析第二天上午的课堂讨论案例,晚上则要读完第二天下午小组将要讨论的另外三个案例和所有补充材料。面对这么繁重的学习任务,学员会经受不小的挑战。

毅伟商学院所选用的案例在时间、地点和行业都进行了多样化的设置,并在案例教学中采用"阶梯化模式"。所谓"阶梯化模式",即将案例学习分为个人准备、小组讨论、课堂讨论、案例分析结果和总结等几个既相互独立、又相互联系的环节,由此可以使学员掌握思考分析的方法。

第一阶段是个人准备。这一过程由每位 MBA 学员独立完成,做好案例讨论的最初准备。第二阶段是小组讨论。学员以班级的学习小组为单位进行小组内讨论,为课堂讨论做准备。第三阶段是课堂讨论。在经过个人准备和小组讨论之后,毅伟商学院的案例教学便进入了"阶梯化模式"的第三个阶段,即课堂讨论阶段,这也是毅伟商学院案例教学的精髓所在。第四阶段是案例分析结果和总结。毅伟商学院的案例教学与一般学院的案例教学的另一个不同之处在于,一般学院往往预先准备了案例分析的正确答案,但毅伟的教授认为,案例教学没有正确答案,只有不同的解决问题的方案。

为配合案例教学的实施,毅伟商学院建立了有效的督促机制。为督促学员积极参与课堂讨论,毅伟商学院在教学体系中格外重视学员的课堂表现,并将学员在课堂案例讨论过程中的表现作为一个非常重要的考核指标,每个学员的成绩中有 40%—50% 取决于课堂讨论的质量和数量。因此,在课堂讨论的 80 分钟内,六七十个不服输的学员之间的竞争使得课堂气氛十分活跃,同时激烈的课堂讨论也会不断培养学员的辩才和信心。

（二）非常规性综合评价体系

1. 毅伟商学院 MBA 案例教学的课堂气氛

成功的教学模式是指课堂上教师在最短的时间内使学员获得最大程度的收获。为了实现这样的目标，教师除了拥有丰厚的理论功底和丰富的教学经验外，还必须能够引导学员营造良好的课堂气氛。课堂气氛是课堂上师生双方感情交流产生的相互作用和影响的综合反映，但最终的决定因素在教师。教师的教学思想、教学观念以及教学风格都会影响课堂气氛。课堂气氛热烈，则学员学习知识的主动性加强，在短时间内收获的知识量也会增多，教学实施效果好。

为了创设优良的课堂气氛，教师必须加强教学的直观性。教学中的直观性有多种多样的体现形式，概括起来主要有三种基本形式：实物直观、教具直观和言语直观。案例教学模式是三种直观形式的综合，它指的是教师根据教学目的和教学内容的需要，运用典型案例，启发学员进行自主思考，对案例所提供的材料和问题进行分析研究，提出见解并做出判断和决策，从而提高学员运用所学知识分析问题和解决问题能力的一种教学方法。

2. 毅伟商学院 MBA 案例教学实施效果

毅伟商学院的 MBA 教育采取的是全日制模式，需两个学年完成学习并取得学位。在这两年的学习过程中，学员接触的教学方法主要就是案例教学法。MBA 学员在第一学年接受的教学是强制式的，每天上课时间安排为上午 8 点至下午 1 点，通过一个动态的课程时间表来完成整个的学习过程。在这一动态过程中，学员按其各自所在的班级以及每一门课的学习而被个别评价。每一名学员都必须达到第一学年核心课程的所有学习要求，才能进入第二学年的学习。

3. 毅伟商学院 MBA 案例教学的特色

- 案例教学的一体化

毅伟商学院的案例教学已经形成了从案例生产、案例培训、到案例学习的一体化模式。毅伟商学院出版的案例被广泛用于中国各管理学院，其与清华、复旦等我国名校都有案例合作关系。

- 推出以"跨企业领导力"为核心概念的综合案例教学

毅伟将综合管理 MBA 项目的学制由原来的两年缩短为一年,并全面改革课程设置,推出以"跨企业领导力"为核心概念的综合案例教学。毅伟进行学制改革的主要原因是考虑学员读 MBA 的机会成本,在目前迅速变化的环境中,脱离社会而全职进行学习的成本比较高,学员和企业都需要更紧凑、更有效率的项目,于是一年制的项目应运而生。新的项目融会了"跨企业领导力"的新概念,有助于培养能够把握日益复杂多变和全球化的商业世界的未来领导者。

学院围绕"跨企业领导力"的概念撰写案例,新的案例会覆盖一个商业事件的方方面面,将其作为一个有机的整体来看待,并将每个案例的课堂讨论时间延长为大约 4 个小时,尽可能在课堂上再现现实中的各种场景和过程,让学员集中探讨一些根本性的公司问题。创新后的案列和传统案例相比存在鲜明的不同,比如在一个关于并购的案例中,传统案例研究会从各个课程的职能出发,关注不同的角度;经过创新的案例则更加关注企业整体上怎样对待并购,会涉及团队组织、对打算并购的企业进行调研、开展谈判以及其后的整合工作等各个环节与层面,这样就会规避仅仅从不同职能的角度去割裂地看待并购。在一个综合性的商业事件中,如果过分拘泥于各个部门的职能,会引发更多冲突,甚至一叶障目而忽略了更为重要的问题。

- Co-op 程序

毅伟商学院对 MBA 学员均提供 Co-op 机会,即让学员在毕业前到某企业进行试工作一段时间,这段时间的工作薪酬由企业支付,由于毅伟商学院的知名度很高,所以如果学员在 Co-op 期间表现良好,就有可能被该企业聘用。

- 案例教学和案例竞赛

毅伟商学院于 1990 年创立毅伟国际案例大赛,是世界著名的本科生商业案例竞赛,每年吸引来自北美、欧洲、亚太的知名商校赴加拿大参赛。通过案例分析讨论,毅伟商学院既起到了广告宣传的作用,提高了自身的知名度,也同样加快了自己案例库的建设进程。

• 国际化水平高

毅伟商学院招收的 MBA 学员中有一半以上都是国际学员,而且学院在安排班级的时候,有意识地让来自世界不同地方、具有不同特点的学员组成班级。一个班上的同学们来自不同的国家,有着不同的文化传统、学业背景和工作经历,这些具有不同思维习惯的学员在分析案例的时候,就会产生更多的分析思路。

四、启示与借鉴

案例教学对中国高校的企业管理教育思想和教学方法的改革起到了重要的推动作用。由于案例教学改变了传统"灌输式"的教学模式,把教师的单向教授变为师生之间的教学相长,把个人的思路变为集体的智慧,因而这种教学方式恰好适应了中国积极提倡的素质教育的需要,越来越受到中国高校的重视。当前,案例教学法已经被越来越多的人所接受,被大部分高校应用于 MBA 教育之中。

然而,由于中国的现实情况,从某些方面来讲,在案例教学的推广和发展中仍存在着一些不容忽视的问题。主要表现在:(1)案例教学的师资水平仍然有待提高;(2)案例教学比例不够合理;(3)案例供应不足,质量不高;(4)教学双方对于案例教学的方法还不够适应;(5)案例教学法同其他传统教学方法的关系难以处理。

我们必须更新教育观念,加强教学案例库的建设,使中国内地的案例教学尽快同国际接轨,重点应从以下几个方面入手去解决上述存在的问题:(1)理顺评价体系;(2)加强师资队伍建设;(3)案例与理论相结合,加大案例教学的比重;(4)注重自身本土化发展,重视本土教材和案例的编写;(5)控制好案例教学的教学实施环节;(6)加强 MBA 教育的品牌意识。

中国管理案例共享中心建设实践

苏敬勤　王晓天　王淑娟

（大连理工大学）

一、中国管理案例开发面对的问题

1. 体制与机制

案例开发和教学需要专业教师的高度投入，但是中国商学院目前的科研评价体制导致了教师缺乏案例开发和教学的动力，同时，由于缺乏有效的案例开发合作与案例使用共享机制，也导致开发出来的案例的覆盖性和应用性较差，因而导致既有很多案例资源没有得到有效利用，同时还非常缺乏本土案例的矛盾现象。

2. 案例库建设

进行案例建设最重要的、基础性的工作就是案例库的建设，而案例库建设需要一个积累过程，因为开发一个高质量的案例实际上需要通过很长时间的追踪和充分的研究，还需要大量的资金投入。此外，案例格式规范的不统一也是影响案例功能实现的重要因素，案例库建设也需对此加以注意。案例虽然具有多样性，但是在逻辑结构上应该具有一致性，缺乏面向全国商学院的统一的案例编写标准，不利于进行校际案例资源的交流。

3. 案例教学师资

案例教学不同于普通的教学，它对教师提出了更高的要求，要求教师至少要具备两种技能：一种是在课堂上讲解和把握讨论的技能；另一种是对实地学习进行指导和监督的技能。但是，现在 MBA 课堂上这种"双师型"的教师还不是很多，有些教师主持很多纵向基金项目，理论性很强，但是企业项目做得少，直接接触企业不多或者接触不深，实际操作经验和技能薄弱，分析问题往往不够深入、透彻，无法满足案例教学的需要。

二、中国管理案例建设模式探索——中国管理案例共享中心建设

鉴于我国管理案例开发存在的上述问题，在全国 MBA 教育指导委员会的支持下，在大连理工大学管理学院成立了"中国管理案例共享中心"，采用案例教育资源共享的"合作社"模式，致力于解决目前困扰中国管理院校案例建设方面的瓶颈问题。

1. 共享中心建设思路

中国现有教育体制特点决定了要想从根本上和总体上提高中国管理案例建设水平，就必须发挥中国管理院校的整合协同效应，在相关部门的支持下走共同发展的道路。因此，中国管理案例共享中心的建设以"虚拟联合"（用最快的速度、最小的成本，实现生产能力的最快扩张）为基本思想。在充分发挥全国管理院校的地域优势、行业资源优势的基础上，通过虚拟联合的共享模式来实现现有资源条件下的最快、最有效的配置和发展，并以互利互惠形成持续发展的虚拟联合纽带。

2. 共享中心建设定位

中国管理案例共享中心是由全国 MBA 教育指导委员会支持的、各 MBA 培养院校自愿参加的服务性和非盈利性的合作机构，定位于一个促进中国管理教育的教学案例资源共享、案例师资共享、案例学术成果共享、案例国际合作共享的平台，致力于推动中国本土化管理案例的研究和教学以及案例的开发和传播，促进案例教学经验交流与质量提升，实现中国 MBA 培养院校间案例资源的共享。

3. 共享中心建设宗旨

中国管理案例共享中心以"统一规范、分散建设、共同参与、资源共享"为宗旨。其中,"统一规范"就是制定符合国际惯例的、各个会员院校共同遵守的案例编写规范,以方便所有院校共同遵守和使用;"分散建设"就是调动会员院校的积极性,各自进行具有本地区、本学校特色的案例采集和编写工作,实现案例来源的最大化;"共同开发"就是会员院校按照共享中心的规划,将其所采集的案例提交共享中心,汇集所有会员院校的力量共同为全国的管理案例教育提供大量的、高水平的案例、师资和各种资源;"资源共享"就是由共享中心的承办单位组织力量,将会员院校提供的符合要求的高水平本土案例免费向会员院校提供,实现真正的案例共享、师资共享和各种资源共享。

4. 共享中心运作模式

科学规范的运作模式是保证共享中心实现预期目标的基础,为此,中国管理案例共享中心将整个系统建设分为四个子运作系统,这四个子系统之间相互联系,共同作用,形成了一个彼此支撑的共享中心系统平台,如图 1 所示。

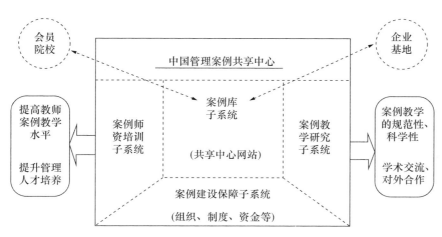

图 1 中国管理案例共享中心系统结构

(1)基于共享中心网站的"案例库子系统"是连接会员院校和企业基地的核心平台,以此平台吸纳和共享来自会员院校的案例资源。在共享中心制定《案例采编规范》《案例入库评审规范》等制度的基础上,各会员院校根据本院校的学科和课程建设实际及所在地区、行业的发展情况进行案例开发,采编符合原创性、典型性和规范性的教学案例。通过每个会员院校每年至少提供两个以上达到标准的案例,每年开发约150个符合入库标准的、高质量的共享案例,构成"中国管理案例共享中心"的案例库,然后再通过案例共享中心网站,向全体会员院校免费提供共享案例。同时,通过将案例的提交纳入MBA教指委的强制性要求、将案例的使用纳入教学评估内容、开展案例大赛等方式使案例质量不断得到提升。

(2)"案例师资培训子系统"的功能在于发挥共享中心的资源优势,通过面向全国管理院校的师资培训,提高教师案例教学、采编水平,提升管理人才培养质量。共享中心定期举办不同专题的"全国案例教学师资培训班",采用"案例认知、案例采编、案例使用"的师资培训三阶段理论,以及案例作者讲案例等方式,对教师的认知思维、案例教学技能、案例采编方法等方面进行专业培训,同时让受过专业培训的教师成为学生参与案例教学的启蒙者,从教师和学生两个角度提升案例教学的有效性。

(3)"案例教学研究子系统"通过开展针对案例教学的科学研究,逐步提高案例教学的规范性和科学性,发挥学术交流、对外合作与推广的作用。以往,案例教学法的提出和应用更多地是源于教师的经验和积累,缺少关于案例教学本身的科学研究。为了从科学研究角度提升案例教学体系的科学性和有效性,共享中心面向全国会员单位进行案例科研立项,通过多角度的实证研究,为案例教学体系建设提供更加明确而具体的理论依据和实现路径。此外,共享中心还将组织案例研究专题国际研讨会,并利用共享中心专刊发表案例研究方面的先进研究成果、传播案例研究的前沿理念,为会员院校的案例研究工作提供支持和交流的平台。

(4)"案例建设保障子系统"通过组织架构、管理制度、资金支持等方面为共享中心的发展和案例建设提供可持续发展的保障。通过组织模式的创新——"虚拟组织"建设,为案例教学体系的可持续发展提供组织和资源上的保障;通过提供政策支持与保障,以及多渠道筹集资金确保建设资金的持续投入,为共享中心建设奠定物质基础。

5. 共享中心应用效果

经过实践,中国管理案例共享中心产生了明显的效果。

(1) 搭建了一个面向全国管理院校的案例资源共享平台。共有2000多篇本土案例经评审进入共享中心案例库。同时,共享中心在组织架构、管理制度、资金支持等方面也形成了完善的运作体系。

(2) 以共享中心为平台,面向全国进行案例师资培训,收效显著。多家管理院校邀请共享中心的案例专家前去开展案例培训,极大地促进了案例教学和开发工作。

(3) 建设形成了共享中心案例库,确保教学案例资源供应。共享中心在案例入库标准、案例评审制度、案例入库流程、案例采编激励制度、案例使用反馈制度等方面形成了规范的制度保障体系。通过专业培训,建立起了多个案例采编团队,面向全国各类企业进行案例采编。此外,共享中心还通过每年开展"百篇优秀管理案例"评选、案例征文大赛,以及将MBA案例论文转换成教学案例等多渠道为案例库提供高质量的案例资源。

(4) 开展案例科学研究,促进了教学与科研的良性互动。

(5) 进行国际合作和交流,致力于中国本土案例的国际推广和应用。共享中心与哈佛大学商学院、西安大略大学毅伟商学院、美国Aspen研究所等国际上开展案例教学最好的学校和机构建立了合作关系。同时,以共享中心为平台,积极邀请具有国际背景的专家教授参加共享中心举办的国际案例研讨会,并通过各种国际交流不断扩大本土案例的国际影响。

三、总结与展望

中国管理案例共享中心的模式在组织层次、案例资源充分利用、师资培训、案例科学研究等层面上为中国管理案例开发开创了一种创新模式,可有效解决国内管理院校案例建设中本土案例数量不足、师资不足、低水平重复的现状。该模式对于公共管理、法律、政治学等学科的案例建设也具有参考借鉴价值。

第四部分 学生素质与能力培养

用完全开放的理念提高 MBA 学生的综合素质和能力

倪 明

(华东交通大学)

我国 MBA 教育院校在 MBA 综合素质和能力培养方面的水平参差不齐,主要有两个方面的原因。

第一,有些 MBA 培养单位缺乏培养经验,错误地认为 MBA 培养和研究生培养差异不大,这样培养出的 MBA 缺乏实战经验素质。该类型 MBA 毕业生在解决企业难题时,常常只会应用从学校学来的程式化方法,即先搜集与决策问题相关的大量信息,再套用一些决策模型,最后求解模型而得到问题的答案。导致产生这种现象的主要具体原因有两方面:其一,在 MBA 培养过程中,缺乏商业实践环节,或商业实践环节安排较为粗糙,因而导致该类型的 MBA 毕业生外界环境适应能力较差;其二,由于绝大部分 MBA 学生属在职学习,所以他们在学习过程中往往不能够保证满勤,影响了学习效果。

第二,因为企业对 MBA 的认可程度不高,加上海外争夺 MBA 生源日益激烈,导致国内部分院校 MBA 生源不足,于是部分招生单位对 MBA 报考条件有所降低。部分学生甚至来源于本科毕业后一直在家为准备 MBA 而复习的学生等,根本没有管理经验,这使得各培养单位难以培养出高素质 MBA。

本文在分析制约 MBA 学生综合素质和能力提高因素的基础上,从完全开放的理念角度,寻找解决当前 MBA 学生综合素质和能力不高问题的机制,最后给出将完全开放的理念引入 MBA 学生综合素质和能力培养中的建议。

一、制约 MBA 学生综合素质和能力提高的因素

制约 MBA 学生综合素质和能力提高主要因素包括以下几点:

(1) 认为培养 MBA 是学校获得利润的来源,对报考条件大打折扣,导致生源质量大大降低。

(2) 认为国内 MBA 教材不成熟,盲目引进国外教材,并通过模仿国外 MBA 案例来编写国内案例,导致培养出的 MBA 缺乏本土文化素质。

(3) 认为培养 MBA 只需要大学资深教授就可以了,忽略应用型人才的培养规律。

(4) 认为 MBA 培养过程的管理不同于统招研究生的管理,对 MBA 实行"放养管理",而对统招研究生实行"圈养管理",这导致 MBA 培养管理过程混乱。

(5) 认为 MBA 培养只是本单位的事情,同外界联系和交流没有多大关系,这就导致各培养单位的 MBA 培养资源难以共享。

二、完全开放的理念及其提高 MBA 学生综合素质和能力的机制

完全开放的理念(Fully Opening Idea,FOI)是指,MBA 培养单位遵循 MBA 培养客观规律,以面向全球的理念,借助于信息技术平台,与全球范围内的 MBA 培养单位进行交流,从而不断吸收、改进与采纳全球范围内公认的 MBA 培养标准、成熟的 MBA 管理规范、优秀的 MBA 教材和案例等教学资源以及前沿 MBA 教育研究成果,最终共同推进全球 MBA 相关资源的共享和 MBA 培养质量的提高。完全开放的理念具有多功能性、开放性和动态

稳定性等特征。以下就针对这三个特征来阐述提高 MBA 学生综合素质和能力的机制。

1. 用 FOI 的多功能性提高 MBA 学生综合素质和能力的机制

用 FOI 的多功能性提高 MBA 学生的综合素质和能力，主要体现在 MBA 学生招生和培养过程中。在 MBA 学生招生环节，可以通过各 MBA 培养单位之间的合作，将 MBA 市场做大。譬如在各招生单位网站上相互建立友情链接，让更多考生来了解 MBA 和培养单位，从而扩大 MBA 生源的信息渠道，由此改善 MBA 生源质量问题。这种 FOI 的多功能性特征，能够很好地解决上述制约 MBA 学生综合素质和能力提高的第一个因素。在 MBA 培养环节，通过各 MBA 培养单位之间的合作，能够共享 MBA 培养资源，如共同编写 MBA 教材和案例，共享成熟的 MBA 管理制度，共享 MBA 优秀教员等。这种多功能性还体现在 MBA 培养单位与企业界合作上。在传统培养理念下，MBA 培养单位和企业只是简单的服务提供商和客户关系，即简单的供给与需求关系，而在 FOI 理念下，MBA 培养单位和企业关系是以"合作与共赢"为导向，在 MBA 培养单位和众多企业间形成的一种多功能网络关系。在这种网络结构上，各节点在致力于建设与维护自身核心资源以增强自身资源的领先位置的同时，也将自身建设和维护的核心资源及其经验拿出来，与其他节点充分共享。这种资源共享突破了"小生产者"理念，而是以"今天的付出是为了获得明天更多的回报"之理念。在这种新的理念影响下，各节点都愿意将自己的教育资源与成果拿出来，与大家共享。因为如果你今天拿出来了优秀资源，并且你奉献出的优秀资源被网络节点阅读或下载次数越多，多功能网络将授予你越多特权，这些特权是你将来从多功能网络中获得优秀 MBA 资源的凭证，这样的机制必然在网络中形成一种所有节点都最大限度地将自身优秀资源拿出来共享的 MBA 教育文化范围。此时任何一个节点如果以"小生产者"理念从事 MBA 教育，必将成为大海中的"孤舟"而难以生存与发展。所以，这种 FOI 的多功能性特征，必将促进 MBA 培养单位和企业界形成一种良好的合作状态，最终实现合作与共赢目标。这也就解决了上述制约 MBA 学生综合素质和能力提高的第二个到第五个因素。

2. 用 FOI 的开放性提高 MBA 学生综合素质和能力的机制

用 FOI 的开放性提高 MBA 学生的综合素质和能力,也主要体现在 MBA 学生招生和培养过程中。在 MBA 学生招生环节,主要体现在两方面:一方面,各 MBA 培养单位应用 FOI 的开放性特征,在生源充裕的 MBA 培养单位与生源不足的 MBA 培养单位之间开展合作,以扩大考生对 MBA 培养单位的了解和满足考生的求知欲望。在具体合作模式上,可以通过调剂考生、合作培养等方式进行。另一方面,各 MBA 培养单位和企业界应用 FOI 的开放性特征,使得 MBA 培养单位和企业界形成人才培养合作计划,这样更容易保证 MBA 生源质量,从而也可以帮助解决上述制约 MBA 学生综合素质和能力提高的第一个因素。在 MBA 培养环节,也主要体现在两方面:一方面,各 MBA 培养单位应用 FOI 的开放性特征,在具有优质教育资源 MBA 培养单位与不具有优质教育资源的 MBA 培养单位之间开展合作。在具体合作模式上,可以采用补偿式合作,其补偿内容可以是物质,也可以是补偿优质教育资源获得的特权。另一方面,各 MBA 培养单位和企业界应用 FOI 的开放性特征,使得 MBA 培养单位和企业界形成紧密合作的共同体,这样更容易实现 MBA 培养过程中的理论与实践相结合的目标。所以,这种 FOI 的开放性特征,必将打破传统理念下合作的不完整性与合作内容的不完全性,最终实现全球范围内 MBA 培养单位的合作与 MBA 教学资源的全面合作等目标。这也就解决了上述制约 MBA 学生综合素质和能力提高的第二个到第五个因素。特别是能够很好解决"放养管理"与"圈养管理"的问题。因为各 MBA 培养单位和企业界应用 FOI 的开放性特征后,实现了资源共享,不论学员是在培养单位还是在企业,都是以让学员提高自身理论素质与实践素质为目标,这就能够很好吸收"放养管理"与"圈养管理"两种管理制度的优点,从而大大提高 MBA 学生的综合素质和能力。

3. 用 FOI 的动态稳定性提高 MBA 学生综合素质和能力的机制

在不完全开放的理念环境下,MBA 培养单位在培养 MBA 学生时,常常局限于依靠自身资源或者通过几个有限 MBA 培养单位的联盟等形式来形成各种合作体,并以签订合约的形式将其合作范围和合作内容加以固定化,从而形成静态的合作体,这种合作体常常几年不变(合作范围或合作内容不变)。在进行 MBA 培养的过程中,这种合作体常常按照事先签订的合约来完成例行合作内容,但在一些外界环境发生变化后,其合作内容就变得难以适应。FOI 的动态稳定性特征使得合作体的范围与内容同时发生了变化,即形成了动态且具有一定稳定性的合作体。这里有两方面含义,即动态性和静态性。动态性体现在各 MBA 培养单位不搞结盟,因为结盟存在一定缺点。如果在不完全开放的环境中出现如下情形:合作体中某一节点的 MBA 培养单位因某种原因而突然离开合作体,此时该合作体就难以继续维持下去,使得 MBA 招生或培养环节的某些合作项目发生中断。而在 FOI 环境下,各节点 MBA 培养单位不存在结盟,而是以"来者都是客"形式组成动态 MBA 培养单位和企业的合作网络,这样的结构不会因为其中某节点 MBA 培养单位的突然离去而中断合作体的合作项目,因为其利用"合作和共赢"以及"来者都是客"的理念可以迅速找到替补离去节点的 MBA 培养单位,从而使得原来的合作体得以延续。这就使得每次组建的合作体都是由来自全球具有不同优势资源的 MBA 培养单位和企业构成,保证了每次形成的合作体的个体优良性。静态性是指,在一次 MBA 合作项目完成前,MBA 培养单位和企业界形成的合作体一般不会解体,而是依靠"信誉"来自觉承担自身的义务(若不这样,将会影响到下次其他成员是否选择你)。在上述一段时间内,合作体处于相对稳定的状态,从而保证了合作体成员能够集中精力完成各项合作任务。所以,这种 FOI 的动态稳定性特征,必将保证每次形成的合作体都由优质个体组成,每次合作都是充分信任的合作,从而实现多方合作的帕累托最优状态。这也就解决了上述制约 MBA 学生综合素质和能力提高的各种因素。

三、用完全开放的理念提高 MBA 学生综合素质和能力的意义

如上所述,还可以列举很多阻碍提高 MBA 学生综合素质和能力的因素,这些因素构成了对培养高素质和能力 MBA 的挑战,而引入完全开放的理念将有利于克服前述不利因素,因此具有重要意义。

1. 多功能性的作用和意义

完全开放的理念强调全球范围内各 MBA 培养单位和企业界之间，不仅可以对有形资源进行合作与交换，而且可以对管理制度、管理文化等无形资源进行交流与共享，从而最大程度实现全方位立体化的合作，由此提高合作体个体来源的广泛性和合作内容的深度，最终为提高 MBA 学生素质和能力提供有力保证。

2. 开放性的作用和意义

与传统 MBA 培养理念"校内资源共享与合作，校外资源抢夺与竞争"的有限开放性理念不同，完全开放的理念没有范围内外之分，而强调"来者均是客"和"合作与共赢"的全球性充分开放的理念。这种充分开放的理念，有助于 MBA 培养单位拥有全球性视野，便于其获取全球范围内的优质资源，从而能有助于提高 MBA 学生的综合素质和能力。

3. 动态稳定性的作用和意义

因为 FOI 开放性和多功能性有利于合作体形成，动态稳定性保证了合作体的"多边关系"（人类社会实践证明多边关系比单边关系和双边关系都更有效）。这样，当其中某 MBA 培养单位出现某种业务问题而需要退出时，合作体可利用这种信息技术平台调整自身（如吸收其他优秀 MBA 培养单位），从而仍能维持和开展本次合作任务。由此，动态稳定性保证了每次合作体项目都是在优秀 MBA 培养单位、企业界之间合作完成，这也为提高 MBA 学生素质和能力提供了有力保证。

四、结　　论

MBA 培养单位在开展 MBA 教育项目时，要真正运用完全开放理念的多功能性、开放性和动态稳定性，来推进 MBA 培养单位提高合作意识、加强合作文化交流等。

MBA 教育中的企业社会责任意识教育

谈 飞 张美萍 国程程

(河海大学)

近年来,伴随着我国经济的发展,环境污染、自然资源破坏、知识产权侵害等诸多社会问题也逐渐显现出来,暴露出一些企业管理者"重利润、轻责任"的社会意识状态。由于 MBA 教育偏重于对知识和技能的教育,其对人文素质和社会责任意识教育的缺失在一定程度上造成了部分企业管理者社会责任意识淡薄的后果。伴随着问题的产生,社会责任、环境保护等议题正逐渐被纳入 MBA 教育中来,培养 MBA 的社会责任意识已然成为 MBA 教育不可或缺的一环。我国是一个发展中国家,企业社会责任意识的增强对我国经济和社会的可持续发展势必会产生重大的意义。

一、企业社会责任及其融入 MBA 教育的重要性

(一) 企业社会责任的内涵

企业的社会责任是社会寄希望于企业履行的义务,社会不仅要求企业完成经济上的责任,而且期望企业能够遵守法规、重视伦理、讲究道德、施行慈善。也就是说,为了更好地履行企业的社会责任,不仅要做一个成功的企业,而且要做一个为社会所认可的"好的企业"。

具体来说,企业社会责任是由经济责任、法律责任、道德责任、慈善责任

所组成的"四责任模型"。企业的经济责任是由企业的基本性质与生产目的所决定的,指的是按社会需求生产物品和服务,制定出使投资者满意并能够维持企业运行的合理价格,为社会提供服务;法律责任是指在法律范围内企业必须强制履行的责任;道德责任是指虽没有写入法律但需要满足的社会对企业的期望;慈善责任是指企业按社会需要所从事的支持社区、捐助公益等慈善事业。由经济责任、法律责任、道德责任、慈善责任所构成的企业社会责任"四责任模型"是由低到高、交融渗透、缺一不可的完整模型。其中经济责任、法律责任是受法律、法规"硬约束"的他律层次,也是企业社会责任中的基础层次;道德责任与慈善责任是未经法律强制执行的,往往通过企业对社会的责任感、企业的宗旨、信念、目标、文化、价值观以及通过教育、鼓励、媒体舆论、评估等非法律的手段来承担,因此是企业社会责任的"软约束"下的自律层次,是企业社会责任的高级层次。当然,如果一个企业完不成经济责任、法律责任,则无以履行道德责任、慈善责任;与之相反,如果企业自觉履行了道德责任、慈善责任,它的举措往往会得到社会的广泛认可与赞扬,从而提升了企业品牌效应,实现了企业的目标和规划,更好地实现了企业的自身价值,并且反过来又能为企业履行经济责任、法律责任创造新的条件与物质基础。

(二)企业社会责任教育融入 MBA 教育的重要性

1. MBA 教育的特殊性决定了其必须加强企业社会责任教育

MBA 教育是工商管理学位教育中最具代表意义的教育项目,它是为企业培养优秀职业经理人的学位教育。这种学位教育培养出来的学生本身就是要从事管理岗位的,有的将成为企业的高层管理者甚至 CEO。一旦 MBA 毕业生被提升到了企业领导岗位上,他们的观念、行为将直接影响着企业的发展乃至一个国家的经济走向,因此必须加强对他们的社会责任教育。

2. 在 MBA 教育中加强企业社会责任教育是中国经济迅速发展的需要

随着我国市场经济体制的建立与不断完善,中国企业的社会责任越来越受到人们的关注。"社会是企业的依托,企业是社会的细胞"。企业只有在发展其主体的同时,推出有利于社会进步与发展的实际举措,才能被社会认可和接纳。因此企业的社会责任是自身发展与社会发展的重要推动因素,必定成为衡量企业持续发展的重要指标。

3. 加强商学院的企业社会责任教育是世界教育发展的趋势

各种国际认证机构在对世界各大商学院的考察中,非常重视商学院的社会责任意识教育。因为他们认为商学院在国际社会、本国社会扮演积极角色的同时,也需要在学术活动范围之外,参与不同层面的社会活动,为不同社会群体提供帮助,尽到自己应尽的社会责任。以欧洲管理发展基金会下的 EQUIS 认证为例,其在对商学院进行评估的标准中就包括"社会贡献"这一内容。国际认证的标准代表了对世界一流商学院的评价标准和发展要求,同时对于商学院的 MBA 教育来说无疑是一个重要的风向标。商学院对社会责任的认识以及对 MBA 学生社会责任观念的引导及教育应当引起我国商学院 MBA 教育的高度关注。

二、我国 MBA 企业社会责任意识教育存在的问题分析

(一) 国外 MBA 企业社会责任意识教育现状

1. 美国

目前,企业社会责任运动在全美大学里,尤其是在顶尖大学正迅速发展,加州伯克利大学的哈斯商学院就开办了企业责任中心,斯坦福大学商学院有社会创意中心,达特茅斯大学的塔克商学院也发起了企业公民责任倡议行动。美国所有商学院都开设了商业伦理课程,斯坦福、沃顿和哈佛甚至建立了工商伦理系。西北大学凯洛格商学院在其 MBA 项目中开设了"商业与社会环境"课程,重点强调社会责任。

2. 加拿大

加拿大多伦多约克大学舒立克商学院的 EMBA 培训结合了世界企业可持续发展委员会、世界资源研究所、国际可持续发展研究院、《明日》杂志、加拿大环境与经济国家圆桌会和加拿大国家问题企业协会的资源,为全球企业领袖或接班人,提供有关企业可持续性方面的愿景、工具、教育、策略分析

等短期密集训练班。

3. 英国

英国诺丁汉大学商学院开办了英国第一个以企业社会责任为主轴的MBA项目,将企业社会责任融入管理教育中,训练未来的经理人管理企业将面临的社会与环境挑战。该项目提供企业社会责任政策、经济犯罪、企业伦理、公司治理及担当性的专业模组课程。诺丁汉大学企业社会责任国际中心的教授Jeremy Moon表示,该项目显现了诺丁汉大学将企业伦理与负责任的商业实务视为其MBA教学核心课程的决心。而这个MBA项目的毕业生,不仅具备传统的主要商业管理技能,而且对社会与环境议题的重要管理挑战有基本的应对技能。Jeremy Moon还补充道,企业社会责任会成为一个国际潮流,不仅是因为它已在许多国家中有实务推行,而且也因为它已在跨国企业、政府与非政府组织间互相传递、学习和执行。

(二) 我国MBA企业社会责任意识教育问题分析

虽然企业社会责任意识教育在我国MBA教育中的重要性日益凸现,大部分MBA院校也正在加大企业社会责任意识教育的力度,但不可否认,我国MBA企业社会责任意识教育目前还面临着一些问题。

第一,MBA教育一般要求申请学生有三到五年的工作经验,所以一些学者认为MBA教育是一种迟到的职业生涯教育,认为MBA教育对MBA学生们的伦理、价值观影响很小。这种观点导致一些MBA院校故步自封,对企业社会责任教育采用一种狭隘的观点,没有严肃地将企业社会责任作为商业课程的一部分,甚至在一些院校,关于企业伦理、企业社会责任以及其他企业和社会关系的课程已经被边缘化了。而在针对MBA学生的调查问卷中,社会环境、整体经济发展、企业文化被认为是促进MBA学生履行社会责任的主要因素,而MBA教育的影响被认为是有限的。

第二,国内MBA院校的排名也忽视了对企业社会责任和企业伦理教育的考核。每所MBA院校都很关注排名,因为排名直接关系到学院声望、招生人数和素质、学费高低、教师收入等。所以,如果排名机构忽视了企业社会责任教育,培养院校自然也就忽视它了,但其实目前排名的依据指标过于注重学生入学毕业前后的薪酬收入对比、就业职务、地位等,对 MBA 学生也产生了误导。

第三,目前各商学院对 MBA 学生开展企业社会责任教育的内容和形式偏课堂化,考核方式不能反映教育效果,并且企业参与也不够。MBA 教育中的企业社会责任教育有其特殊性,不能孤立化,更不能完全课堂理论化。强化 MBA 的企业社会责任教育必须要重视教育形式的创新和企业的参与。MBA 学生要立足于把社会责任的履行与他们自身的职业发展前景相关联,认识到具有社会责任感是成就辉煌人生价值的重要决定因素,激活自己的内在驱动力。

三、加强我国 MBA 企业社会责任教育的对策建议

针对我国 MBA 企业社会责任意识教育存在的缺陷,结合我校的实践,笔者认为应从以下几个方面加强我国 MBA 企业社会责任意识的教育。

1. 调整课程设置,立足学生成才

课程设置方面,不仅仅要将"企业社会责任"作为一门独立的课程来设立,还要将企业社会责任原理融合到每一门商业课程中,并且支持相关课程的企业社会责任案例的编写。为了强调其重要性,商学院可以将"企业社会责任"课程作为所有专业的必修课程,而不是某些专业的选修课程。

2. 加强实践环节,增强学生社会责任意识

MBA 教育的社会性,决定了它已经成为培养适应中国经济发展需要的高层次管理人才的重要途径。那么,应当让学生在走出商学院以前,就拥有独当一面的综合商业素质。学校应该搭建平台并组织学生履行社会责任,鼓励 MBA 学生参与企业特色项目、挂职锻炼、当志愿者、去下属企业实习等各种实践活动,使他们了解国情、了解社会,增强社会责任感。

3. 注重企业社会责任教育的有效性和系统性

企业社会责任教育应注重分层设计。以往社会责任教育层次不清,千篇一律,缺乏完整、科学的分层设计。可以从一个人成长的纵向层面来设计:从幼儿园、小学、中学、大学、MBA 学生到走向社会,根据年龄、阅历、经

历、心理及生理状况的变化，认知程度的渐进，设计"应当承担怎样的责任""能够承担怎样的责任""怎样承担相关责任"等不同阶段的要求、目标及评估体系；也可以从一个人作为社会人的横向层面来设计，包括对自己、对家庭、对他人、对单位、对社会和国家以及对人类生存环境等不同层面，根据个人不同的社会地位、职务、角色来决定其应担负的社会责任。MBA教育要根据学员的需求制订不同的培养计划，这样才能保证社会责任教育的有效性。

MBA学生的社会责任意识反映了其个人的人生观、价值观，只有具备较强社会责任意识的MBA在成为企业的领头人后才能领导企业履行社会责任，因此要把企业社会责任意识作为一个系统教育，要注重其教育的有效性。

4. 建立考核评估体系，支持企业社会责任伦理的教学和科研工作

企业社会责任教育的多元化决定了其考核评估方式的多元化。将学生参与实践活动的次数与程度考核、由第三方评价、设定不同层次社会目标考核、在平时表现中考核、相关课程理论考试成绩考核等多种考核方式综合考虑，在多个项目评分的基础上，建立多元的动态考核评估体系。

商学院、非政府组织甚至政府部门有必要在组织、出版物和资金上支持企业社会责任和企业伦理的教学和科研工作。商学院要坚持从事企业社会责任教学和科研的重要性，而这方面的科研工作则需要学术出版机构的支持，同时也需要政府在研究项目、科研资金等方面的支持。

加强和完善 MBA 企业社会责任教育

尹继东　曾智飞

（南昌大学）

在现代管理活动中，企业社会责任问题已经是企业与管理者不可回避的问题。企业社会责任是指企业的运营方式要达到社会法律和道德伦理的标准，企业在进行商业活动时需要顾及各方，包括社会、生态环境、员工和消费者等相关利益者的利益。其本质是企业对自身经济行为的道德约束。它既是企业的宗旨和经营理念，又是企业用来约束企业内部和外部生产经营行为的一套行为准则和评估体系。对于国际企业来说，企业社会责任已经作为评判一个企业可持续发展力的不可或缺的标准。在中国，企业社会责任教育也积累了一定的经验。加强和完善 MBA 企业社会责任教育不仅是时代创新的需求，而且是国家经济和社会健康发展的要求。

一、MBA 企业社会责任教育的必要性

作为一种对具有一定实践经验的企业管理者进行更为系统的教育和培训的教学方式，MBA 教育已经逐渐被企业、政府及社会公众所认同。由于 MBA 教育的对象是未来的或现任的经营管理者，而这些管理者将直接影响企业乃至一个行业的经济行为，因此 MBA 教育在协助决定企业文化与未来发展上就扮演着重要的角色。如果在 MBA 教育中将社会与环境的因素整

合到传统的商业模式中,那么就将会对企业社会责任意识的觉醒和提升产生重大的影响。

1. 社会大众的需求

在激烈的市场竞争中,从长期来看,企业与消费者的关系似乎是弱者与强者的关系,因为消费者可以"用脚投票",只要他认为这个企业提供的产品和服务不好,他就可以不要。但由于信息的不对称,在短期内,企业相对于消费者来讲又是强者,就像我们常说的:"只有买错的,没有卖错的。"企业很可能为了一时的短期利益而在产品或服务上弄虚作假,或者在生产过程中对周边环境造成不利影响,这些都会对消费者的生命和财产安全造成极大的影响。从这一角度讲,社会大众呼吁企业管理者能承担社会责任。

2. 企业的需求

"社会是企业的依托,企业是社会的细胞"。企业只有在发展的同时,推出有利于社会进步与发展的实际举措,被社会认可,才能有更大的发展空间。在我国全面建设小康社会的历史时期,企业社会责任成为调剂经济发展与社会进步的重要因素,同时也成为衡量企业持续发展的重要指标。对MBA加强社会责任教育有利于帮助企业形成良好的企业形象,并提高顾客忠诚度和市场知名度。从企业的战略方针方面看,社会责任感也很重要,企业战略是企业发展目标和外部环境、内部条件的有机结合,社会责任起着连接各个环节的桥梁作用。

3. 商学院的需求

现在无论是国内还是国外,顶级的商学院都在开展商业伦理和社会责任教育,这不仅是一个潮流,而且是目前商学院改善教育质量、提升教学品位、打造办学品牌的切入点。现在有些商学院本末倒置,经常强调"圈子"的重要性,招生时也大力宣传"人脉",但MBA教育不应该给社会留下一伙所谓的精英相互勾结盘算如何榨取社会财富的印象,而应是一群真正的精英集思广益、群策群力,探讨如何通过企业的发展来为社会带来更多的福利。正是基于这一点,商学院应将社会责任教育放在重中之重的位置。商学院自身一定要主动承担社会责任,率先垂范,为全社会其他主体提升社会责任意识和水平,做出持续不懈的努力。

4. 学员自身发展的需求

MBA 教育培养出来的管理精英应该是"心之热忱,足以功成;心可海纳,须臾克难;心存大爱,即可致远;心担责任,兼济天下"。一个人对责任的看法不是一成不变的,随着年龄及工作经历的增长,人们会逐渐走向成熟,也会在社会环境的影响下,慢慢建立起对责任的认识,而且这种认识随着时间的推移愈加清晰、深刻。MBA 学员们希望懂得如何在经济发展中兼顾自然生态和社会发展,如何在经济效率与社会公正之间保持合理平稳,学员们也希望学习如何增强社会责任感并引导今后的工作。

二、我国 MBA 企业社会责任教育的现状

两千年前孟子就说过:"穷则独善其身,达则兼善天下。"MBA 作为未来社会的精英阶层,关注的不仅仅是获取商业智慧与能力,而更应注重培育自己的道德与良知。MBA 教育应该秉持可持续发展的理念,强调社会责任,并且把社会责任融入 MBA 教育。

调查表明,绝大多数的学校认为有必要把企业社会责任引入 MBA 教育,而且所有的 MBA 培养院校都愿意支持和参与推动企业社会责任方面的教学工作。但是 MBA 企业社会责任教育也存在一些需要进一步解决的问题。

第一,教育形式有待多元化。在提及企业社会责任教育形式时,大部分商学院最先说起的往往是其学员组织的慈善捐款等活动,但其实慈善捐款不能全面体现企业社会责任,MBA 的企业社会责任教育要让学员了解企业目标与社会责任的关联性,企业社会责任不仅仅是提供就业、慈善捐款,而应该是贯穿于企业原料采购、生产、营销、售后及其他商业活动的全过程。

第二,教学硬件软件有待提高。与国外相比,国内 MBA 教育在课程设置、案例积累、师资等方面还有所欠缺,要开展高质量的企业社会责任课程还有难度。

第三,课程内容有待完善。单凭"商业伦理"或"企业社会责任"等少数几门课程并不能让 MBA 学员深刻了解社会责任的丰富内涵,靠道德说教更

不能解决问题,应将企业社会责任教育渗透到财务、营销、战略、企业伦理等商学院的一系列课程中,这样才能收获更好的效果。

三、完善 MBA 企业社会责任教育的建议

为了让企业社会责任在每个 MBA 学员心中升华,MBA 院校的企业社会责任教育可以在以下几方面做文章:

1. 加强课程建设,突出伦理教育

开设商业伦理和企业社会责任的相关课程,或在商学院的一系列课程中加以渗透,让未来的经理人学会应对管理企业时将面临的社会与环境挑战。

2. 研讨典型案例,提升责任意识

MBA 教育应准备好足够的典型企业社会责任案例,每半年或一年进行更新补充,并组织学生对这些案例进行讨论,在加深学员印象的同时强化他们的社会责任意识。这些案例包括忽视社会责任,企业短期内饮鸩止渴,最后遭受重大损失的案例,也包括一些重视社会责任,企业短期内抛砖引玉,最后创造更大经济效益的案例。通过案例的讨论学习,可以让学员更直观生动地了解企业承担社会责任的重要性,并掌握企业打造品牌、树立形象及危机公关方面的技巧。

3. 研究责任报告,指导日后工作

从 20 世纪 90 年代初开始,美国的一些大型企业如可口可乐公司、通用汽车公司、微软等,便开始每年向社会发布企业的社会责任报告,阐述本企业一年来在承担社会责任、改善国计民生方面所做的贡献及取得的成绩。近些年来,中国的大企业也陆续开始发布年度社会责任报告。MBA 学员研读这些知名企业的社会责任报告可以为其今后的工作提供富有价值的参考。

4. 举办专题讲座,共享成功经验

以研讨会和讲座形式,邀请企业高管、政府官员和专家学者通过讲座形式共同探讨企业社会责任问题,也是商学院常用的做法。特别是邀请一些

在承担社会责任方面做出表率的企业家来讲述本企业注重商业伦理、勇担社会责任的实例，可以达到事半功倍的效果。

5. 践行社会责任

墨子曾说过："有力者疾以助人，有财者勉以分人，有道者劝以教人。"作为新一代的管理精英，MBA学员更应以身作则，助人为乐。社会责任内涵丰富，尽社会责任的方式、方法很多，MBA学员可以以一个班为单位，或以一个小组为单位，直接参与慈善活动，培养自己的爱心。

总之，新时期MBA培养的管理精英，不仅应对竞争环境有敏锐的洞察力，对企业经营有科学的决策力，对员工忠诚有强大的感召力，更应将自然环境保护、消费者权益维护，以及整个和谐社会的发展牢记在心，并在管理中践行，勇于承担社会责任，勤于承担社会责任，善于承担社会责任，把个人成长、企业发展、社会进步和谐统一起来。只有这样，中国的MBA教育才有希望，中国企业的发展乃至整个国家经济的腾飞才更有保障。

西部民族地区企业家的社会责任

丁秀清 陈文烈

（青海民族学院）

一、西部民族地区企业家与社会认同
——基于微观视角的分析

西部民族地区企业家与民族认同之间的关系主要包括以下几个方面：

第一，市场力量和私营经济的发展正在逐渐减小家族支系对西部民族地区企业家的影响。尽管家族支系在新企业的起步阶段可以发挥重要作用，但是它也可能渐渐成为企业的一种负担。因此，企业家面临商人的两难困境——利益最大化和与家族支系团体分享财富及就业机会的道德义务之间的冲突。尽管家族支系仍然扮演关键的角色，然而西部民族地区企业家还是通过创造新的超越家族支系的模式，加强了民族认同意识。

第二，西部民族地区企业家正在巩固和加强一种共同和共享的民族认同意识，尤其是他们在经济上的成功正在成为日益增强的个体与民族自信的一部分。但是由于企业家在传统传承者与现代先锋的角色之间摇摆，从而也存在一种矛盾关系，因此使得西部民族地区的经济发展过程必然伴随着对资源的控制以及民族之间的竞争甚或对立。

第三，通过划分少数民族与汉族之间的界线，民族认同意识得到发展。认同是一种个体和集体的过程，因而只有在与其他群体（汉族）进行交互作用或者划分界线时,企业家才能对本民族认同产生影响。

第四,当企业家以及其他少数民族人民存在强烈的文化民族主义时,西部民族地区企业家的民族意识就将得到发展,西部民族通过经济发展成就的想法就会在国家内部得到尊重。

西部民族地区企业家作为西部民族地区一个新兴的经济精英阶层,在发展民族本身的认同意识中发挥了特殊的作用。企业家阶层不仅促进了当地的经济社会发展,成就了一批具有社会意识的商业精英,而且加强了少数民族的认同意识。在形成认同意识的四个标准中,企业家扮演着关键的角色。这些标准涉及超越家族支系的民族认同意识的产生、少数民族以经济为基础的新的自我意识的发展、企业家作为传统的传承者与现代性的传输者之间双重角色的启示,以及少数民族和汉族人之间界线的划分。

西部民族地区的少数民族将自己描述为勇敢、开放、诚实的民族,但他们在经济和教育上还相对比较落后,组织上没有形成一个社会实体。由于这个原因,在少数民族企业家们看来,一个企业家阶层的发展非常重要。少数民族企业家是现代性的代理人。通过他们的财富、消费行为、习惯及生活方式,少数民族企业家设定着社会和民族的标志,从而为西部民族地区新的认同意识做出贡献。尽管当前家族支系的纽带和认同意识还很强大,但少数民族共享的民族意识正在日益形成。家族支系组织的重要性伴随着这一制度变革而发生变化。

研究表明,少数民族对自己的民族没有统一的认同意识,他们的认同意识是多元的。少数民族人是不同社会群体的成员:中国公民、(西部民族地区)少数民族成员、一个特殊的社会等级、所在家族支系和村落等,但他们也是党员或企业家。这种情况可能使他们需要在不同的身份中以及在不同的参考系和界线之间进行"转换"。少数民族在某种程度上是一种具有很大差异和对立程度但又共享某种认同与忠诚的异质性共同体。但就企业家阶层而言,他们之间又有着重要的共同性,这种共同性存在于他们与自己的民族性、文化和发展的联系之中。这样,企业家就成为少数民族未来的重要塑造者,他们不仅追求个体或部分集体的利益,而且还意识到他们在现代化中的社会功能。这样,与家族支系的联系将逐渐被一种与他们的民族的关系所取代,道德标准也因此将不按照家族支系标准来定义,与少数民族的关系将越来越多地取代与家族支系的联系,从而发展出一种新的民族认同意识。

但是,为什么少数民族企业家发展民族意识,而不发展阶级意识或所在省份或国家的意识呢?

一个主要原因是企业家心中强大的文化(族群)民族主义,其目标是保存和支持本民族语言文字与传统,同时现代化已被认为是对他们自己文化进行再评价的前提,有了它,民族性才算完整。作为中华民族的一个重要组成部分,作为中国人,西部民族地区的少数民族人渴望得到尊重,他们试图通过文化、政治和民族企业家阶层,而不是阶级意识或中国公民意识来改变自己有时没有得到足够重视这样一种状况。

二、全球化、民族性与新发展观——基于宏观视角的思考

就中国经济的发展现实而言,除了全球化的冲击和影响外,经济发展不平衡也是重要问题。以往谈不平衡多指城乡、区域等的差别,笔者认为民族经济的差距也是制约中国发展和应对全球化的瓶颈。中国的少数民族人口虽相对较少,但由于历史等原因形成了民族交错居住的基本格局,少数民族人口分布地区占到全国面积的 63.72%,即使在某一少数民族较为集中的民族自治地方,其他民族所占比例也很可观。以青海为例,这里的回族只占全国回族总数的九分之一,其余回族人口则分布在全国 97.3% 的县市。据统计,我国跨越国界而居的民族就有 33 个,内陆边境线上多是民族地区。不过,主体而言,我国少数民族人口主要还是集中在经济落后的西部及沿边地区。中国的贫困人口绝大多数分布在中西部,这正是少数民族聚居较为集中的区域。国家重点扶持的贫困县共 592 个,其中民族地区就有 257 个,占总数的 43%,而少数民族的总人口还不足全国总人口的 10%;有学者指出,我们无法否认少数民族的贫困问题是极为突出的。由于少数民族与汉族在语言、风俗、习惯和心理等方面存在差距,因此少数民族人口与中西部汉族人口相比更加封闭,难以分享现代经济发展的利益,这是其贫困发生率高于同一地区汉族群体的原因之一。近年来,随着国家政策的落实,情况发生了

一些改观,但总的趋势还没有变化。据中国科学院的系列研究报告,在区域经济发展水平、质量及区域可持续发展总能力以及"生存支持""发展支持""环境支持""社会支持""智力支持"等系统的各种排序中,民族地区基本都还处于倒数地位。

在全球化大潮中,任何民族都不可能隔绝、规避,但不同的民族文化与经济生活及其发展历史与现状,都决定了不应"一刀切"。然而,目前各种有关企业家社会责任的研究基本都是以企业发展、就业、社区公益事业等区域性特点而非民族性为基点,并没有关注到少数民族企业家的特殊性。任何民族都必须生活在具体的区域内,而我国多民族错综杂居的状况决定了同一区域中不同民族的经济文化具有不同的特点。当区域经济融聚着不同民族的经济生活和生产活动而表现为一个总体过程时,不同民族的状况及其变革就共同构成了区域经济的特征与发展的要素,不加区笼而统之必然出现若干问题。所以,在分析企业家社会责任尤其是在以"新发展观"诠释民族经济时,要重视民族文化诸要素的有效整合或提升,大力提倡企业家为谋求或促进符合各民族共同利益的发展道路。

但是,我国的区域经济是以行政区划为基础的,民族地区只能在区域经济中呈现其一些特性,而在非民族地区的区域经济研究中,民族的因素大抵不在考虑范围。事实上,即使是在包括民族地区的区域经济研究中,对不同民族的经济进行分别的研究也是不多见的,从而不难看出"区域"的概念(即使是民族地区)并不能准确反映"民族"的经济文化实况与特质,反而在同一个民族相对集中聚居的区域,会显现相同的民族经济文化的鲜明特色。这样一来,无论从现实区划或经济布局,还是从研究对象或立论基点来看,如果要在企业家社会责任研究中包括区域经济研究的体系与理论方法都面临着创新的时代要求。

尽管区域经济研究已取得很大成就,但还大体存在两方面不足:一是以区域为基点,不能凸显区域经济与区域民族经济的差异;二是由于单纯研究经济,而忽视了经济与文化的关联,尤其是区域民族经济发展与民族的历史文化传承及民族特性积淀的联系,这直接影响国家民族政策的制定与发展模式的选择。以区域作为考量经济发展的单位,不便于深入到区域中民族经济的差异层面,因而直至今天,中国区域经济的发展与各民族经济自身的变革之间,还存在相当大的隔离与落差。正是在这种区域性而非民族性的经济发展格局和思路中,国家对民族地区的投资和技术注入,包括扶持城市经济和国有大中型企业的发展等,虽然对发展区域经济起到了作用,却与当地的民族经济之间依旧存在隔离,区域经济的发展与民族经济的落后成为反差共存体。国家的民族政策虽然注重少数民族的政治平等或经济脱贫,对民族地区不断加大投入,但对于民族经济本身的变革以及经济与民族文化的关联还注重不够,采用的主要是行政性而非市场性的方式。

因此,界定特定区域内企业家社会责任民族经济性是重要且必要的,这也有利于分析特定区域内不同民族或不同区域中同一民族的经济状况和所面临的问题。

企业家社会责任应该包括区域经济与民族振兴的历史重任,定位于区域民族经济的发展视角,特定区域(可能是民族自治地方,也可能是跨越行政区划的同一民族聚居区,还可能是非民族聚居区中的少数民族聚居区等)的民族经济,有别于区域经济或民族区域(即民族自治地方)经济。以民族而非区域作为发展载体,是深化民族经济研究的一条路径,具有重要的理论价值和现实意义。特别是在经济全球化时代,仅仅注意区域发展或产业升级而忽视民族经济的差异性发展,其代价将越来越显见。尽管界定民族经济是困难的,达成共识更不易,但这并不等于说不必或不能界定,需要努力朝着基本概念的明晰化、共识化迈进。

"新发展观"要求我们不能只看经济数字而不顾社会及自然和谐,只讲发展而不谈代价。我们认为单纯追求经济增长并以之作为衡量社会发展和现代化进程的指标存在许多缺陷,其中最让人痛心的是两大沉重代价:一是文化价值的失衡,包括道德、情感、观念、习俗等;二是生态环境的破坏,包括资源、物种、植被、气候等。当可持续发展提上日程之后,文化失衡问题似乎还未提升到发展观的高度来认识。强调"新发展观",关键应当将上述两大代价限制或降减到最低,而民族经济与这两者都直接相关,从而具有促进和践履"新发展观"的学理价值,这也就为这门新兴学科赋予了特殊的时代意义。

国家实施的"西部大开发"战略与民族经济的关系十分紧密,因为西部不仅是落后地区,而且是少数民族聚居区,这也为民族经济的发展提供了一个新契机。西部大开发必须注意正确处理好民族问题,不能不考虑民族经济文化自身的个性与特点,不加区别地开发很难成功,更难健康发展,这已为多元一体的中华民族千年发展史所证明。也就是说,用同一个模式来开发不同的民族或区域,不是我们应当选择的。正如强调生物多样性一样,也不应忽视民族经济的多样性和民族文化的多样化,这在全球化、一体化时代尤为重要。笔者在近期的一篇文章中以西部大开发为中心,分析了以往发展模式的缺憾,探讨多元一体的民族文化与经济可持续发展问题,强调必须注重区域与民族发展非均衡的差异与代价,提出联系民族区域文化与经济的可持续发展具有重要意义。通过对我国秦汉以来漫长的西部开发史,特别是1949年以来三次开发高潮进行重点分析,提出应结合民族经济文化与可持续发展来考虑西部大开发问题,并试图通过探寻可具体实施的路径,诸如将西部珍贵的民族传统文化资源转化为具有直接经济价值的旅游资源等,考虑如何促进大开发进程中民族经济文化的整合与创新。

儒家文化与 MBA 社会责任的培养

李海平

（山东财经大学）

MBA 教育自诞生以来，在注重学生的能力训练、知识结构、经验分享等知识技能层面的培养的同时，也越来越关注对被教育者的道德品质、商业伦理和社会责任的培养。首先需要明确的是，儒家文化是中国传统文化的核心，但是并不能说儒家文化就等同于中国传统文化。中国传统文化，一般意义上来说包括道教、儒学和佛学三方面的因素。本文就 MBA 教育中如何合理利用儒家思想的积极因素来培养 MBA 学员的社会责任谈一些粗浅的看法。

一、MBA 教育与社会责任培养

以社会责任为核心的商业道德、商业伦理教育在 MBA 教育中的重要性似乎毋庸多言。美国的 MBA 教育把"良好的商业道德，即一个管理人员应当具有的尽职精神和伦理观"作为 MBA 学生必须具备的基本素质之一。而我国在 MBA 教育的试办时期，就提出了初步的社会责任方面的要求"工商管理硕士要有坚定正确的政治方向……有艰苦创业的事业心与责任感"。随着全球经济的发展，MBA 教育对社会责任的重视程度逐步加深。20 世纪 90 年代后，欧美的商学院中几乎全部开设了商业伦理方面的课程。我国的

MBA教育也广泛接受了企业伦理的教学并且形成了一支初具规模的学者队伍。

关于企业社会责任的定义很多。企业社会责任之父Bowen(1953)认为,企业界的义务是追求所有符合社会价值观并满足社会的活动。McGuire(1963)将社会责任定义为"公司不仅有经济性及法律性责任,还应对社会尽一些其他的责任"。Carrol(1979)归纳不同学者对社会责任的定义后,提出自己的独特见解,他认为,企业的社会责任应包括经济性、法律性、伦理性与自发性四种责任,其中自发性责任是指企业自愿承担的责任,具有前瞻性。由世界企业可持续发展委员会邀集的60个企业界及非企业界意见团体,在一次国际会议中给出了企业社会责任一个较为正式的定义,即企业社会责任是企业承诺持续遵守道德规范,为经济发展做出贡献,并且改善员工及其家庭、当地整体社区、社会的生活品质。广义而言,企业社会责任是指企业对社会的合于道德的行为,特别是指企业在经营上须对所有的利益相关者负责,而不只是对股东负责。正如哈罗德·孔茨等人所言:"企业的社会责任就是认真地考虑企业的一举一动对社会的影响。"企业社会责任是一个企业可持续发展不可或缺的一部分。

总的来看,无论如何描述,企业社会责任基本包括以下五个方面的内容:(1)企业对员工的社会责任;(2)企业对投资者的社会责任;(3)企业对包括供应商在内的相关企业的社会责任;(4)企业对消费者的社会责任;(5)企业对社区及全体公民的社会责任。

企业的管理最终要由人来执行,MBA作为现代高等教育中培养管理人才的主流模式,有责任在MBA教育中贯彻人文思想,培养具有良好的社会责任感的职业经理人,而且这也具有重要的现实意义。

美国一些企业伦理学学科的领袖们在回顾该学科25年的研讨会上提出了这样一个讨论题目:"企业伦理学的教学与研究,对于美国和国际上的商业风气,有没有任何看得出来的影响?"与这个缺乏自信的问题相呼应的是,除了少数与会学者谨慎地认为企业伦理教育具有减少企业犯错误的作用以及企业伦理的学科地位有所上升之外,多数学者承认,美国25年来的企业伦理教育没有达到预期效果。① 分析其原因,主要集中在以下方面:第一,企业伦理学的研究与教学与实践脱节,而且在该学科的研究中还存在着人为将两者对立和割裂的行为。有的学者甚至不客气地指出企业伦理学学术研究在社会责任教育方面的作用还不及商业畅销书作用大。第二,MBA商业课程的负面作用。爱斯本研究院的一项涉及13所商学院的个案调查显示,经过两年的MBA学习,学生们变得更加利己。第三,许多老师怀疑成年人的价值观教育是否还能发生作用。第四,MBA伦理教育中过于重视整体化,忽略了个人的需求。

上海交通大学的一项针对商学院MBA的调查结果②表明:96.89%的MBA学生认为社会责任应包括经济责任、法律责任、道德责任、慈善责任,58.23%的MBA学生认为是否具有社会责任感对个人职业发展的影响较大,70.55%的MBA学生认为在MBA教育中开展社会责任教育是必要的。这一系列数据表明社会责任的重要性已经得到大多数MBA学生的认同。有74.03%的经营者认为企业履行社会责任与企业可持续发展的关联度很大,但是只有37.34%的企业经营者对所属企业履行社会责任的情况表示满意。调查还发现,商学院的企业社会责任教育课堂化、理论化倾向严重,企业参与不够,考核方式也不能反映教学效果。

如何走出一条有中国MBA特色的企业社会责任教育之路是当前我国MBA教育面临的一个十分有意义的重要课题。在中国管理学教育越来越多地从中国传统文化和东方管理哲学中吸取营养的当下,如何利用中国传统文化中的积极因素丰富我国MBA社会责任教育的形式与内容,将是一个重要的发展思路。

二、儒家文化中的商业道德和社会责任因素

改革开放以来,传统文化在国民精神生活中的地位越来越受到推崇,国

---

① Markkula Center for Applied Ethics, Santa Clara University. Does Business Ethics Teaching Affect Practice. Document on-line Available from: http://www.scu.edu/ethics/publications/submitted/debate/Does Business Ethics teaching Affect Practice.html, Accessed 8 February, 2004.
② 俞国梅. MBA教育中的社会责任教育研究[J]. 上海管理学科,2008(5).

学热、读经热此起彼伏,甚至有人宣称,儒家文化将是人类在21世纪和谐相处的唯一哲学源泉,但这恐怕是一种片面的思维。一个学科、一种理论的发展与成熟,势必要吸收容纳人类历史上众多优秀积极的文化因素,融会贯通才能与时俱进并不断获得新的生命力。那么我们将着重考察的就是儒家文化中关于社会责任的积极因素。

儒家文化发端于孔子,经过两千多年的不断丰富发展,已经形成了一套完整的哲学体系,这其中不仅是孔子一人的思想成果,还包括了历代儒学家补充和发展的智慧结晶;儒家思想在漫长的历史过程中,也经历了多次的变化,先秦儒家、程朱理学、心学一直到近现代的新儒家都是儒家思想在不同时期的发展结果。

儒家强调等级秩序,其所推崇的和谐是在等级基础上的和谐。儒家思想讲究"克己复礼",用严格的行为规范约束自己,但这也忽略了人的个性与创造力。儒家思想是重农抑商的,中国古代社会中士、农、工、商四个社会阶层中,商人的地位是最低的。儒家始终把读书做官作为实现个人生活价值的最优途径,认为"万般皆下品,唯有读书高"。这与现代工业文明追求自由平等、强调个性解放、追求精神幸福和物质财富的价值观是完全不同的。整体上说,儒家思想存在的问题是人为割裂了商业行为和伦理准则,甚至将其对立起来。但我们断不能因为在典籍中找到只语片言就妄下结论,忽略了儒家文化产生的历史源流。儒家文化诞生并发展于漫长的农耕社会,其思想本质是农业文明的体现。这是我们在吸纳儒家思想时要首先注意的问题。试图以儒家思想为代表的中国传统文化来解决现代管理学中的困境是有失偏颇的,但是儒家思想确实可以为现代管理思想添加一些积极因素。

MBA教育是工业文明的产物,是现代管理学教育的典型模式。那么在现代管理学教育和传统儒家思想之间有没有结合点呢?答案是肯定的。20世纪80年代以来,不少中外学者鉴于儒家思想在东亚企业经营管理中的成功应用以及西方管理模式陷于困境的客观现实,开始探索儒家思想对现代管理学的启发,产生了一批具有积极意义的成果。[1]

---

[1] 较有代表性的著作有曾仕强《中国管理哲学》《中国人的管理观》,成中英《文化、伦理与管理》,刘云柏《中国儒家管理思想》等。

本文认为,儒家文化中的伦理观、诚信观、义利观和社会责任观等因素,都是值得 MBA 教育尤其是中国 MBA 教育中借鉴的很好的因素。下面做简单分析。

1. 儒家的伦理观

儒家伦理观是儒家文化的基础,从字面意义上看,伦就是辈分、身份和秩序,而理就是条理、规范。《论语》上有这样的记载:"齐景公问政于孔子。孔子对曰:'君,君;臣,臣;父,父;子,子。'公曰:'善哉!信如君不君,臣不臣,父不父,子不子,虽有粟,吾得而食诸?'"①"君君、臣臣、父父、子子"其实就是儒家对社会角色的一种"正名",就是儒家伦理观的基础论。其核心内容以孟子的论述最为充分:"父子有亲,君臣有义,夫妻有别,长幼有序,朋友有信。"儒家思想要求每个人按照自己的社会角色行事,并努力扮演好自己的社会角色,认为这是社会顺畅运行的基础。儒家认为人只有遵守好自己的社会角色,其行为才能是道德的。也就是说,在争取自己更好的生存空间的同时,要用智慧,用信誉,遵守一定的社会行为规范,用最佳的行为方式,达到人与人之间的相互关爱。这样,人们才能在生活中得到应该享受的快乐。

抛开其等级思想的局限性,儒家的伦理观对现代管理者的社会责任培养是具有借鉴意义的,那就是企业家社会角色的认同是企业和企业家履行社会责任的先决条件。

2. 儒家的诚信观

诚信被儒家视为立身处世的基本原则,也是儒家提倡的做人的基本规范之一。儒家学说的核心是仁,而信是仁的重要表现。子张向孔子问仁,孔子回答说,能实现五种品德就是仁者,这五种品德是恭(庄重)、宽(宽厚)、信(诚实)、敏(勤奋)、惠(爱心)。② 其中《论语》对信的论述非常详尽,如"主忠信","敬事而信","谨而信","与朋友交言而有信",孔子认为"人而无信,不知其可"。③ 儒家不仅将诚信作为个人修养和与人交往的规范,而且还将诚

---

① 《论语·颜渊》。
② 《论语·阳货》。
③ 《论语·为政》。

信作为治国平天下的条件和必须遵守的规范。儒家认为统治者必须"主忠信",即提倡忠诚和信用两种社会道德。孔子说:"上好信,则民莫敢不用情。"① "言忠信,行笃敬,虽蛮邦行矣,言不忠信,行不笃敬,虽州里行乎哉!"②

儒家把诚信看作个人修养、与人交往和治理国家三个层面的规范和原则,这与现代企业的社会责任中的诚信要求是完全符合的。尤其是儒家认为,个人的诚信品德是构建诚信社会的基础,所以儒家提倡诚信从个人的修身做起,这种品德是内生的,而不是契约式的,更不是被迫的。在利益驱动为先的当代,这与诚信是维护社会运转以获得更大的利益的思维相比,则更具有理想色彩和哲学意义。

3. 儒家的义利观

儒家的义利观是管理学界在吸纳传统文化因素时关注最多的,但是也存在一些误解。事实上,儒家思想的义利观中,利始终是义的附属品甚至是对立面。"子罕言利",儒家对于物质利益的追求始终是不屑的。依据其自身理论,儒家对利赋予了新的含义,使之成为另一种意义上的"义"。儒家是士人文化,不同于商人对利的追求,儒家所讲利是大利、公利,所谓"利者,义之和也"。当然,对于物质利益的追求,儒家并不否定,但前提必须是见利思义,义以生利。模糊了儒家典籍中不同语境中的"利",就容易误解儒家的义利观。

儒家的义利观对于现代企业的经营是有其先天不足的,因为就其根本来说,儒家思想不是商业思维,而是文人思维。马克斯·韦伯在他的《新教伦理与资本主义精神》中曾指出:"在西方,精神的因素(新教伦理)促进了物质(资本主义生产方式)的发展;而传统的中国社会,情况恰恰相反,精神的因素(儒教和道教)阻碍了物质(中国资本主义经济)的发展。"

虽然对儒家的义利观要有客观的分析,但是对于现代企业的社会责任来讲,儒家的"利"与"义"辨析对我们还是有很多启发的。儒家始终认为社会总体利益和道德规范是追求物质利益和财富的先决条件,这对于现代企

---

① 《论语·子路》。
② 《论语·卫灵公》。

业在经济责任、法律责任、道德责任、慈善责任方面的要求是有积极启发的。

4. 儒家的社会责任观

不同于道家文化和佛家文化的一点是,儒家文化是讲究出世的,是积极进取的。儒家对于社会现实始终表现出极大的关注,并且力求用自己的理论去改造社会。儒家思想的社会责任观范围很广,首先从宏观上看,儒家思想讲究"天人合一",认为人是自然的一部分,应该热爱生命,顺应自然,反对掠夺性地获取自然资源,"取物以时"、"取物有节",这也是儒家生态观的表现。其次,儒家的社会责任观还体现在对社会事物的积极参与,"天行健,君子以自强不息""学而优则仕""兼济天下"是儒家文人实现人生价值的途径和理想。具体地说,儒家的社会责任还体现在从自身做起,从小处做起,修身、齐家,最终治国、平天下。

儒家的社会责任观对于现代管理教育中的社会责任教育来说,也具有导向性。企业谋求财富的最终目的无非是发展社会经济,成就个人努力。在这一点上,人类历史的任何一个时期都是一脉相承的。

儒家思想博大精深,MBA 的社会责任培养能够从儒家思想中借鉴的因素当然不止以上几个方面。考虑到 MBA 社会责任培养目前所面临的很多困境,在以下方面也许会对我们有具体的启发。

三、合理运用儒家思想的内涵和方式,改进 MBA 社会责任教育

无论是美国 MBA 企业伦理教育的效果不彰,还是中国 MBA 企业伦理教育面临的方式的选择,分析起来,主要是因为我们对开展企业伦理学教学的三个基本问题还存在认识误区,而在这些方面,儒家思想的一些观念却可以给我们一些有益的启发。

第一,对教学目标的信心缺失。社会、学校、教师和学员在社会责任教育的重要性方面毫无疑问地存在共识,但是对于成年人的价值观和道德观是否可以改变似乎存在疑惑和分歧。儒家思想给我们的借鉴是:儒家注重的是修养,而不是教育,注重的是用行为规范克制自己以努力达到理想人格

的过程,而不是教育对象是否可以改造的问题,比如,性善论和性恶论都能在儒家找到解决方案。当然,我们的MBA社会责任教育也不能放弃道德素质升华的目标,但是完全可以从行为准则入手。

本文认为,可以分别从道德人和道德型经理两个维度,将教育目标按照知识、技能和价值观三个层次进行分类,其中包括对MBA研究生进行商业伦理教育从而达到提高我国MBA研究生的伦理决策能力和伦理领导能力的目标,这样不仅有利于目标的清晰界定,并且有利于选择恰当的方法来评价目标的达成。

第二,仅注重对教学内容的探索而忽视对教学方式的思考。与一般以授业和解惑为重心的课程不同,企业伦理学这门课的重点是要传道,要让商业伦理进入学生的大脑,协助学生继续发展更健康的商业人生观,在商业工作生涯中做一个有道德的人,至少要做一个行为符合道德规范的人。但是,在我们的企业伦理教学中,对为什么和是什么的问题关注得太多,却很少去考虑如何做。儒家不注重人的欲望的本质属性,而注重人的外在行为的属性,所以它始终关注的是如何做的问题,传统儒家认为朝闻道,夕死可也,按照新儒家的观点,不做坏事的人就是好人。

第三,企业伦理教育注重对MBA群体进行教育的总体效果,却忽略了个人的心理变化,而儒家思想的品德教育却是从个人修身起步的,他们认为社会的进步是由每个具体的人的进步组成的。所以,道德教育要注重每个具体的人的行为规范和道德提升,而企业伦理教育也要承认个人思想变化的积极意义,而不是忽略这些变化。

在商业伦理课程的教学目标评价方式的问题上,考试和分数的评价方式显然不能检验该课程的教学效果,但是我们现在的企业伦理课却仍旧没有跳出这个框框。儒家思想培养的是一个人的人文素养,同理,商业伦理教育是使受教育者收获思想上的升华和行为上的规范,所以不应该仅仅用分数对学生的企业伦理课做出评判。

由于儒家思想的本质属性和局限性,它是不能成为现代社会的精神拯救者的,但是作为人类文明和智慧的优秀代表,它的现实意义也应该一直引起我们的关注。MBA研究生作为未来企业的管理者,如果没有很好的商业伦理道德素质,不仅会造成企业运作的失败,而且还会造成一系列商业伦理与社会道德方面的不良影响,从而对社会造成更大的危害。因此,通过商业伦理教育并融入儒家文化来提高MBA研究生的商业伦理道德素质,对于其个人的职业生涯发展、企业的长远发展壮大以及整个社会经济与文明的不断进步都有着极为重要的意义。只要我们坚定信心、明确目标、拓宽视野、改善方法、加强交流与合作,中国MBA的企业伦理学教学一定会有光明的前景。

MBA 创新意识和创新能力的培养

杨红娟

（昆明理工大学）

一、引　　言

知识经济需要的是创新型人才，其基本特征是在兴趣、意识及品质等方面具有创新性，同时又拥有创造性的观察力、记忆力、想象力、执行力等综合能力，最后发展出能够创造性地提出问题、分析问题和解决问题的能力。这就要求管理人员把自己的工作能力建立在专业理论知识和果敢决策、勇于创新、善于竞争、目光远大等特殊素质的基础上。

知识经济时代呼唤创新人才的培养，创新人才的培养呼唤创新的教育，因此，创新意识和创新能力的培养应是当前 MBA 教育的基本目标。对于担负着为国家培养各级各类企业高层经理人才的 MBA 教师，应认识到培养 MBA 的创新意识和创新能力是时代赋予他们的重要使命。

二、创新意识和创新能力

创新是指在前人成果的基础上，提出新的见解、新的主张，并有新的发现、新的发明，开拓新的领域、解决新的问题、创造新的事物。创新的经济学含义是"把想法和技术转化为能够创造新的市值、驱动经济增长和提高生活标准的新的产品、新的过程与方法和新的服务"。创新意识是创新的首要前提，MBA 学生只有具备强烈的创新意识和创新欲望并掌握相应的创新方法，才有可能做出创造性的成果。创新意识是人们根据社会和个体生活发展的需要，引起创造前所未有的事物或观念的动机，并在创造活动中表现出的意向、愿望和设想。创新意识包括追求创新、唤醒创新、推崇创新动机、确立创新目标、激发创新潜力、释放创新激情等。创新意识的本质在于新颖性和独创性。

心理学认为能力是"直接影响活动效率，使活动顺利完成所必须具备的个性心理特征的综合"。创新能力包括创造性想象、知觉能力、洞察能力、预测能力和捕捉机遇的能力等，因此是一种高水平的综合能力，是创新行为顺利完成所必须具备的个性心理特征的综合。创新能力基于一个人的创新意识，是优秀管理者拥有的最重要的能力之一。创新能力表现为管理者在企业或自己所从事的管理领域中善于敏锐地观察旧事物的缺陷，准确地捕捉新事物的萌芽，提出大胆新颖的推测和设想（即创意），继而进行周密的论证，拿出可行的方案来付诸实施。这种能力所产生的思维结果在本质上是新颖独特、前所未有的，并有一定的社会价值，能够促进社会向前发展。

三、MBA 创新意识和创新能力的培养机制

MBA 招生来源主要是在企业或其他组织工作过 3 年及以上，具有实践经验并具有一定管理素质的各种专业背景的大学生，MBA 教学内容密切结合实际，通过 15—20 门课程的系统学习及商业案例分析、实战观摩、分析与决策技能训练等多种手段，帮助这些具有一定实践管理经验的学员建立起较全面的管理知识结构，提高其企业管理的实际技能。MBA 教育最根本的目的在于通过学习，使学生形成创新意识，改进心智模式，具备创新能力。

（一）精神层营造具有创新意识的氛围

1. 营造创新意识的支持系统

创新意识的形成、发展和稳定需要有一定的环境条件支持，要在 MBA

教育中大力营造激励创新的环境。MBA 学员重返校园,都有种似曾相识的感觉,非常珍惜在校的时光,而且他们重返校园的学习具有明确的目的,总想在有限的时间里,多看、多听、多学。因此,在 MBA 的教育中,精神层要构建全面创新的管理思想,营造创新的氛围,形成重视创新意识的教育思想和价值观,鼓励创新的教风和学风,使 MBA 学生拥有自由发展的空间。MBA 的教育文化要在新的时代条件下发展,就必须在保持固有传统精神的前提下,不断赋予其新的色彩,使其不断汲取时代精神的精华,以适应社会的发展,满足精神文化的发展要求。因而在 MBA 教育中,要以创新精神引领各个方面和各个环节,把培养创新意识作为 MBA 建设与发展的核心与源泉,倡导创新作风,形成创新风尚。

2. 形成创新意识的培养机制

针对 MBA 的特点,第一,培养 MBA 具有远见卓识。能够不断了解当代最新的管理理论知识、最新的科技动态、最新的文化发展,并且能够将这些知识在自己的脑海中加以融会贯通,是产生对某一问题具有超越常人看法或认识的基础。因为这些新的知识和信息是对过去知识体系的一种冲击和发展,可以使人们对过去久思不解的问题得到新的启迪。第二,培养 MBA 系统的全方位的思维方式,即从系统的具体构造到系统的综合、从局部到全局、从现象到原因的思考方式。MBA 学员不仅要学会顺向思维,而且要学会反向思维;不仅要学会常规思维,而且要学会超常规、非常规思维;不仅要学会单向思维,而且要学会多向思维;不仅要学会纵向思维,而且要学会横向思维,对任何思考对象的相关方面都去分析、研究,管理的创意也会往往由此而诞生。第三,培养 MBA 奋发向上的价值取向,也就是追求事业成功和永不满足的价值观。在这样的价值取向和心智状态下,才使得他们去勇攀管理的高峰、企业成功的高峰。

(二)制度层形成创新能力培养的评价体系

评价是教育管理中实施控制的特殊手段。长期以来,由于我们已经习惯于用整齐划一的内容和固定的方式来评价教师和 MBA,把教师和 MBA 的行为引导到标准化和程式化的轨道上来,所以使得我们很少给教师和

MBA留出创新思考的时间和空间。MBA教育的功能是为社会培养适应经济发展所需要的职业经理人才,这就要求我国的MBA教育以市场为导向,将评价的重心向创新能力倾斜,无论是对教师的评价,还是对MBA的评价,都应以有利于MBA个性健康发展和创新能力培养为目标,使评价体系体现创新能力培养的目标导向和过程。

1. 教师的评价体系和标准

MBA教师不仅要系统掌握基础的现代科学文化知识,而且要钻研某一专业方面的前沿领域,做到博与专、基础与特长的和谐统一,不断增加新知识、新技能,保持良好的知识结构。教师要在自己的岗位上成为出色的创新者就应更新教育观,转变教育思想,改变常规的教学方法,树立"科学型""创造型"的教育观,要把知识领域的最新成果、实践中突出的现象以及学术界正在争论的问题随时融进教学中去,身体力行站在创新的最前沿。教师要成为"导演"和"教练",精心设计教学方案,改革教学内容,改进教学方法,改进课程成绩评定方法,根据所讲授课程的教学目标与本学科应达到的目标要求灵活地组织相应的教学活动。课堂中要创造宽松的适应激发MBA思考和提问的环境,保证MBA心理安全和心理自由,从而使他们大胆表达自己的见解和主张。创新意味着对现实的超越,MBA学员实践经验丰富,要鼓励他们提出新问题、新想法、新结论,推陈出新,使得他们在学习过程中想得多、想得新、想得巧。对教师的评价应注重过程评价,把教学行为评价作为重中之重,通过建立专门制度,从政策导向上鼓励和支持教师在传授知识过程中,积极探索创新能力培养的方法并付诸实践。

2. MBA的评价体系和标准

对MBA的评价要从考察MBA对知识了解、掌握和应用程度的方向转移到考察MBA综合知识水平高低、创新能力强弱的轨道上来。一方面是调整现有考核方式,例如在考试方式上实现多样化,采取闭卷与开卷相结合来综合评定课程成绩;在考试时间上实现自主化,在网上考试技术较为成熟的条件下,鼓励MBA按自己的学习进度申请考试时间,把节省的时间用于学习自己感兴趣的知识或进行创新能力训练与实践。另一方面是实行创新能力评价,构建创新能力评价系统,通过写专题报告和应用论文、创新思维测评等多种形式对 MBA 的创新能力进行评价,实现评价科学化。为激发 MBA 的主动性和创造性,一定要让他们结合企业实际"真刀真枪"地参与企业解决问题的过程,并将此作为他们创新能力的评价基础。

四、结　　论

在人类历史发展的长河中,每当社会生产力的提高有了一次飞跃,就必然要求管理也有所创新,上一个新台阶。MBA 的创新意识和创新能力的培养是时代和社会赋予我们的重任,认清目前 MBA 教育在创新意识和创新能力培养上的重要性,及时进行调整和改革,创设一套有利于 MBA 创新意识和创新能力培养的机制任重而道远。

MBA 教育中创业精神和能力的培养

李金林　裴蓉

（北京理工大学）

一、MBA 教育与创业精神的关系

国内外学者对企业家精神（也称创业精神）的研究有不同的视角。"企业家"这一概念由法国经济学家让—巴蒂斯特在 1800 年首次提出，即企业家使经济资源的效率由低转高，熊彼特认为"企业家是创造性的破坏者"。"企业家精神"则是企业家特殊技能（包括精神和技巧）的集合，或者说，企业家精神是一种表述方式，用来指企业家组织建立和经营管理企业的综合才能，是一种重要而特殊的无形生产要素。现在的 MBA 学生已经不满足于当管理者，很多人愿意投入创业的行列中去，因此使得 MBA 教育与创业密不可分。

二、对 MBA 教育目标的再认识

MBA 教育培养什么样的人才？这是一个不断被重新提起的话题。从理论上讲，MBA 是培养应用型人才的，在能力培养方面，是以分析问题、解决问题的能力为核心的。然而，从这些年的市场反应来看，显然我们离这个目标还比较远。有三个因素值得我们关注。

1. 国际商学院 MBA 教育课程的变革趋势

纵观国际 MBA 教育的发展趋势以及世界著名商学院的课程改革和重新定位，MBA 的课程越来越强调实践性、应用性以及全球化。无论是哈佛大学商学院对核心课程的调整（将战略、领导力、管理沟通、执行力定位核心课程），还是百森商学院在创业教育领域的领导地位提高，都说明国际 MBA 教育正在进行新一轮的改革。

2. 创业研究（创业教育）在管理学科的主流化趋势

创业教育课程至今已经覆盖美国各种学位的学生。排名前 100 位的英国大学都开设了创业教育课程。国内排名前 20 位的高校也都开设了创业教育课程或建立了创业（教育）研究中心。可以说，创业研究和创业教育正在进入管理学科的主流范畴。

3. 创业的热潮仍方兴未艾

无论是在欧美国家，还是在中国，创新和创业对经济和社会的发展都具有不可忽略的贡献。在当今快速变化的商业环境中，一方面，现有的市场规则不断面临着新的冲击，企业面临着如何转型、突破与成长的瓶颈；另一方面，我国制定的鼓励创新和创业的政策带动的创业热潮仍方兴未艾，这些外部因素也直接推动着高校 MBA 教育的变革，是我们不可忽略的市场动力和重要的社会影响力。

三、现有 MBA 教育存在的问题

反观我们现有的 MBA 教育，如图 1 所示，不难发现目前的 MBA 教育培养模式中存在着某些缺陷。MBA 教育虽然从理论上讲应该侧重于技能培养，与其他层级的管理类学生的培养方式相比，已经有了巨大的改变，但是 MBA 教育仍然是以课堂教学为主的教学方式，采用以相对固化的场景为思考背景的案例，以模块化和既定知识为框架进行课程设置，以学院教师为主体的教学师资，等等，使其难以摆脱传统教育的窠臼，这往往会带来以下的结果。

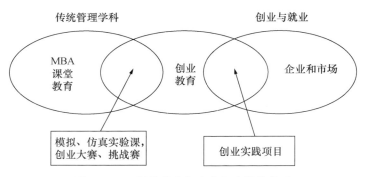

图 1　MBA 课堂教育与企业和市场的关系

1. 课堂教育的知识性有余而技能性训练不足

MBA 教育往往流于中国"灌输—记忆—理解"的传统教育方式,使得学生们在分析问题的能力与解决问题的能力之间产生了冲突,他们往往对案例的分析能够头头是道,真正用起来就"力不从心"。虽然学校可以通过各种仿真实验、模拟软件等办法,以及举办各种挑战赛、创业大赛等活动,尽量为学生提供类企业或类市场的环境和条件,给予学生必要的训练,但仍然不能从根本上解决问题。

2. 案例的假设性、简单化有余而真实性、复杂性不足

案例教育是 MBA 教育的核心手段之一,然而反观我们所采用的案例,大多来自国外,它们在用来比照中国实际情况的时候就不好用了。而本土开发的案例,尤其是一些企业成功的案例,往往加工痕迹浓重,很难从中看到生动的、鲜活的内容。这就说明一点,案例教育再规范,其和实战练兵比起来仍然具有局限性。这不是说案例教育不重要,而是说仅仅依靠案例教育是远远不够的。

3. 课程体系硬件化、模块化有余而软件化、整合性不足

我们现有的 MBA 课程设置,基本上是根据专业模块或企业功能的设置来划分的,这样的课程设置对于固定的职能性知识和分析技能教育比较完善,但是企业实际面对的市场环境是动态的、复杂的、多元的、开放的,其要求的某些能力是无法从课堂上获得的。而且,书本的或他人的经验要内化成自己的素质和能力,必须经过实践环境和真实事件的锤炼,从心理学的角

度来说,就是必须真正地心理卷入、体验、身临其境,反复锤炼、磨砺,不断改变心智模式。企业家精神和能力是"软件",其所包括的对机会的识别和洞悉力、对风险的承载力、对企业运作中所体现的领导力和创新力以及社会责任感和相应的企业家品质等内涵不能光靠学、还要靠习,要反复整合,最后才能够真正消化吸收。因此,从 MBA 课堂教育到企业和市场之间还有一步之遥。我们认为,创业教育的引进,能够实现这"惊险的一跃",能够满足现代企业和市场所要求的开放性、实战性、整合性、多元性、动态性的需求。

四、MBA 教育中创业精神和能力的培养模式的设计

如上所述,MBA 教育与创业精神和能力密切相关,因此,全国 MBA 教育指导委员会制定的发展规划明确提出将创业管理作为 MBA 教育的重要方向。那么应该如何实施这一指导原则,系统有效地设置创业教育学科体系呢?目前各大院校由于办学理念和定位不同,师资所长不同,创业教育的侧重点也有所不同。而美国百森商学院的创业学课程体系被誉为美国高校创业教育课程化的基本范式,他们的做法对我们具有很大的借鉴意义。

(一) 美国百森商学院的创业教育给我们的启示

(1) 在课程设置方面,百森商学院强调课程体系的整合性和系统化,所开设的创业课程有:战略与商业机会、创业者、资源与商业计划、创业企业融资与快速成长等五个部分。

(2) 在机构设置方面,百森商学院设有专职创业教育机构。对于师资,要求必须由创业风险投资家、创业家、实业家和初创企业的高级管理人才来担当创业课程的教师。

(3) 在教学实践方面,百森商学院成立了创业家协会,并举办"创立人之日"活动,把全球有影响力的创业家邀请到学校,和学生交流座谈。

(4) 在创业研究方面,百森商学院将创业研究与创业教育结合起来,每年都要举办一次"创业研究前沿"研讨会。

(二)创业成功的企业家给我们的启示

无论是在欧美,还是在中国,无数成功企业家的创业经历都一次又一次地告诉我们,他们的成就和经验可以归功于他们的不断学习,但每一次的学习都源于实践,源于这些企业家所经历的那些常人所无法承受的压力、困难、痛苦和挫折,源于在错综复杂的环境和竞争态势中,一次又一次地审时度势、化险为夷。由此,我们认为创业精神的培养路径或机制应该着眼于:(1)从实践者的角度来看待问题;(2)把案例教学中的参与转向到企业实际场景中去身临其境地参与;(3)使 MBA 学生之间能够有机地整合经验和智慧。

为了实践上述创业精神的培养路径或机制,北京理工大学管理与经济学院启动了"创业发展基金"项目,由此开始打造学生创业实践的全新平台。

(三)以"创业发展基金"为基础的培养模式

我们以"北京理工大学管理学院创业发展基金"为切入点,来启动整个创业教育的实践性内容。创业发展基金的职能与整个创业教育的关系如图 2 所示:

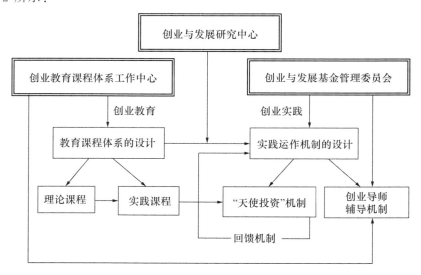

图 2 北理工"创业发展基金"与创业教育的关系

1. 创业发展基金的资助对象

北京理工大学管理学院创业发展基金隶属于北京理工大学管理与经济学院创业与发展研究中心,是全校第一个创业基金。资助对象为北京理工大学管理与经济学院的全体在校学生,以 MBA 学生为主,兼顾 MPA、工程硕士、普硕、博士和本科学生。

不同类别的学生之间可以选择合作的方式,比如本科生的创意和 MBA 学生的项目实施、运作相结合,这样可以最大限度地整合学生资源。

2. 创业发展基金的资助原则

（1）提升 MBA 教育竞争力原则:通过该活动进一步提高北京理工大学 MBA 教学质量,培养更具竞争力的 MBA 学生,提升 MBA 教育的声誉;

（2）创新与探索原则:支持创新性实践和创新性成果,鼓励具有创新与创业意识的优秀学生开展探索性创业;

（3）市场化原则:整个活动将采用市场化机制进行规范管理,是实战性的而非大赛性质;

（4）回馈母校原则:鼓励创业者创业成功后,以一定的经济方式回报母校,如以加入投资的行动增强基金的资本积累,用以保证该活动能长期坚持下去。

四项原则中,前两项属于创办基金的目的和宗旨所在,后两项属于基金的运作模式。

3. 创业发展基金的运作机制

基金的运作模式为"天使投资＋创业导师"机制和"回馈母校"循环机制。

（1）实施"天使投资＋创业导师"机制

众所周知,天使投资是自由投资者或非正式风险投资机构对原创项目构思或小型初创企业进行的一次性的前期投资,天使投资是风险投资的一种,是一种非组织化的创业投资形式。我们借鉴天使投资的两大特点:一是采纳其"投向刚有创业想法的人或处于初创阶段的企业"的特点,有别于其他风险投资;二是采纳其"风险投资"的特点,要寻求良好的回报,有别于赛事资助。目前我们的"天使"主要源于校友,即在发展的初级阶段会以校友为主来组织天使投资活动,将来条件成熟后,会逐步扩展"天使"的范围,接纳其他有意于此的"天使"。

创业导师是指在创业过程中,导师本着教育和培养人才的基本原则,"扶上马送一程",以提高创业企业的成活率和发展速度。创业导师也是创业教育课程中的重要师资来源。创业导师主要由投资人或有创业经验且比较成功的企业家担任,其中校友是重要的组成部分。目前我们已经聘请数位企业家担任本基金的创业导师。

(2) 实施"回馈母校"循环机制

根据第四条资助原则——"回馈母校"的原则,鼓励创业者在创业成功后以一定的经济方式回报母校,欢迎创业成功者以"天使"的身份加入投资的行列,为后来的学生们提供帮助。通过这种循环,一方面确保"天使"和他们的投资能够薪火相传,生生不息,确保这项活动能够长期坚持下去;另一方面,也是一种饮水思源的感恩教育,是 MBA 教育中需要进一步强化的"软课程"。

在这个模式中,我们还需要加强对整个创业教育的课程设计,包括课程体系的变革、提高实践活动的丰富性等,使创业发展基金与整个创业教育接轨,形成有机的整体,使得资源的整合达到最大化。

综上所述,在 MBA 教育的企业家精神和能力培养模式中,最关键的部分就是创造一个真实的、开放的、全方位的多元互动的培育环境和平台,缩短学生从课堂到实践的适应距离,打通课堂与实践的管道,使学生实现零距离直面企业与市场,从而进一步有效提升 MBA 教育水平和实践效果。

上海交通大学的 MBA 创业教育

王方华　董正英　欧　平

（上海交通大学）

一、引　　言

　　创业真的能在教室里学到吗？如何提高创业课程教学的效果是国内外创业教育领域的一个热门话题，并形成了多种教育模式。Fleming 进行了一项长达 12 年的对比研究，其研究显示创业教育对学生创业有一定的正面影响。MBA 的教育跟本科生的教育不一样，他们在学习创业课程之前已经学过一些管理课程，并具有一定的实践经验。在这样一个背景下，MBA 创业教育的核心课程应设计什么样的内容从而对学生日后的创业更有帮助，是 MBA 创业教育模式设计的基本出发点。

　　上海交通大学安泰经济与管理学院结合上海的创业环境，以原有的"创业融资"课程为基础，以"创新精神与创业管理"课程为核心，创立了以"教学内容动态（按需）设计"+"现场案例分析"+"校外创业导师"+"创业大赛"四位一体的具有中国特色的集成化创业教育模式，克服了学校课堂教学中的经验传授这一薄弱环节，很好地解决了"创业经验体验""创业技巧解码""创业经验强化"等教学难题，受到了学生的广泛欢迎，实践初步证明这是一种成功的、创新的创业教育模式。

如何提升 MBA 教育质量

二、MBA 创业取向与主要阻力来源

为了了解 MBA 学生的创业取向与主要阻力来源,上海交通大学安泰经济与管理学院对 MBA 学员进行了连续的创业相关问卷调查。问卷除了调查一些人口统计学特征之外,大部分是开放性的问题,包括创业意向、创业资金来源、创业愿望行业、预计创业启动时间、创业动机、创业阻力等 6 项 17 个问题。共发放问卷 600 份,收回有效问卷 396 份。

调查结果显示:在创业意愿方面,目前正在创业的仅 6.15%,但是表示有意向准备创业的学生占 68% 左右,表示不会自己创业的仅 25.13%,由此看来,尽管目前正在创业的 MBA 只有少部分,但学生要求创业的愿望还是非常强烈的。在起步资金来源方面,83% 的调查对象选择利用自有资金,仅 17% 利用风险投资,这表明风险投资者缺乏、银行惜贷等因素导致创业者只能依靠自有资金进行创业。在创业阻力调查方面,有 43.36% 的学生认为阻力来自资金,其次分别是市场和人员,分别占到 18.88% 和 16.78%,由此我们初步得出结论:如何进行机会识别、资源获取(包括资金)和团队发展,应当成为 MBA 创业教育体系的核心内容。

在目前已经在创业的学生中,创业时间少于 3 年的占绝大多数,另有 2 人的创业时间为 3—5 年,而 5 年以上的只有 4 人。可见,大部分创业者创业时间还比较短,经验尚浅。

考察创业者企业的具体情况,我们发现有创业愿望的学生在行业的选择上比较分散,涉及电子、IT、进出口、自动化、医疗器械、设计施工、物流、网络以及外贸等多种行业,选择咨询业、服务行业、IT、贸易的人比较多,这和行业的热门程度、进入门槛以及学生的专业背景有密切关系。像咨询业、服务业和贸易等行业进入门槛都比较低,不涉及过多技术方面的知识,学生对此也比较熟悉,因此有意向选择这些行业的学生比较多。学生创业的启动规模一般都是小型,这与资金来源主要是自有资金有密切的关系,这和目前正在创业的分布情况也非常一致。

另外,从创业契机上看,一半左右的创业者都选择了进入已有的成熟市

场,还有少部分利用了创新项目和创新思路,但是并没有人利用自有技术去创业。

对于创业过程中的主要阻力来源,有43.36%学生认为阻力来自资金,其次是市场和人员,分别占到18.88%和16.78%。正如前面调查创业资金来源的结果所显示的,创业者主要的资金渠道是自有资本,但是自有资本毕竟是有限的,而目前中国资本市场上融资渠道又有限,因此筹措创业资金便成了启动创业最主要的阻力,同时资金的不足也限制了企业的规模和类型。另外,市场的饱和程度、市场对企业产品和服务的接受程度,以及企业核心领导团队的建设等,都是创业成功的关键因素,自然也就成为阻碍创业的因素之一。

从调查结果可以看出,当前MBA学生创业的动机非常强烈,可见创业精神教育不应再继续成为创业教育的重点,创业能力等方面的教育则日益重要。同时也发现,学员更愿意选择当前自己服务的咨询业、服务行业、IT业、贸易业等,这在一定程度上说明这些MBA学员意识到知识和网络在创业中的重要性,同时也部分地反映出学员在机会创造、识别和评估方面的能力依然较弱。另外,大部分的创业者资金来源都是自有资金,只有少数几个创业资金来自风险投资,其他的渠道,如贷款等,都没有成为这些创业者资金来源的渠道。这一方面反映出中国创业融资渠道还需进一步完善,从创业教育角度看,在教学中引入以风险投资家为主体的校外创业导师,使学员了解风险投资的生态环境并进入风险投资人的关系网络似乎是解决这一问题的一个好的方式。根据这些调查结果和分析,我们基本可以得出这样的结论:当前MBA创业教育的重点应当集中于创业机会的创造与识别、如何获取创业资源以及如何建立一支有效的创业团队上。

三、上海交通大学 MBA 创业教育教学模式

虽然国际创业教育领先的高校有着多种多样的教育模式,但都强调创业教育是以经验传授为主导的知识传递过程,我们集中于创业机会的创造与识别、如何获取创业资源以及如何建立一支有效的创业团队等内容,建立

了准经验传授的 MBA 创业教育模式。

1. 教学内容动态（按需）设计

在初期的尝试中，我们采用国内通常的做法——邀请某风险投资机构的高级经理（拥有管理学博士学位）担任课程的主讲教师，但两轮评测下来，学生感觉风险投资家更多地集中于讲授自己熟悉的业务，这样的课程知识体系满足不了他们的需求。为了解决这一问题，我们首先在学生刚一入学时就进行创业相关问题的问卷调查，明确学生的知识需求结构，并诊断出有创业经历的学生遇到的主要障碍，据此作为该学年创业课程内容设计的依据，这样课程内容由教师为主导的静态设计，转化为按需设计、以学生为主的动态设计。我们还要解决的另一个问题就是单个教授知识和能力的缺陷，我们采取了以一名本院创业教授为核心＋一名风险投资家/创业成功人士（委托课程赞助企业华威国际集团选定）的教授团队，这样的动态团队很好地支撑了教学内容动态设计这一模式，顺利地闯过了经验教学模式的第一关。

2. 现场案例

在 36 个学时中，我们安排了 16 个学时为现场案例，即在传统的书面案例和多媒体案例的基础上，将著名的风险投资人士和创业家请到课堂，变传统案例为学生与嘉宾对话的基础，通过现场充分的互动交流、现身说法，学生有了对创业的初步感性认识，获得了经验体验。此外为了避免单个嘉宾视野的局限，我们采取两个嘉宾同时就同一主题（比如创业机会识别）分别讲座，这也激励了嘉宾说出自己的观点，有效避免了嘉宾主题脱离课程的问题。

3. 引入校外创业导师制

我们为每一个课内创业团队分配一名成功人士作为创业导师，目前已有新浪网创始人王志东等 22 名国内外风险资本家、企业家受聘担任"创新精神与创业管理"课程的校外导师。

MBA 学生虽然具备了一定的管理能力，MBA 创业的另一个障碍依然是创业目标产业关系网络的缺乏。根据调查和研究显示，关系网络是影响成功创业的关键要素之一。如何帮助学生获取进入相关产业资源网络的桥梁也是我们关注的。经过实践我们感到首选的做法是为学生选择相关产业的风险资本家或创业家作为创业导师,这一做法收到了不错的效果,很多学生说:"我们已经和这些名人成了朋友,如果我将来创业这会是一笔巨大财富。"

4. 创业大赛成绩作为创业课程考核的主要依据

如何检查和评价学生的学习和教授的教学成果,是以经验传授为主的课程要克服的另一个问题,也就是要从生产者的视角转到需求者的视角来进行考察。为此,我们采用了以风险资本家为主的商业计划评判委员会作为考察的依据,实现与投资人的零距离接触,避免商务计划竞赛变成写作水平的考试,使学生对考核心服口服,真正由知识评价为主转向能力评价为主。

我们以风险投资家组成的团队做出的投资价值评估作为创业课程效果的主要评价依据,比如初赛即被淘汰,那么本门课程的起评分最高为 B,如果进入决赛,那么起评分为 A,在决赛阶段采用由 9 名风险投资家和 2 名教授组成的 11 人委员会,对已经过陈述、答辩两个环节的学生的创业项目进行打分和评价。

四、结论与讨论

实践证明,上海交通大学的创业教育是一种成功的、创新的创业教育模式。同时,我们也发现了一些值得讨论的启示。

(1) 按需生产,实现课程内容与创业实际需要相适应的"动态内容设计",保证了创业知识的新颖性、及时性和有效性,能够做到随着创业环境的改变而变化。

(2) 课程发起人制度的引入及企业家和教授组成的"联合教学团队",保证了知识和经验的同步传递及经验的解码(把隐性知识为主的经验转化为可直观表达的显性知识,主要由课程教授完成)。

(3) 采用"现场案例"的形式,为学生获取经验提供了比传统案例模式更加高效的形式。

（4）采用基于投资的"创业大赛"作为考核依据实现了以生产为主导向以需求为主导的考核体系的转变。

（5）在课程层次上引入校外创业导师,保证了商业计划书的质量,同时为学生后续的创业行为提供了可持续的资源。

（6）我们的实践还表明赞助企业的必要资金赞助和深度紧密配合是课程成功的重要保障。

聚焦于职业胜任力的 MBA 培养体系

李 东　张晓玲

（东南大学）

一、我国 MBA 教育面临的两类挑战

在发展和创新 MBA 教育模式方面，我们面临双重挑战：一方面，在吸收消化先进教育模式中积极有效的经验、方法的同时，识别、剔除其消极负面（包括不适合中国国情）的教育理念、内容、方法等，并进行创新性改进；另一方面，如何使 MBA 教育最大限度贴近我国经济发展、企业和其他各类组织成长的需要（包括超前性需要），使 MBA 毕业生真正成为各类组织机构中取得整体绩效的关键资源，使 MBA 教育成为受训者在个人职业生涯发展中不可替代的环节，是我们必须解决的问题和承担的历史使命。

二、问题剖析与新的指引性目标

应对 MBA 教育中的各种挑战，推动 MBA 教育的优化和创新，不能仅仅从教学内容、教育方法等过程性因素入手，而必须从培养目标的梳理和明晰化入手。原因很简单：培养目标定位是一切培养措施的依据，当这种依据模糊时，所有培养环节的设置与实施就将难以统一。

事实上，MBA 培养目标一直是人们关注的焦点问题，在这个问题上形

成了许多有价值的观点。例如,20世纪80年代中后期,美国管理学院联合会经过五年的调研,归纳出MBA教育的目标原则,即MBA教育应以适应外部环境变化作为改革和发展的重心,并提出课程(培养环节)整合、国际化、创业导向和职业素养等战略措施。随后,MBA教育"必须以学生为中心"的观点得到认同和重视。MBA教育必须快速响应企业界对职业管理人才,特别是中高级人才的需求;必须根据经济社会形态和竞争格局的最新发展来确立培养模式和具体措施。从培养方案的角度看,MBA教育应强化方案的针对性,通过有选择的灵活课程模块来满足不同领域的学员需求。有识之士指出:MBA培养方案越具有针对性和差异性,就越具有竞争力。Jean等更直接归纳了MBA教育具备高价值的三大策略:市场驱动型方案设置、准确定位和目的导向学习模式。

现在我们面临的问题是:在关于MBA培养目标、原则、方向的问题上,宽泛的原则性阐述和理念层面探讨强于对具体的可操作性方案的研究,导致实质性改革难以推进。例如,关于MBA和MBA教育内涵虽已形成多种观点,但迄今尚未达成精确的可支撑培养方案设计的、优化的系统理论,更未形成普遍共识。又如,MBA培养必须以学生为中心的教育理念基本没有疑问,但对于什么才算"以学生为中心",如何实现"以学生为中心"这样的问题远未解决,甚至还未被许多人认识到。再如,人们常说要通过市场驱动型方案设置来增强MBA培养的针对性和差异性,但究竟应提取什么市场信息?如何提取这些市场信息?市场信息又如何驱动MBA培养方案的设置与实施?如何整合这一完整过程才能真正实现MBA的价值增值目标?对类似问题的探讨,远远落后于MBA教育实践。

我们认为,导致上述现象的一个根本原因,是迄今为止我们始终缺乏一个能够将MBA培养的目标理念与培养体系、措施衔接起来的指引性目标。这一根本目标的缺失模糊了MBA学员对受训目的和教育价值的识别,抑制了他们的学习主动性,限制了各种培训活动(如课堂教学、社会实践、管理专题研究等)的效果。更重要的是,以课程教学为单位的单元培养环节由于缺乏目标指引而失去了差异化效果,考虑到很多MBA教师同时也承担其他层次同课程教学,这种差异化缺失就更加显著。而整合各培养环节以增强

MBA市场适应性的所有努力,也会因为缺乏统一的指引目标而始终停留在观念层面。

根据我国经济发展的阶段性特征,我们认为,我国MBA教育的指引性目标应定位在:把握经理人员职业胜任力的动态需求,通过特定的整合训练,最大限度地开发和提升学员的职业胜任力。下面,我们将围绕这一目标,探求聚焦于职业胜任力的MBA培养体系的总体框架与构建步骤。

三、聚焦于职业胜任力的MBA培养体系的总体框架与构建步骤

建立和应用聚焦于职业胜任力的MBA培养体系需要解决两个核心问题:第一,如何动态提取各类经理人员的职业胜任力信息?第二,如何使用这种信息去推动MBA培养中的教与学?针对这两个问题的聚焦型MBA培养体系总体框架与构建步骤如图1所示。该体系以经理人员的职业胜任力需求分析报告为起点和基础,经由指引性目标指南书编制发布,最后形成基于指南文件的聚焦型MBA培养体系。

(一)第一阶段:经理人员职业胜任力需求分析

20世纪70年代,美国著名管理心理学家McClelland发表论文《测量胜任特征而非智力因素》,提出胜任特征是个体较为持久的内在品质,这些品质一方面与个体所取得的优异业绩具有因果关系,另一方面又与具体的职务情境有关。此外,当职务情境确定时,它们还会随宏观环境的变迁而发生变化,具有明显的动态性。

根据对东南大学近700名MBA学员的抽样调查,我们发现,以下三种职业定位占据了70%以上的个人发展目标:创业领导者定位、直线领导者定位、职能专家定位。据此,我们设计了两阶段的MBA学员职业胜任力需求分析路线。

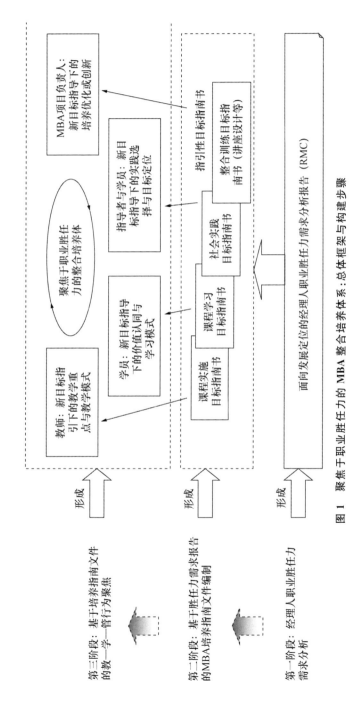

图 1 聚焦于职业胜任力的 MBA 整合培养体系:总体框架与构建步骤

首先,应用行为事件访谈技术分别对上述三种定位的职业胜任特征进行归纳,形成不同发展定位下的经理人员职业胜任力需求报告(Report of Manager Competence,RMC)。之所以要以年度报告形式来归纳面向 MBA 的职业胜任力需求情况,是因为几乎所有专家均认同这种职业胜任力是在不断变化的,有时这种变化甚至非常剧烈。该报告的示意性结构如表 1 所示。

表 1　不同发展定位下的经理人职业胜任力需求报告提纲

第一部分　创业领导者的职业胜任力
1.1　行业选择与企业样本分布
1.2　职业胜任力:基于当事人的观点检验
1.3　职业胜任力:基于相关者的观点检验
1.4　职业胜任力的内涵与基础:专家的观点
1.5　职业胜任力分布状况(按不同情境,如行业、企业规模、寿命、治理模式、所有权结构等)
第二部分　直线领导者的职业胜任力
2.1—2.5　(内容同上)
第三部分　职能专家的职业胜任力
3.1—3.5　(内容同上)

其次,根据学员背景和自我发展定位,归纳出某届 MBA 学员的关键职业胜任力需求分析报告。

(二) 第二阶段:基于胜任力需求报告的 MBA 培养指南文件编制

根据胜任力需求报告的相关信息编制 MBA 培养指南文件(Director of Competence Development,DCD),是构建面向职业胜任力的聚焦型培养体系的最关键步骤。这一步骤的实质是,将市场关于职业经理的能力需求信息作用于 MBA 教育,使二者紧密联系起来。因此,基于胜任力需求报告的 MBA 培养指南文件就成为将现代 MBA 教育理念转变为教育实践的具体工具。在各种类型的培养指南文件中,最重要的是"课程实施目标指南书"和"课程学习目标指南书"。

1. 课程实施目标指南书

根据我们的设想,MBA 课程实施目标指南书主要发挥两种功能:

第一,供教师在实施单元教学时,有针对性地传达所讲知识可能具有的能力开发价值。对任课教师来讲,引起学员对知识的关注是确保教学效果的前提之一,培育这种"关注"一般是通过"意义提醒"来实现的。例如,在讲述竞争战略理论时,教师通常要强调理解和掌握战略理论与方法是赢得持续竞争优势的重要条件,这一条件在充分竞争领域内尤其重要。在缺乏学员的职业胜任力信息时,这种提醒往往由于较为宽泛抽象而显得空洞,不仅失去提醒功能,而且难以使教学活动聚焦于学员的胜任力开发或提升,因而这个指南书实际上是市场驱动因素和针对性培养方案之间的连接性文件。

第二,设计有针对性的知识应用和练习环节,使单元教学落脚于有关的能力提升。虽然MBA教学的课程设置是相对固定的,教材内容、教学模式、教学过程也相对稳定,但教学过程对学员能力的影响完全可以有多种结果。正因为教学效果的多向性,MBA培养顺应市场需要而动态调整其教学实施才具有可能。这里要澄清"课程教学"和"课程实施"之间的区别:课程教学是指按事先制定的教学大纲进行知识讲授的行为;而课程实施,则是指在内容教学基础上:(1)对知识背景的聚焦性介绍,(2)明确提示该知识对胜任力的影响,(3)指明该知识点与其他知识的关联性及由此对胜任力产生的影响,(4)针对胜任力的知识应用与训练环节设计。

由于MBA教学是按课程章节顺序依次展开的,因此在理想状况下,课程实施目标指南也应按知识单元章节顺序对应排列为佳。表2是我们初步开发的以课程为单位的课程实施目标指南书格式。

表2　XX课程实施目标指南书

知识单元（章节）	可开发的关键职业胜任力（明细品质）	可提升的关键职业胜任力（明细品质）	备注

2. 课程学习目标指南书

根据我们对近三年 MBA 学员的调查,三成左右的学员对毕业后的职业发展定位没有明确想法,70%以上学员对未来的职业胜任力缺乏清晰认识,这导致相当一部分学员对 MBA 学习目标缺乏清晰的认识,学习动力不足。面向 MBA 学员的学习目标指南书可在"不同发展定位下的经理人职业胜任力需求报告"的基础上整理而成。

(三) 第三阶段:基于培养指南文件的教—学—管行为聚焦

聚焦于职业胜任力的 MBA 培养体系中,培养指南文件库是居于核心的管理文件。我们的初步经验是,培养指南文件由教授小组分工完成,而基于培养指南文件的教—学—管行为聚焦,如文件发放与解读、能力目标开发平衡表(其基本格式见表3)文件管理、实践环节的指南工作等由 MBA 中心牵头负责。其中涉及的深入细致的流程设计、业务解决方案等仍在研究探索当中。

表3 能力目标开发平衡表

关键职业胜任力	支持课程（知识单元）	支持密度	调节措施	备 注

四、简 要 结 语

通过明确目标来聚焦 MBA 培养的各个环节,同时聚焦学员的学习关注点和学习姿态,是提升 MBA 教育的针对性、创造 MBA 学习增值效果和专业价值差异化的基本条件。本文探讨了以提升职业胜任力为指引性目标的 MBA 培养体系构建与实施的基础性问题。优化体系和推动体系实施的许多细节问题我们正积极开展研究,同时这个体系的完善发展也有待于我国 MBA 教育界的共同努力。

MBA 学生科学思维与研究能力培养

梁 樑 古继宝 朱 宁

（中国科学技术大学）

如何提升 MBA 教育与培养质量是每个 MBA 院校都关注的一件事情。中国科学技术大学管理学院根据对 MBA 教学与培养过程中发现的问题，采取了一系列的改进措施，其中一项就是在 MBA 课程体系中增设了一门"商业研究方法"课，目的是希望通过这门课程的学习，训练学生的逻辑思维，培养学生的进行规范研究的能力，改变学生只会经验性地思考问题的习惯，从而树立其科学规范的思维方式。

一、学位论文反映 MBA 缺乏科学训练

MBA 的学生论文突出体现出两个方面的不足：一是研究问题没有清晰界定；二是研究方法不科学。因为 MBA 论文大都是经验性的分析，即使有一些理论与方法的运用，也只是简单地套用，而缺乏严格的论证，有的甚至没有做广泛的调查以及相应的统计分析与假设检验。此外，虽然现在很多课程都有案例教学与研讨，但是学生们的发言总体上来讲还是经验性的。他们没有针对案例研讨中出现的问题去查阅相关的研究文献，特别是不知道过去关于这个问题所做的实证研究的结论是什么。由于学生没有接受科学规范研究的训练，因此他们很少接触国内外大量的工商管理研究的成果

(论文),或者是看不太懂。这样很难提升案例研讨水平。

总之,很多MBA学生虽然经过了课程的学习,但是没有学会科学的思维方式,看问题仍然停留在经验层次上,分析问题与解决问题仍然是凭直觉,而不是科学。这是MBA教学与培养过程中需要解决的一个问题。

二、商业研究方法课程教学设计

中国科学技术大学管理学院根据对MBA教学与培养过程中发现的问题,增设了一门商业研究方法课。我们现在将这门课程设计成2个学分、40学时程,分成理论知识介绍、文献阅读研讨、研究设计交流和研究报告分享四个模块。

1. 理论知识介绍

这个模块主要介绍商业研究方法的基础知识,包括搜集资料方法、规范研究步骤、实验设计、变量的测量、抽样方法、研究报告撰写及SPSS软件应用等内容。

理论知识介绍模块采取老师讲授为主的教学方式,主要教学目的是让学生建立起规范科学研究的思路框架,并掌握其中的一些方法与技巧。这部分的教学难点是SPSS软件应用,要求学生在之前的统计学课程中打下比较好的基础。

2. 文献阅读研讨

从这个模块开始我们要求学生以组为单位进行学习,教学的中心也由老师转移到学生。分组的原则是规模不要太大,每组控制在4个人左右,学员工作背景尽量差异化,让大家思维能够相互启发。我们为每一个小组选定一篇公开发表的按照规范研究方法进行研究的论文,要求以组为单位,认真阅读论文,并在课堂上以组为单位分别制作Powerpoint演示文稿进行汇报。我们制定了详细的论文阅读报告内容和演示文稿的制作要求,这样学生就把握了阅读文献的侧重点,并将其制作进演示文稿中(见表1)。

表1 论文阅读要求

1. 在精读论文的基础上,了解其选题背景、明确论文的切入点和问题的界定。
2. 明晰论文所涉及变量的界定,并对所有变量进行归类(自变量、因变量、中介变量、干扰变量)。
3. 剖析各个变量之间的关系是如何形成的、依据的理论基础是什么？假设是如何提出的？属于方向性还是非方向性假设？
4. 论文的理论框架是什么？对于没有理论框架的文献,根据论文的假设画出理论框架图。
5. 介绍论文的研究设计,包括研究目的、研究类型(因果研究 VS. 相关研究)、研究者的介入程度、研究环境、分析单元、研究的时间维度。
6. 变量是如何操作化定义的？如何进行测量的？测量的信度、效度如何？
7. 数据收集的方法、抽样设计方法是什么？
8. 数据分析方法是什么,得出了什么样的结论？假设检验与预期不一致时,论文是如何解释的？
9. 评价论文,包括哪些地方是值得学习和借鉴的,哪些地方又存在不足,有待改进。
10. 从论文可以引申出哪些新的课题或研究方向(至少2个),并说明理由。

小组演示分为小组陈述、互动提问和老师点评三个环节。我们要求每个小组发言时间不超过20分钟,且每个同学都要发言。这一方面有效降低了小组成员有搭便车不投入的现象,另一方面也可在20分钟内由4—5名不同学生发言来吸引大家的注意力。

3. 研究设计交流

文献阅读使学生基本掌握了规范研究的步骤和方法,但是如果不亲自去实践还是纸上谈兵。因此,我们要求每个小组都要选定一个自己感兴趣的管理研究问题,并进行规范的研究设计。研究设计同样需要在课堂上以组为单位分别制作Powerpoint演示文稿进行汇报。对研究设计的具体要求如表2所示。

研究设计汇报要求同前面的文献阅读研讨环节。通过小组展示和组间互动,大家既可以提出许多疑问,帮助各小组改进自己的研究设计,同时也可以相互学习,取长补短。

表 2　研究设计要求

1. 明确问题:所选择的研究问题可以来自实践,也可以来自文献阅读以及理论上的思考。必须明确界定是研究一个变量的问题,还是研究几个变量之间的关系;题目中直接给出所要研究的变量。
2. 明确研究方法。
3. 文献回顾:给出相关的研究问题的国内外文献中已有的研究成果,说明自己研究的创新之处。
4. 理论框架:给出所进行的研究的理论依据是什么,最好能够图示出相应的理论结构——各个研究变量间关系的示意图。
5. 研究假设:关于所研究问题中有关变量间关系的假设,以及进行如此假设的理由。
6. 主要变量及测量方法:列出所研究问题涉及的变量;列出各个变量在研究中的属性:自变量、因变量、中介变量、调节变量;给出各个变量的测量方法。
7. 抽样方法:给出如何进行抽样的方法,包括研究总体、样本抽样方法、样本的代表性论证等。
8. 数据收集方法:运用是第一手的数据收集方法(问卷、访谈、实验等),还是运用第二手资料。
9. 数据分析方法。
10. 预期结论。
11. 附件:列出相应的调查问卷。
12. 参考文献。

4. 研究报告分享

在各小组研究设计汇报结束并通过同学和老师检验后,就进入实地调研阶段。每个小组自己发放和回收问卷,利用 SPSS 软件进行数据分析,得出研究结论,最后按照规范的要求撰写研究报告。因为调研阶段涉及设计问卷发放和统计,学生需要投入较多的精力,又考虑到 MBA 学员大部分为在职的情况,所以可以给予实地调研多一些时间,我们在这个环节停课三周给学生做调研。在这三周中要设计一些时间节点控制学生的调研进度,比如设计好调研问卷数据、数据分析、完整调研报告提交三个时间节点。最后每个小组分别制作研究报告的 Powerpoint 演示文稿在课堂上进行汇报。对研究报告的具体要求如表 3 所示。

表 3 研究报告要求

1. 封面:报告名称、小组成员。
2. 摘要和关键字(3—5个)(单独一页):摘要应简明扼要地概括调研报告的主要内容,一般不超过500字。
3. 目录。
4. 正文(至少5 000字):小四字体,1.5倍行距,标题用黑体,图形需组合。正文要求做到重点突出,各标题之间逻辑顺序清晰,内容丰富,形式多样(文字、表格、图形、图片)。具体内容包括:
  (1) 研究背景介绍和研究问题的提出;
  (2) 研究问题的国内外研究现状;
  (3) 理论假设;
  (4) 变量设计与操作化;
  (5) 调研过程详细介绍(包括采用的各种调研方法、调研过程),其中问卷调研要详细介绍问卷设计思路、抽样方法、问卷发放与回收情况等内容。
  (6) 调研数据的统计分析;
  (7) 调研结论;
  (8) 提出的管理改进建议。
5. 注释:是对调研报告中需要解释的词句加以说明,或是对论文中引用的词句、观点注明来源出处。注释一律采用尾注的方式(即在调研报告的末尾加注释)。
6. 参考文献。

文献阅读、研究设计和研究报告三个环节均由老师以组为单位打分,最后总分达到一定要求的小组可以免试并获得优异的课程成绩,否则需要参加闭卷期末考试。

三、学生对商业研究方法课程的反馈

为了将商业研究方法这门课程不断完善,我们在课程结束后收集了学生对这门课程的反馈信息。

1. 课程收获

学生普遍反映这门课程投入的精力多,但是收获也是非常大,主要体现在以下几个方面。

(1) 掌握了科学进行商业研究的方法。以前遇到问题只是凭工作经验找解决方法,现在知道除了经验还可以查阅相关资料,并利用调研工具和软件来验证自己的假设。

（2）增强了定量分析的能力。以前的数学课程更多地停留在理论层面，现在通过 SPSS 软件学习及实地调研数据的处理，将以前学过的数学知识非常方便地通过软件与工作实际相结合，数据处理能力迅速提高。

（3）前期所学课程知识得到整合。课程中文献阅读涉及前期学过的众多课程领域，而研究设计也是学生根据工作实际自由选题，这样就可以将前面所学的人力资源管理、市场营销、项目管理、生产运作管理、财务管理、管理统计学等课程的知识整合在一起，学生通过文献查阅和实践调研对这些知识有了更深的理解。

（4）掌握了撰写论文的方法。以前一想到要写毕业论文就感觉比较茫然，不知该如何下手，现在通过文献阅读及自己的亲身实践，已经掌握了论文撰写的逻辑思路和方法，很多同学在调研的过程中就开始选择自己的毕业论文题目了。

（5）增强了学生的团队合作能力。无论是文献阅读还是实地调研，每个小组的任务都是比较重的，小组成员之间必须通力合作才能在老师要求的时间内完成任务，在紧张的学习中，小组成员间形成了前所未有的合力。同时每一次小组发言都要求全体小组成员参加，每个同学都必须投入一定的精力。而且由于每一个环节结束都会有各小组成绩排名，所以大家有比较大的压力，但同时也提高了小组的集体荣誉感。

2. 课程建议

学生们对这门课程也提出很多好的建议。

（1）课程安排可以优化。学生普遍反映课程的难点在数据统计环节，许多统计方法理解得还不够透彻，但是这部分的课时比较少，希望这部分能够讲解得更加详细，并给出专题实践的机会。

（2）制定的阅读论文可以更加多元化。目前老师制定的阅读论文主要集中在人力资源管理、组织行为学、市场营销领域，希望能够多元化选题，丰富大家理解管理研究方法的视角，同时也可以在多个领域将前期学到的课程知识进一步深入。

（3）将评分标准透明化。因为每一个教学环节都会公布小组得分，且小组得分还关系到期末考试是否能免试,所以学生希望将每一个环节的小组评分标准透明化,并将最后如何合成平时成绩的方法公开,这样大家就会更有针对性地进行准备。

四、商业研究方法课程的价值与未来计划

通过上面的分析、课程介绍以及学生的反馈,我们可以看出,商业研究方法课对于 MBA 学生的培养而言具有很高的价值。具体而言有以下几个方面。

1. 学习与形成科学的思维方式

在学习此课程之前,学生分析与研究问题的方法是经验式的、纯粹思辨式的,经过学习之后,学生明白了单纯的思辨是不够的,科学的论证需要逻辑与实证两个方面的统一。通过该课程学生学会了界定问题、建立假设、测量概念、抽样方法、问卷设计、实验方法、数据分析等一系列商业研究的方法与技能。

2. 提高分析问题、研究问题的能力

学生对遇到的问题或者是想要研究与思考的问题,能够很快抓住问题的本质与关系。学生通过课程学会了首先要界定问题,确定研究单元是什么以及自变量、因变量、调节变量、中间变量是什么,它们是如何测量的,关系是什么,如何收集数据等,对这些关键问题都非常敏感,所以能够很快将问题进行界定,然后确定正确的方法去分析与研究它。

3. 整合与贯穿所学的专业课程

学生阅读的论文来自市场营销、人力资源、战略管理、组织行为学等各个学科,而且学生们兴趣广泛,往往在做研究设计与实际调研时涉及的研究题目范围也相当多样,因此这门课对其他专业课程的学习起到了一个整合融合的作用。

4. 直接为后面的学位论文服务

我校是要求 MBA 写学位论文的,通过这门课程的学习与训练,我们要求学生将来必须写科学规范的研究论文。毕业论文既要有逻辑的推理,也

要有实证,有数据分析,不能只是谈想法、谈经验,文章的结论必须有理论和实证的支持。

5. 弥补了 MBA 实践教学环节的不足

我们一直在努力探索 MBA 的实践教学模式,在教学中大力推进案例教学,取得了一定的效果,但是这样的教学还是局限在课堂内。对于课外实习,我们一直采取企业实习的方式,但是在职学生在企业中实习时间有限,同时愿意提供深度实习资源的企业也比较少,使得企业实习往往是走马观花,很难深入。商业研究方法这门课程将课堂与课外实践进行有效结合,学生通过课程学习的方法与工具,选择自己感兴趣的管理问题,在自己的企业中进行调研,解决企业实际问题,是对课外实践教学的很好补充。

6. 锻炼学生团队合作能力

团队管理成为今天企业管理的主流模式,团队合作能力成为我们培养 MBA 学生的一个主要能力维度。商业研究方法这门课程将学生分成小组,在不同教学模块分别为每个小组设计了具有挑战性的目标,小组成员必须通力合作才可能完成,在大家共同努力完成作业的过程中,每个学生的团队合作能力都得到有效锻炼,同时群策群力完成任务后大家的成就感也比较高。

中央财经大学 MBA 能力素质模型的开发与应用

王瑞华　贾晓菁

（中央财经大学）

一、前　　言

　　MBA 教育本身作为市场经济的产物，一定要面向市场，我们面对的市场就是如何向企业输送合格的高级管理人才。通过探讨和研究，我们认识到，要想输出高质量的产品（MBA 毕业生），首先要获得高素质的原材料（MBA 生源），生源质量直接影响到 MBA 教育质量的高低。一流商学院和普通商学院的差别，在一定程度上是由学生的质量造成的。要改变一些 MBA 毕业生华而不实、学无所成的现状，必须从源头上下工夫，对 MBA 生源的甄选要做到有的放矢、由表及里，可以开发和应用能力素质模型等科学工具，对 MBA 招生工作进行改进和创新。

　　发展 MBA 教育需要具有管理潜质的优秀生源，除了考察考生的书面考试成绩外，更重要的是要考察其综合素质及各种能力。同时，由于各个院校对 MBA 培养的观念和取向不同，关注的侧重点也各有不同，需要开发具有本校 MBA 教育特色和利于学生职业发展的能力素质模型。

　　能力素质模型的开发和应用，还可以超越招聘甄选的范围，为考生个人和 MBA 教育的整体发展提供参考依据,从而大大提高 MBA 招生工作的有效性和科学性。

二、研究方法

(一) 能力素质模型

完整的能力素质模型包含知识、技能和素质三个大的类别。在图 1 所示的经典的能力冰山模型中,知识和技能可以较直接地在日常行为中表露出来,冰山下的价值观、自我形象、个性与动机等作为较深层的能力要求,渗透在个体的日常行为中,影响着个体对事物的判断与行动的方式。知识和技能等可以通过培训、工作实践等方式逐渐培养,能够通过个体的学习经历和工作经验等有所反映;而动机、价值观等深层次的素质要素受先天禀赋影响较大,而且难以通过后天培养而获得,因此它们在预测个体素质水平、衡量个体是否能够胜任未来学习和职业发展需要等方面具有很强的测量价值和预测作用。

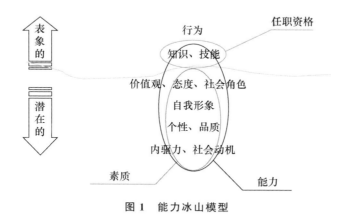

图 1 能力冰山模型

中财 MBA 能力素质模型开发与应用项目分为三个步骤开展:素质研究与开发、素质模型评估与确认、素质模型的应用。具体内容可参见图 2。

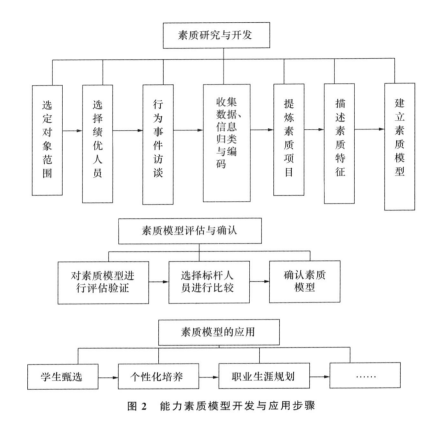

图 2　能力素质模型开发与应用步骤

(二) 素质测评

素质测评是采用科学的测量方法,收集被测评者在主要活动领域中的表征信息,针对人员素质测评标准体系对其做出量值或价值判断的过程。素质测评建立在心理测量相关理论基础之上,能够对个体的实际素质水平和能力发展趋势做出有效而准确的评价。

素质测评的主要方法包括两种,一种是心理测验,另一种是评价中心。心理测验是依据心理测量理论,经由专业心理学人员编制的一种专门用于测量人们某种心理特质或素质的测验(这些测验通过设置一系列标准化的题目考察被评价者的反映),利用被评价者的得分与特定群体平均得分(即常模)的比较,对人们做出客观的评价。素质测评的另一种常用方法是评价中心。评价中心技术是以测评人才素质为核心,综合运用角色扮演、面试、无领导小组讨论、公文处理等多种方式,对一般能力倾向、个性特点、兴趣爱好、知识经验、领导能力、沟通能力、信息分析能力、认识事务及人的能力等进行的测试。总的说来,评价中心评价的测量目标明确、测量结果准确、测量形式多样等优点,已经得到了国内外众多企业和公共机构的认可。但是,这种素质测评形式成本较高,一般可以考虑仅选用评价中心的一种或几种测试单独施测,并与心理测验的结果相互验证,这样既可以降低成本,也可以实现素质测评准确性和有效性的要求。

三、MBA 能力素质模型构建

中财 MBA 的培养定位是立足于培养掌握市场经济一般规律,熟悉现代管理技能,善于科学分析、决策和领导,具有创新精神和良好职业道德的高层次管理人才。中财 MBA 学生应具备高尚的道德品质与文化素养,掌握宽广的现代管理知识和必要的基础理论,了解经济建设与社会发展的新形势和现代管理理论的发展,有较强的管理和经营决策能力。

为了全面真实地了解中财 MBA 招生、教育和教学相关情况,获取素质测评指标,我们首先研读教育部等相关单位发布的有关 MBA 教育教学的相关政策制度性文件资料、我国 MBA 教育的特点和发展趋势等介绍性资料,特别是详细介绍中财 MBA 教育发展历史和目前各方面工作情况的资料,包括中财 MBA 教育未来的发展方向、目标和相关规划、中财 MBA 教育相关管理制度和文件、中财 MBA 历年招生简章、招生工作流程和录取办法、例年 MBA 复试过程中有关学生素质测评采用的测评工具、资料、题目和相关工作记录等,以及其他相关的中财 MBA 教育内部刊物和外部宣传材料。

在对现有信息进行充分搜集和研读的基础上,我们对中财 MBA 中心的教师、管理人员、MBA 毕业生就业单位的领导和同事、优秀 MBA 学生等进行半结构化访谈。访谈内容涉及中财 MBA 中心目前各方面工作情况和未来发展规划,与其他 MBA 教育机构相比较的优劣势、MBA 教育的培养目标和优秀 MBA 所应具备的素质特点,以及学生就业情况等问题。

MBA作为企业管理人员和职业经理人的后备力量,需要具备企业管理者所应具备的相关素质特点,对用人单位管理者素质模型的分析与研究,有助于我们提炼出适应未来职业发展方向和就业环境的优秀MBA所应具备的素质要素。通过理论研究和对十余家金融、保险、通信、能源、咨询和高科技企业的管理者素质模型的研究,我们发现:理性决策和领导影响力是提及频次最高的素质要素;团队建设、追求卓越等7项要素是提及频次较高的要素;系统分析、团队合作、战略思考和创新能力处于提及频次的第三等级,这些提及率较高的素质要素是企业重视的一些共性要素。

另外,我们还搜集和整理了相关研究机构和其他著名MBA招生院校对MBA能力素质的要求,如哈佛大学、北京大学、清华大学等著名高校商学院和研究机构的相关成果。整合上述分析结果,最终得到中财MBA能力素质模型结构及各组成要素,如表1所示。

表1 中财MBA能力素质模型结构

一级维度	二级维度		
专业素质	专业素质		
综合素质	有效沟通	领导影响力	成就导向
	灵活应变	果断决策	创新意识
	理性思维	组织协调	学习与自我发展
	自我控制	团队合作	
职业化素质	诚信意识	责任意识	规则意识

四、素质测评实施

本研究的素质测评对象是中央财经大学参加MBA复试的考生共15人,复试的主要目的是对他们进行综合素质的考量。为了使测评过程更加有效,测评结果更加科学、准确,我们采用了心理测验和无领导小组讨论两种测评方式互相配合的方式进行。根据上述11项综合素质测评内容的含义和测评要求,结合两种测评方式各自的特点,我们对各项能力素质要素具体采用的测评方法进行了设计,如表 2 所示。

表 2　MBA 候选人素质测评内容和测评方法对应关系

测评要素	心理测验测评内容	无领导小组讨论测评内容
有效沟通		沟通能力
灵活应变	压力承受性	灵活应变
理性思维	自尊	理性思维
自我控制	自我控制	
领导影响力	权力动机	领导影响力
果断决策	敢为性	
组织协调		组织协调
团队合作	乐群性	团队合作
成就导向	成就动机、压力承受性	
创新意识		创新意识
学习与自我发展	成就动机、自我效能	

本次测评采用的心理测验共包含 9 个维度、127 道题目。其中 8 个维度即为心理测验所要测量的 8 项要素,另外为了保证测试结果的科学性与准确性,还特意设计一组测谎题目,测试被评价者是否如实作答。

无领导小组讨论的题目和评分标准等内容均根据本次测评需求定制化开发。测试过程中,考生被分为若干组(每组 8 人左右),每组围绕题目展开自由讨论,评委根据被评价者的表现给予评分。为了最大限度降低评委评分时个人主观因素的影响,本次测评通过召开评分讨论会的方式,在各位评委通过讨论达成一致意见的基础上,最终获得每位候选人的评价结果。

五、测评结果描述与分析

由于素质测评过程采用心理测验和无领导小组讨论两种方法相结合的方式,有些素质要素利用心理测验进行测评,有些素质要素利用无领导小组讨论进行测评,还有一些素质要素需要采用两种测评方式同时进行测评,因此最终需要通过整合各项得分,才能获得各位被测评者在能力素质模型的 11 项素质要素上的得分。同时,为了将各项能力素质要素的得分汇总为总分,最后将不同分数均转化为百分制。

通过上述分数转换与整合,最终获得15名被测者在11项能力素质要素上的最终得分,具体内容如表3(隐去被测者真实姓名)所示。

表3　MBA考生各素质要素得分汇总

姓名	维度最终得分										
	有效沟通	灵活应变	理性思维	自我控制	领导影响力	果断决策	组织协调	团队合作	成就导向	创新意识	学习与自我发展
DHY	50	56	76	71	55	60	25	32	82	75	77
DAQ	75	57	58	83	54	53	75	71	87	25	81
FAZ	75	56	76	78	73	77	75	75	72	50	65
HWF	50	70	54	48	55	47	50	49	56	75	66
HAN	25	30	56	56	32	40	25	28	62	25	64
HDM	50	53	54	56	32	37	25	27	62	25	57
JAN	75	68	51	44	50	20	75	64	49	75	53
PJY	50	55	36	52	57	73	25	35	69	75	76
SAW	50	77	54	60	59	53	50	51	88	50	70
TAZ	50	56	56	69	36	50	25	30	79	50	67
XAL	25	50	56	76	31	43	75	69	48	25	51
ZAQ	25	55	56	76	37	70	25	34	72	75	71
ZYZ	50	50	54	72	32	50	25	30	58	25	64
ZAM	75	69	76	84	71	37	100	87	51	50	65
ZZH	50	56	79	57	74	70	50	54	74	25	79

六、结论与展望

1. 能力素质模型的构建为中财 MBA 复试提供了科学依据

能力素质模型用行为方式来定义和描述特定人员所需要具备的知识、技能、品质和工作能力,通过不同层次的定义和相应层次的具体行为的描述,确定核心能力的组合和完成特定工作所需要的熟练程度。能力素质模型的建立从原先识别何种能力素质是以往获得成功的关键因素,转变为识别何种能力素质是未来获得成功的关键因素。能力素质模型使学校在甄选MBA考生时更加有的放矢,并且能够贯彻中财MBA培养的战略方向。

2. MBA能力素质测评结果的效度和信度

每个人都有在他人面前展示自己优秀的一面、掩饰自己弱点的倾向,此外,不同评价者的评价尺度存在严格或宽松方面的差异,因此我们在本素质测评过程中针对这些问题也采取了有效措施进行控制。首先采用了自评与他评相结合、并在评价过程中适当嵌入测谎题的方式,为了避免考生自我评价标准不同的差异,并且在计算总分时尽量加大无领导小组讨论所得分数的比重;其次,在无领导小组讨论评分过程中,采用了多名评委讨论确定最终评价分数的方式,最大限度去除了评委评分时的主观性。通过对测验结果的分析可以发现,绝大多数被测者的测试结果是有效而可信的。

3. 能力素质模型的应用贯穿中财MBA培养和发展的全过程

基于中财MBA能力素质模型的素质测评结果可以为MBA录取工作提供参考意见,例如素质测评成绩优异的考生优先录取、成绩稍差的考生在淘汰时重点考虑等。除此以外,能力素质模型可以广泛地用于MBA教学和培养的各个方面,如课程配置、个性塑造、职业发展指导等。利用能力素质模型可以使MBA的教育和管理工作有一个统一的、可衡量的标准,有利于确保科学性、公平性和合理性。特别是在学生的职业生涯发展方面,能力素质模型可以帮助学生明确能力发展目标,从而使其更加有效地开展职业生涯发展规划。

总体而言,能力素质模型是MBA教育发展战略和学生职业发展规划紧密结合的重要工具,它产生于组织的整体战略,体现了组织在战略层面上对学生个体的发展需求,其应用范围和潜力有待不断发掘。

参 考 文 献

[1] Boyatzis, R. E. and C. Mainemelis. An Empirical Study of the Pluralism of Learning and Adaptive Styles in an MBA Program. To be presented at the Annual Meeting of the Academy of Management, Toronto, August 7, 2000.

[2] Clark. M. J. Older and Younger Graduate Students: A Comparison of Goals, Grades, and GRE Scores. *Educational Testing Service*, 1984.

[3] DeSanctis, G., and Sheppard B. Bridging Distance, Time, and Culture in Executive MBA Education. *Journal of Education for Business*, 1999.

[4] Edwards, Linda L. *Practical Case Analysis*. St. Paul, Minn: West Publishing, 1996.

[5] Erskine, J. A., M. R. Leenders and L. A. Manuffette-Leenders. *Teaching with Cases* (Third Edition), Richard Ivey School of Business, 2003.

[6] Fleming, P. Entrepreneurship Education in Ireland: A Longitudinal Study. *Academy of Entrepreneurship Journal*, Vol. 2, No. 1, pp. 95—119, 1996.

[7] Galloway, L., Brown, W. Entrepreneurship Education at University: A Driver in the Creation of High Growth Firms? *Education + Training*, Vol. 44, No. 8/9, pp. 398—405, 2002.

[8] Gartner, W. B., Vesper, K. H. Experiments in Entrepreneurship Education: Successes and Failures: *Journal of Business Venturing*, Vol. 9 No. 3, pp. 179—87, 1994.

[9] Gerry, H. Ivey Client Field Project Guidelines, 2000/2001. Ivey Management Services, 2000.

[10] Gordon, R. A. and J. E. Howell. *Higher Education for Business*. New York: Columbia University Press, 1959.

[11] Jeffry A. T., Stephen S. *New Venture Creation: Entrepreneurship for the 21st Century* (6th Edition). the McGraw Hill Companies, 2003.

[12] Manoj Athavale, et al. The Integrated Business Curriculum: An Examination of Perceptions and Practices. *Journal of Education for Business*, May/June, 2008.

[13] Philip Kotler, Nancy Lee. *Corporate Social Responsibility: Doing the Most Good for Your Company and Your Cause*. John Wiley & Sons Inc., 2007.

[14] Pierson, F.C., et al. The Education of American Businessmen: *A Study of University-College Programs in Business Administration*. New York: McGraw-Hill, 1959.

[15] Rondstadt, Robert. *The Art of Case Analysis* (3rd ed) Wayland, Mass: Lord Publishing, 1993.

[16] Schmalensee, R. Where's the B in B-Schools? BusinessWeek online, Nov. 27, 2006.

[17] Stark, A. What's the Matter with Business Ethics. *Harvard Business Review*, May/June, 1993, pp. 38—48.

[18] Stephani Richards Wilson, Changing the Way MBA Programs: Do Business—Lead or Languish. *Journal of Education for Business*, May/June, 2002.

[19] 白永秀.西部教育四论[J].经济管理,2004.

[20] 保罗·格林著,欧阳袖译.基于能力的人力资源管理[M].北京:高等教育出版社,2004.

[21] 彼得·德鲁克著,刘勃译.管理:任务、责任、实践(第三版)[M].北京:华夏出版社,2008.

[22] 蔡建峰.谈加拿大毅伟商学院的一体化教学案例[J].学位与研究生教育,2005(6).

[23] 陈福军.试谈经营模拟教学对 MBA 学生整合能力的培养[J].现代教育技术研究与应用,2001(12).

[24] 陈晓端.美国大学学生评价教学的理论与实践[J].比较教育研究,2001(2).

[25] 陈讯,韩亚琴.企业社会责任分级模型及应用[J].中国工业经济,2005(4).

[26] 陈永正,贾星客,李极光.企业社会责任的本质、形成条件及表现形式[J].云南师范大学学报(哲学社会科学版),2005(3).

[27] 迟国泰,郝君,易学东.谈中国 MBA 教育的知识结构与课程体系[J].教育探索,1997(5):23—24.

[28] 方红,顾纪鑫.简论体验式学习[J].高等教育研究,2000(2).

[29] 傅红,刘海丹,闫宇宏.基于改进 DEMATEL 的 MBA 教育质量内涵提升关键因素分析[J].昆明理工大学学报(社会科学版),2014(1).

[30] 傅永刚,王淑娟.管理教育中的案例教学法[M].大连:大连理工大学出版社,2008(10).

[31] 高月兰.企业管理视域中的儒家文化[J].经济师,2006(10).

[32] 顾建平,杨慧芳.探讨工商管理专业实践教学的新模式[J].管理观察,2008(7).

[33] 顾永才.美国当代 MBA 教学内容的变革及其经验[J].比较教育研究,1998(2): 25—28.
[34] 亨利·明茨伯格著,杨斌译.管理者而非 MBA[M].北京:机械工业出版社,2005.
[35] 胡玲琳.学术性学位与专业学位研究生培养模式的特性比较[J].学位与研究生教育,2006(4).
[36] 黄卫伟.毅伟商学院的客户咨询项目及其启示[J].学位与研究生教育,2002(5).
[37] 贾晓菁.MBA 能力素质模型开发及应用[J].新经济杂志,2008(07).
[38] 井润田,李仕明,郑家祥等.MBA 学位论文选题标准与流程研究[J].学位与研究生教育,2002(5).
[39] 孔冠臣.孔子经济伦理的现代管理价值[J].山东师范大学学报(社会科学版),1994(4).
[40] 郎可夫.面向新世纪的商务英语教学[J].高等教育研究,1999(1).
[41] 雷曜,杨斌.中美商学院 MBA 招生工作的比较研究[J].比较教育研究,2002(5).
[42] 李椒兰,陈霞.树立创新意识培养创新人才[J].黑龙江教育学院学报,2003,22(2).
[43] 李军.MBA 教育面临的挑战及发展思路[J].中国高等教育,2001(6).
[44] 李妙贻,秦志华.MBA 教学研探[J].特区实践与理论,2007(3).
[45] 李玉菊.MBA 会计学教学改革有关问题研究[J].学位与研究生教育,2005(3)
[46] 林立公.毅伟商学院——让你放飞梦想[J].21 世纪,2002(8).
[47] 刘帆,王立军,魏军.美国高校创业教育的目标、模式及其趋势[J].中国青年政治学院学报,2008(4).
[48] 刘芳,田国清.我国商业道德现状及建构探微[J].商业现代化,2008(7).
[49] 刘国瑜.论专业学位研究生教育的基本特征及其体现[J].中国高教研,2005(11).
[50] 刘健夫,聂国欣.中外合作开展 MBA 教育的现状分析和对策建议[J].教育理论与实践,2006(6).
[51] 刘世荣.用探究式教学观指导案例教学[J].当代经济,2007(8).
[52] 刘献君.关于建设我国高等教育质量保证体系的若干思考[J].高等教育研究,2008,29(7).
[53] 刘彦文,管玲芳.案例教学效果评价指标体系的实证研究[J].管理案例研究与评论,2008,1(4).
[54] 陆俊元.案例教学法的本质特征及其适用性分析[J].中国职业技术教育,2007,10(284).
[55] 毛志忠.管理对策模拟教学法及其实施[J].中国成人教育,2001(11).
[56] 欧平,周祖城.全国 MBA 企业伦理学教学研讨会综述[J].伦理学研究,2008(1).
[57] 戚安邦,姜卉.中国 MBA 商业伦理和职业道德现状实证研究[J].高教管理,2007(4).

[58] 任淑华.创新性教学实践——本土管理案例教学浅析[J].管理科学文摘,2005(7).

[59] 邵培基等.IT-MBA 与案例教学研究[J].电子科技大学学报社科版,2004(2).

[60] 施晓光.西方高等教育全面质量管理体系及对我国的启示[J].比较教育研究,2002(2).

[61] 时勘,王继承,李超平.企业高层管理者胜任特征模型评价的研究[J].心理学报,2002,34(3).

[62] 宋之杰,毛清华,贾波.MBA 教育创新研究[J].教学研究,2007(1).

[63] 苏敬勤,王淑娟,傅永刚.管理案例教学——特点与规律[M].大连:大连理工大学出版社,2008.

[64] 苏磊,马寅杰.西方 MBA 教育特色教学[J].现代企业教育,2006(7).

[65] 苏燕,孟庆建,张恭孝.实践教学模式提高学生专业应变能力[J].机械职业教育,2005(2).

[66] 仝允桓.认清发展趋势加快 MBA 教育改革和发展[J].中国高等教育,2002(1).

[67] 汪晓霞.参与国际认证对提升 MBA 教育质量的影响[J].学位与研究生教育,2013(11).

[68] 王柏玲.美国 MBA 教育改革的借鉴与思考[J].航海教育研究,2008(3).

[69] 王斌.高校开展创业教育刍议[J].科技创业月刊,2008,21(7).

[70] 王鲜萍.社会责任视角下的 MBA 教育取向[J].经济研究导刊,2007(10).

[71] 王晓义,杨忠直.从美国经验看我国 MBA 教育的可持续发展[J].中国大学教学,2004(7).

[72] 王玉东.案例教学:哈佛商学院 MBA 教育的基本特征[J].大学教育科学,2004(3).

[73] 吴世农,仝允桓.中国 MBA 教育实践与探索[M].北京:机械工程出版社,2001.

[74] 吴世农,翁君奕.解决瓶颈问题 提高 MBA 教育质量[J].中国高等教育,2000(21).

[75] 吴世农等.MBA 研究生管理技能培养的探索与实践[J].学位与研究生教育,2005(12).

[76] 肖鸣政,Mark Cook.人员素质测评[M].北京:高等教育出版社,2003.

[77] 萧晓东.管理模拟教学的发展与创新[J].经济管理·新管理,2001(22).

[78] 徐荃,甘金球.美国著名商学院 MBA 课程设置特点及其启示——以哈佛、沃顿与斯隆为例[J].内蒙古师范大学学报(哲学社会科学报),2006(6).

[79] 徐瑞平.模拟实验教学在管理类专业教学中的重要作用[J].实验技术与管理,2002(3).

[80] 徐拥军,宋扬.管理案例库建设的组织与流程[J].管理观察,2008(8).

[81] 杨辉.中外合作办学模式初探[J].教育评论,2004(4).

[82] 俞明南,刘俊美,董大海.MBA 课程体系调整与管理思维的培养[J].学位与研究生教育,2005(2).

[83] 曾智洪,彭静.中美研究生教育课程设置比较研究[J].中国研究生,2005(4).
[84] 张恩平等.突出创新人才培养的实践教学模式和环境研究[J].黑龙江教育,2008(7-8).
[85] 张家军,靳玉乐.论案例教学的本质与特点[J].中国教育学刊,2004(1).
[86] 张颖.国际认证对我国MBA商业伦理教育的影响研究[J].山西煤炭管理干部学院学报,2014(1).
[87] 张正堂.实验教学:工商管理教学模式的必需模块[J].高等工程教育研究,2003(1).
[88] 章达友,郑冰冰.中国MBA教育质量控制系统探析[J].厦门大学学报(哲学社会科学版),2001(2).
[89] 赵纯均.开拓创新,发展我国MBA专业学位教育[J].学位与研究生教育,2002(1).
[90] 赵曙明.MBA教育与中国企业职业经理人培养[J].高等教育研究,2002(5).
[91] 赵耀华,韩之俊.基于卓越模式创建高等教育[J].科技进步与对策,2007(12).
[92] 郑永彪,贾怀京,程远先.信息通信行业MBA教育人才培养模式与创新研究[J].现代管理科学,2006(5).
[93] 周英男,王斌.大连理工大学MBA案例教学现状的问卷调查[J].辽宁教育研究,2008(10).
[94] 周祖城.企业伦理学[M].北京:清华大学出版社,2005.
[95] 〔瑞士〕穆夫等著,周祖城,徐淑英译校.造福世界的管理教育——商学院变革的愿景[M].北京:北京大学出版社,2014.
[96] 朱国玮,黄珺,肖明明.对MBA专业课程组建设的思考与建议[J].学位与研究生教育,2008(2).
[97] 朱煜明,郭鹏,田庆峰.专业化、特色化MBA教育:中国MBA教育的新趋势[J].西北工业大学学报(社会科学版),2004(4).
[98] 理查德·哈格斯,罗伯特·吉纳特,戈登·柯菲著,朱舟泽.领导学——在经验积累中提升领导力[M].北京:清华大学出版社,2004.